周蓓 主編

專題史叢書

〔美〕萊斯勒爾 著
陳明志 唐轂 編譯

河南人民出版社

近代西洋教育發達史

本書系民國師範教育參考書，主要介紹了近代法、德、英、美四國教育發展的情況

圖書在版編目(CIP)數據

近代西洋教育發達史 / (美) 萊斯勒爾著; 陳明志, 唐轂編譯. —鄭州 : 河南人民出版社, 2018. 6
(專題史叢書 / 周蓓主編)
ISBN 978 - 7 - 215 - 11509 - 5

Ⅰ. ①近… Ⅱ. ①萊… ②陳… ③唐… Ⅲ. ①教育史 - 國外 - 近代 Ⅳ. ①G519.4

中國版本圖書館 CIP 數據核字(2018)第 069199 號

河南人民出版社出版發行
(地址：鄭州市經五路 66 號　郵政編碼：450002　電話：65788036)
新華書店經銷　北京虎彩文化傳播有限公司印刷
開本　710 毫米 × 1000 毫米　1 / 16　印張　22
字數　282 千字
2018 年 6 月第 1 版　2018 年 6 月第 1 次印刷

定價：176.00 圓

出版前言

中國現代學術體系是在晚清西學東漸的大潮中逐步形成的。至民國初建，中央政治權威進一步分散和削弱，加之新文化運動帶給國人思想上的空前解放，新學的啓蒙，新知識分子的産生，民國學術如草長鶯飛，進入一個自由而蓬勃的時代。中國傳統學科乃中國學術之根基與菁華所在，民國學人采用『取今復古，别立新宗』之方法，引入西方的學術觀念，積極改造，使史學、文學等學科向現代學術方向轉型。此外，大力推介西方社會科學的新學科和自然科學，在學習、借鑒乃至移植西方現代學術話語和研究範式的過程中，逐漸建立中國現代學科，使中國的學科門類迅速擴展。一時間，新舊更迭，中西交流，百花齊放，萬壑争流，開創了中國現代學術的源頭。

伴隨知識轉型和研究範式轉换而來的，還有學術著作撰寫方式的創新。中國古代的著作向來以單篇流傳，經後人整理匯編後，方以成册成集的面目出現并持續傳播。直到十九世紀末，東西方的歷史編撰體裁不外乎多卷本的編年體、紀傳體和紀事本末體等，章節體的出現標志着近代西方學術規範的産生和新史學的興起。章節體具有依時間順序，按章節編排；因事立題，分篇綜論；既分門别類，又綜合通貫的特點。以章、節搭建起論述之框架，結構分明，邏輯清晰，較傳統的撰寫體裁容量大、系統性强。它的傳入，使中國現代學術體系從内容到形式被納入了全球化的軌道。民國時期專題史的研究、譯介、編纂、出版恰恰是在這樣的背景下欣欣而發，是學術的實驗場，也是歷史的記録儀。編選『專題史』叢書的初衷正是爲了從一個側面展示中國學術從傳統向現代過渡的歷史進程。

專題史是對一個學科歷史的總結，是學科入門的必備和學科研究的基礎，也是對一個時代艱深新鋭問題的解答，是學術研究的高點。民國專題史著作中，既包含通論某一學科全部或一時代（區域、國别）的變化過程的，又囊括對一時代或一問題作特殊研究的，還有少部分是對某一專題的史料進行收集的。原創與翻譯并重，翻譯的底本大多選擇該學科的代表著作或歐美大學普及教本，兼顧權威性和流行性，其中日本學者的論著占據了相當比重。日本與中國同屬東亞儒家文化圈，他們在接納西方學術思想和研究模式時，已作了某種消化與調適，從思維轉換的角度看，更便于中國借鑒和利用，他們的著作因而被時人廣泛引進。

與當代學術研究日趨專業化、專門化、專家化的『窄化』道路迥乎不同的是，中國傳統學術崇尚『學問主通不主專，貴通人不尚專家』的通識型治學門徑，處于過渡轉型期的民國學術在不同程度上保留了這種特徵。民國學術大師諸學科貫通一脉、上千年縱横捭闔之功力自不待冗言，外交家著倫理政治史、文學家著哲學史、化學家著戰爭史等亦不乏其人，民國專題史研究呈現出開放、融通、跨界撰述的特點。與此同時必須看到，自晚清以來，中國的命運就在外侮屢犯、內亂頻仍的窘境中跌宕彷徨，民族存亡仿若命懸一綫。這股以創建學科、總結經驗、解决問題爲指歸的專題史出版風潮背後，包裹着民國學人企望以西學爲工具拯民族于衰微的探索精神，及以學術救亡的愛國之心。梁任公曾言：『史學者，學問之最博大而最切要者也，國民之明鏡也，愛國心之源泉也。』這種位卑未敢忘憂國的歷史使命感和國民意識是今人無法漠視和遺忘的。

『專題史』叢書收録的範圍包括現代各個學科，不僅限于人文社會科學，學科分類以《民國總書目》的分科爲標準，計有哲學、宗教、社會、政治、法律、軍事、經濟、文化、藝術、教育、語言文字、中國文學、外國文學、中國歷史、西方史、自然科學、醫學、工業、交通共19個學科門類。本叢書分輯整理出版，內不分科，單本發行，方便讀者按需索驥。既可作爲大專院校圖書館、學術研究機構館藏之必備資源，也可滿足個人研讀或興趣之收藏。

與目前市場已有的一些專題史叢書相比，這次『專題史』叢書具有規模大、學科全、選本精、原版影印的特點。本叢書選目首重作者的首創、權威和著作影響力，尤其注重選本的稀見性。所謂稀見，即新中國成立後没有再版，且多數圖書館没有收藏，或即便有收藏，也是歸于非公開的珍本之列予以保存，普通讀者難以借閱。部分圖書雖有電子版，但作爲學術研究的經典原著讀本，紙質版本更利于記憶和研究之用。本叢書精揀版本最早、品相最佳的原版圖書作爲底本，因而還具有很高的版本收藏價值。

『專題史』的著作是民國學者對于那個時代諸問題之探究，往往有獨到之處，無論其資料、觀點短長得失如何，要之在中國現代學術史的構建與發展進程中，自有其開宗立論之地位。

目錄

第一編　法國

第二編　德國

第三編　英國

第四編　美國

近代西洋教育發達史

第一編　法國

第一章　法國革命時代教育的理想與實施

舊王朝時代

專制君主與特權階級——我們要十分明瞭由法國革命所生政治和教育變遷的重要，須知道法國革命所破壞的制度性質如何。路易十六世是個專制君主，政府不過是他的意旨的放大。他對於人民有絕對的權力，可以自由廢棄法律。人民雖有寃屈也無從伸訴。制定法律與決定政策均無代表民意的代表機關。地方行政由君主所特任的督辦 intendant 主持，他只是君主的私人代表，並不是眞正的地方政府。

貴族在中世政治上的地位，到此時代完全墜落，不過是些漂亮的王官。他們維持生活的方法，一半靠他們的產業，一半靠君主給的乾薪，因此他們得以憂閑度日，不事生產。

高等僧侶常由教堂跑到王宮，舍卻宗教生涯，來幹政治生涯，而民間傳教事業，遂不得不委於低等僧侶了。

資產階級 Bourgeoisis ——第一階級的貴族和第二階級的僧侶在法國政治上失了他們重要的地位變成許多閑員，而第三階級卽資產階級也叫中等階級相繼代興。這個新興階級握有行政大權，充任司法官吏，可以弄法滿足他們的私利。他們是銀行家，製造家和專業階級。靠他們所有的金錢可以獵得貴族的爵位。他們的臭味較近於上層階級而不近於下層階級。他們是法國內政的棟樑，財政的寶藏，而且多是智識的領袖。但他們卻無政治的代表機關可以自行立法。

農工階級——農民的情況極其可憐。農奴雖確已廢除，而中世遺下的許多負擔和限制還不許他們享受自由。國家的軍費，政費以及皇室浪費幾乎都是取自他們。他們終歲勞苦所得，都被稅吏取去，竟無以爲生。

舊王朝時代的教育——有了舊王朝時代政治和社會的狀況，就有相當的教育制度做維持他們的工具。君主委此種教育權於教會以求保持現狀。大學教育無所謂研究的精神，只是死守成訓，充滿宗教的臭味而推尊「基督君王」His most christian majesty 中等教育也在宗教家手中將沿襲而無生氣的教訓授給中下階級的兒童。普通人民的兒童由宗教團體施以道德和宗教的教育並不普及。多數貧民階級還都是目不識丁。

國民會議（一七八九年五月五日到一七九一年九月十四日）與塔力藍 Talleyrand 的教育議案

國民會議的政治改革——法國革命開端實無革命之可言，不過爲整理財政所開的一種三階級代表會議而已。法國政府已經草定社會改革的計劃以求通過徵稅的議案，法國人民的厄運也正待他們的代表盡力挽救。但在國民會議未開會以前，第三階級與特權階級爭權，遂行法國人民的國民會議，須請他種階級的代表加入，並得政府許可。後來國王以武力壓迫國民會議，巴黎市民起而擁護乃得安然開會，卽時決議廢舊王朝與許多封建制度的遺物而草定一憲法。

一七九一年的憲法將人權宣言放在開端，說明剷除舊制保障新制的原則，並說明一切政治集會的目的在保全自由財產安寧和反抗權等等的天賦人權，與主權在國家的原則。法律是人民總意的表示，無論那個公民均可親身或舉代表參與立法事項。對於侵犯身體自由財產自由思想自由出版自由的暴力並主張加以反抗。國民會議所制的憲法文規定一種有限制的君主制，設有無限制的不裁可權 veto power 法國行政區域分爲省 department，省又分爲道 districts，縣 canton 與區 communes。一切行政官與法官均由選舉，但被選舉權只限於能納稅等於三日工資的公吏須備財產資格是與人權宣言顯然衝突了。立法權又操於議會，議員由各省選出。

由此可知一七九一年的憲法是在完全推翻專制與特權的舊制度而明示眞正的民主主義的制度。但其所謂平民主義只限於資產階級，故只見資產階級伸張政權於社會激變之中，而多數農工階級尙無干政的機會。

國民會議與教會——國民會議處置教會的方法在法國教育史上是一件重大的事體。國家沒收教會的田產，並出賣一部分以充公用。解散修道院與尼姑菴，由國家供養僧侶與尼姑，而牧師薪俸也由內政費項下開支。此種新政策與新國家主義引起教會的反對。從當時到現在法國天主教會與保守政治或反動政治就有一種聯絡與爭持了。

新政時代教育推廣的必要——舊王朝推倒，政治代表機關設立，而國民參與國事的範圍就擴大了。增加選舉權之外，農民因國家變賣所沒收的教堂和田產得成土地所有人償其夙願而覺與國家休戚相關。因此如何訓練公民享有他們的新權利，擔當他們的新責任而與社會融爲一體的一個複雜問題就隨着產生了。全法國民能讀國語，了解政治組織，熟習文化歷史，增進國民團結，擴大國民眼光以及融化於新社會與政治之下，在在都須一種教育。這種教育的宗旨和行政又不得不依國家的政治而定了。

一七九一年憲法關於教育的規定如下：『國家應創立一種公共教育制度教授一切公民以一切人不可少的課程。設立多數小學以應全國的需要。爲紀念法國革命，發展全國公民間的博愛精神，和愛護憲法與國家的心思，設立多種紀念日。』與憲法關於教育的規定相呼應的還有國民會所設立公共教育委員會由塔力藍 M. Talleyrand-Perigord 於一七九一年九月十日至十一日作成一報告並提一議案交國民會議討論。

塔力藍的教育議案——塔力藍議案可以表示由新政治所生的一種教育的新態度。這個議案認定教育是國家的一種職能不是教會的職能 Aducation as a state function and not a church function，提議國家將學校當做增進國家文化的機關，並計劃適於民權擴大的一種學校組織。

此案又分教育爲兩種：一種是教授一切公民必須的知能的普通教育，無論何人一律免費；又一種是預備專業的中等教育，須要自費。從來歐洲初等教育與中等教育的這種免費與自費的分別是重要的，並可知一七九一年法國憲法所成就的平民主義只有一半。

初等教育——該議案所定初等教育的宗旨實在高遠而難解，因爲他要教授一切兒童的基本職務，灌輸指導他們行爲的原理，並使他們遠離無知的危險而爲更快樂的人與更有用的公民。達到這種宗旨全賴教授兒童粗淺的法語算術權度地理和富有意味的道德和宗教材料。教授兒童道德和教義的方法是在指明社會的各分子互相依賴一切公民應盡的職務和盡知的法律也教授兒童。

該案不曾確指設立小學的行政機關，但留給省政府按地方的情形而定。公共教育委員會任賴公衆都有建設學校遣送兒女入學的熱誠，既未規定各區必須設立學校，也未明言父母必須遣送兒女入學。小學教師由國家給薪並備校舍。受過公家檢定才許充當教師。舉行宣誓證明教師忠心國家。

中等教育——塔案關於中等教育的規定乃採道立學校制度 System of district schools。此種學校的多少由各省自定。他有兩重目的，一是普通文化教育，一是專業預備教育。規定課程注重科學的和社會的學科與國語。教義，倫理語言論理修辭地理，歷史，數學，和物理分配於七年間，同時並特別注意體育訓練與軍事訓練。第一二年級的初步課程以教授共和的道德 republican morality 爲中心，學生均須熟習人權宣言，並注重教授法蘭西語言與歷史以引起國民創作國家文化的雄心。中學教師由國家檢定，任免給薪，並須宣誓受法律保障，簡直成了國家的行政人員。

道立學校的免費學額——塔案規定道立學校是要自費的，但爲貧寒而優秀的子弟設免費學額。每省的首善學校 Principal school 至少須設免費學額十名。現有的教育基金即專爲此項用途而設，基金不足的地方則由國家補助。

高等學校叫做省立學校 Schools of the department 他們的性質是專業的，包含宗教，醫學，法律，和軍事科學等學校。

塔力藍又提議於國家教育制度的上峯設一國家學院 National Institute 由精於學問的一切人們來組織。他們的工作在搜討 research 與講演，並間或指導能深造的人們。但是他們的目的在發明新的科學，藝術與文學，而不在傳授現成的知識。

國家教育行政——爲求全國目的的一致，組織的完全，和行政的統一起見，在巴黎設一公共教育委員會。這會由國王任命的六個教育委員 commissioners of education，但要罷免他們須得國會的同意。承委員會的命到各處考察教育的還有國王任命的視學委員。委員會掌理國家慶典，美術獎進事項，和圖書館指導事項。又掌管教育的財產和歲入，而須每年做個全國教育報告提交國會。

爲求免除多數專制和國王專制起見，塔案又提議無論允許何種私人設學，不但要遵照普通教育法令，並且要報告地方參事會 municipal council 和印布他的學校章程。塔力藍報告他的提案於國家會議後，沒有多天就閉會了，議員們不願在短時間內討論重大複雜而帶有試驗性質的全國教育制度。塔力言他的議案如何重大必要，而亦未得討論的許可，只由國民會議議決將原案印交將要召集的國會 Legislative Assembly 罷了。

國會（一七九一年十月到一七九二年九月）與康多塞的報告

法國自招集普通階級會議 The Estates General 後革命的感情增長得非常迅速。雅各賓黨在全國到處都有了組織宣傳極端的平民主義 democracy。服飾和禮節改從勞動階級的慣例。巴黎市民並用此種過激的民氣向國會的議員示威無所不用其極。外國專制君主欲壓制革命潮流，恢復舊王政反而使國民益發趨向民治，嫉惡王朝。一七九二年八月十日雅各賓黨號召巴黎市民攻擊王宮，國會中的山岳黨人加以贊助，而在國會中投票廢除國王後三天又由國會召集會議草定共和憲法。

國會是照一七九一年憲法的規定選舉的，但過激黨議員人數不及他派的多。雅各賓憲黨選舉失敗，而過激共和黨以暴力與陰謀得加多代表。在國會的政治關係比較國民會議複雜。國會中組織不甚嚴密的右黨（因爲他們坐在議場的右邊）和平民黨 Girondins 與過激山岳黨 Radical Mountain 聯成的左黨（因爲他們坐在議場的左邊）均要推翻保守性的憲法更求政府平民化。多數無何種一定政策的中央黨（因爲坐在議場的中央）後來還是受左黨的影響。

康多塞的報告——一七九二年四月二十和廿一日爲公共教育委員會向國會提出公共教育組織案和報告。康氏屬吉倫特黨主張極端的民治主義。他著有人類精神進步史圖說，闡明人類的萬全很知名當時。因爲他主張極端的民治主義，反對山岳黨 Mountain 的專橫，竟被下獄而死於山岳黨之手。

康氏新國家教育計劃的目的和精神可於他的報告中的幾句導言明白表出：

「供給各個人的工具使得滿足他的需要，保全他的幸福，知道並享受他的權利，知道並盡力他的義務。

「使個人於實業上得有更大效率，於社會服務上得有更大的能幹，於天才上得有盡量發展的機會，而由是得使法律上所承認的政治平等實現於事實。

「所以這應是國家教育的第一個目的。」

完成這種平民主義的學校教育制度分為小學 Primary school，中學 secondary school，學院 institute 和高等學校 lycées 四級。外設國家學會管理教育行政事宜，並促進科學的研究和文藝。

小學——每個地方人口滿了四百，就設一所小學，人口稀少的地方，就合幾個地方人口有四百的設一所小學。小學初年級的目的在使一切人能做陪審員，地方自治人員等公共職務。學科包含讀法，書法，簡要文法，算術，地理，農工業，倫理和為人處世的規矩。星期日小學教師向地方公衆講演，推廣教育於早年失學的國民，使他們明瞭國家的新法令，農工業的新發展和自學的方法。

中學——中學乃為進了小學還能升學的兒童而設。康氏用中學 secondary school 的意思乃指第二級的學校，與歐洲的通常用法不同。歐陸現在所謂中學，與康氏的第三級學校相當，即學院 institute 是。就康氏中學的目的和課程看來，極與現在的法國高級小學，普國中學，英國中央學校 central school 和美國公立中學 high school 相似。

每縣 Arrondissement 和每鎮 town 人口滿四千的就設中學一所。課程為數學，博物史，工藝化學，倫理原理，社會科學和商業大意。中學教師也須於每星期向公衆演講一次。

學院——康氏第三級的學院就是現在歐洲的中學。學院教育較低級教育更爲廣博而爲專門教育的預備教育。全國各省分設一百十個學院。學生於課程有很大的選擇自由。學院教授注重自然和社會科學，但學生要研究古文學 Classics 也得如願以償。倫理和社會研究都在注重之列。康氏表明如此注重的理由說：

「我們若不首先使指導民衆的領袖具有德操，我們何能提高公衆道德？？伯拉圖說，好法律乃是人民愛護過於生命的東西。但是一種法律要用外力強迫才能實行，又是怎樣好呢？我們要國民愛護法律而不失掉自由，由於自力而不是強迫，便要使國民知道自然的公道 natural justice 和產生法律的人權。分辨法律上權利的涵義和行使權利的方法是我們必要的。權利是公道所指示的，行使權利的方法是經驗所指示的，所以我們必須愛護他們。忠心照着理性所示的法律義務做去與迫於外力而服罪也是必須分別明白的。愛護法律要須知道如何判斷法律。」

高等學校——第四級學校就是高等學校。這種學校乃是眞正的高等教育機關，教授廣博的一切課程。他們不是專業學校 Professional school 而是專門研究高深科學、語言、文學和美術的學校。他們的目的不但是傳授最高學術的媒介所，而且是專門研究的養成所。全國共須設此種學校九所，與歐洲最好的大學相比也不相上下。

國費生 national scholars——康氏計劃四級教育都要免費。他以爲學校收納學費足以阻止教育的普及和提高，所以他爲貧寒的天才生設一種免費制度。全國一切學校共設免費額三千八百名，名爲國費生。每年由低級學校拔取優秀子弟升入高級學校，支給公費。

國家學會 The National Society of Arts and Science ——國家學會是教育的最高機關。該會會員雖不教授什麽課程，然他們的職務在促進並傳佈一切有用的發明和創造，卻無異於全國的教師和人類進步的先導。國家學會又掌管全國教育行政事宜，自大學以至小學乃居於他們的領袖地位。檢定教師，任命教師，視察學校，選擇教本，培養師資，促進教育，都是國家學會要負責的。

學術自由——康氏計劃於國家學會和高等學校有極大的學術自由，與教育上的平民主義相關聯，很值得注意。他在他的報告中說：

『教授自由是人類的一種權利。……眞理就是有用，錯誤就是罪惡，那末任何有力者將依據什麽斷定什麽是眞理，什麽是錯誤？一個有力者禁止教授上違反法律的基本的意見，便侵犯了思想自由，失卻了社會制度的目的；這便是說不能由意見的衝突與改進的宣傳而訂正法律耳。因此法國憲法要我們的思想能獨立。憲法承認國家有制定法律的權柄，以他的主旨在一切法律應該討論，一切政治學說應該允許教授和反對，無一種社會制度可以給人當做迷信的崇拜物，只可將一切信仰和制度訴之於理性而由國家選用。我們如果承認政府以全力維持任何特殊制度和信仰，實際已否尊重人民的思想獨立？如果有力者奪取我們選擇信仰的權利，是不是已經侵犯了國民主權的一部分？』

康氏議案想教育不受政治的影響，所以提議一個國家學會獨立管理教育。不論我們對於康氏提議的教育制度可以擴大思想的自由，適應社會的變遷，同意或不同意，而對於康氏使各種思想得自由發表的重要不能不承認。

但是這種自由康氏並未主張可以推到中小學教師教授什麼與如何教授得以任意，因恐中小學的教師程度還不能有這種大的自由。他們的自由將自免於浮淺，故教授的材料須經上級教育機關的審定。而學院和高等學校的教師與國家學會的會員都可不受功令的干涉，自由尋求眞理。

康氏報告是在國會閉會前幾日提出的。當時議員均急於討論與奧國開戰的問題，不暇討論康氏提案，只議決將提案付印而已。因此法國革命的第二次國會於其存在的時期不曾制定憲法上必要的任何普通教育法律。

康氏議案的估價——康氏議案在當時實行起來，大來 Duruy 在他所著法國革命時代的公共教育一書上書說他近於幻想是很對的。法國當時全國混亂，黨派紛歧，無任何公共教育的遺規，無任何實行教育的機關，而外國對於法國革命的態度也非常嚴重，自然談不到康氏的提案了。然而將這個報告不視作當時實行的一種法律，而視作從此以後的一種教育要義，卻又有極大的價值了。從現今公共教育的規定看來，康氏計劃於平民主義的教育具有遠識與眞情，三世紀以來已將他的計劃實現了一大部分，還有一部分尙待將來才能實現。

非常國會執政政府（一七九二年九月二十二至一七九九年十一月九日）與多努 Daunow 法律

非常國會 Convention 時代的政治情狀——立法議會既廢黜路易十六世，自須召集臨時國會制定憲法。又激烈派已經有了好組織，而干涉溫和派，拋棄選舉權，在羅伯斯庇爾 Robespierre 指導之下，用極妙的方法於巴黎區 ParisCommune 選得暴烈共和黨的巴黎市代表，內有羅伯斯庇爾，丹敦 Danton，和馬拉 Marat 三人。

選舉非常國會，宣布共和，殺死國王，而以法國選民百分之六的同意建設恐怖政府 Terror。極端黨雖然努力於山岳黨 Mountain 只有議員五十名，吉倫特黨 Girondins 有一百廿名而均非占多數。

山岳黨運用政客的手腕善於吉倫特黨。他以巴黎市民的贊助於一七九三年一月廿一日執行退位國王路易卡佩 Louis Capet 的死刑。因爲政府已經推倒乃組織保衛委員會 Committee of General Defence 卻以缺少執行的權力而失敗。既戰敗於邊境，又於芬底 Vendée 發生內戰，乃指明強有力的政府的必要，而於四月二日組織公安委員會 Committee of Publi Safety 有極大的權柄。山岳黨利用市民的暴動，支配非常國會的力量更大增加。六月二日非常國會以市民用鎗威嚇，議決停止二十個吉倫特黨的議員出席。六月十日任命的第二公安委員會全仰羅伯斯庇爾的鼻息。這個委員會的委員雖少有變更而指導革命時代的勢力到一七九四年六月二十七日才消滅。這個時代就名爲恐怖時代，雖有些橫暴，卻有些效率。公安委員會用武力制止國內的暴亂，打敗國邊的敵人。

非常國會關於教育的議案——非常國會對於教育的態度隨溫和激烈兩派的消長而有變遷。初開會時重印康多塞的議案而極注意於與康氏計劃相近的倫多拉斯 Lenthunas 議案。一七九三年六月二十六日，拉堪祿 Lakanal 以公共教育委員會的名義提出一議案，主張有一千居民的地位應建設小學一所，依法律規定一半由地方委員管理，一半由中央政府節制。該案會開列全部的課程以求增進體育，智育，德育和職業訓練。這案因受山岳黨的影響不能成立，而另有關於教育極端由國家管理的一個議案，非常國會曾加以討論。後案曾見於聖福古

Lepelleiter de Saint-Fargeau 而爲羅伯斯庇爾所主張的。這個議案在法國當時認爲培養極端共和國民的急務，又用一種與古代古喀古士爲斯巴達創議相似的制度改造青年的思想，剷除沿習的習慣成訓和感情。

創設國立學校 National school 的議案——非常國會曾有一案提議全國兒童都可入國立學校由公費支給。飲食衣服教導監護個個兒童一律待遇，父母沒有選擇的自由。這種學校教育的宗旨在增進學生的健康，培養學生的耐勞，陶冶學生的心性，傳授普通公民生活必要的知識。只有優秀的學生才許受高等教育，中才以下則習各種職業。這種學校關於智育的事體在使學生學習讀寫算簡要權度法與測量法，法國革命要史，法國地理，普通倫理，鄉村及家庭經濟，愛國歌曲等，並鍛練學生的記憶力。

女學生學習書寫算倫理，鄉村及家庭經濟，並以愛國歌曲與史事鍛練記憶力。

兒童每日以大半分的時間作工。男童修路，執業種田，女童練習紡織縫紉和烹飪。學校不用校役，全由學生服務。暇時則從事體育運動與軍事訓練（限於男生。）此案第十九條說：『學生須按年齡一律的，公平的得着衛生而儉約的飲食，舒服而粗糙的衣履，和睡硬板床，使他們於將來在生活上必要時能甘淡泊，耐勞苦。聖福古的議案雖得羅伯斯庇爾的贊助，大衆的主持，然仍付委員會審查。結果委員會提出的修正案只設立一個國立學校制度而許父母得送子女入通學 day school。

關於國語教育的法律——在法國革命時有數種本國方言和數種外國語言流行全國，因此法國各地的語言彼此不能了解，也不能閱讀國家的法律，實於國家統一大有妨礙，而感覺得均能了解的國語爲急務了。當時法律會特別着重在學校教授法語。一七九四年一月二十四日會立法規定凡方言和外國語盛行的鄉村法語教師的任命方法。這種教師的職務在教授男女學生的法語和人權宣言。每月十日作一次公開講演，解釋共和的法令。

高等教育的蔑視——恐怖時代的過激派極其留意初等教育，而懷疑科學文學和哲學。他們以爲高等教育足使人類不平等，而蔑視他無存在的必要，而沒有何人應一定要做教授。我們既要激烈 共和黨 Sansculottes 的民治，自然用不着學者和哲學家一類的貴族。我們既着重普通平民，自然可無律師和學者的必要。我們也用不着爲少數人的利益犧牲多數人的利益。

山岳黨的下台——羅伯斯庇爾所用以得勢的暴力竟於一七九四年七月發生變亂，而反攻擊羅氏及其黨。溫和派 Moderates 與反羅激烈派 Anti-Robespierist Radicals 送羅氏及其與黨九十五人一齊上斷頭台 Scaffold 經此反動之後，公安委員會的權力大減，結社的特許證撤消，革命委員會 Revolutionary Committee 的權力或縮小或停止；巴黎市革命政府取消。非常國會爲應全國民情趨向溫和的政治主張。這種反動可於一七九五年的憲法規定選舉議員和充當官吏員具備一定的財產資格見之。人權宣言成爲個人自由的護符。公民都有權利創設私立學校。一七九一年憲法所破壞的法國中央集權成規現在也恢復起來了。

保守的教育法案——如果法國革命因承認中上階級的政權，排斥下層階級的參與而終止，則教育政策也自隨變更了。一七九五年多努 Daunou 教育法案爲表明革命停止的一種法案，與康多塞甚至塔力藍的議案顯有不同。多氏法案少初等教育的規定而多中等和高等教育的規定。

多努法案——多努法案提議每縣 Canton 設一小學。那就是說城鎮須強迫設立小學而鄉村小學則無規定。課程爲讀寫算和共和的倫理初步。每個教師給以房屋兼爲教室與住宅之用。房屋尙有花園相連，如無花園的就補給年金。教師其餘的供養則取給於學生所納的學費。當初革命的教育法案中關於小學自由教育的原則，此案尙保存一部分，每個學校四分之一的學生可因貧窮免費。小學由市政府直接監督而教育委員會則介於市省行政之間檢定並選任教師。關於省行政與中央行政在教育職權上的關係絕無何種規定。

該案規定由省設立中學，名叫中央學校 central school，區 commune 也得以區費設立同等的學校。中央學校分爲三組或三級教授切用的課程。減少古代語言，而增加自然科學，近代語，歷史，數學，圖畫，文學，和法律等課程。教授由教育委員會呈省政府任命。他們由省政府給年俸外，尙取給校學費。中央學校學生四分之一也有因貧寒得免除學費的規定。

該案又規定研究天文，科學，醫藥，美術，鄉村經濟和其他的專科學校 Special school。教育制度中最高的機關爲國家學院 National Institute of Arts and Science。他的職務在搜討，印行，以及與外國學術團體通信，以促進學術。

多努法律的失敗——多努法律在實際上雖有許多缺點，而其失敗的大原因卻在執政政府 Directory government 的無能。該律於小學教育很少改進。學校和教師的缺乏可以於當時的報告知之。執政政府晚年曾有報告說各處設的小學幾乎都沒成功，其故在經費不足，教師不良。又有一個報告也說各處小學幾乎完全失敗。

該律關於中等教育的結果較初等教育的稍好。在各省建設許多中等教育機關不是一件容易事，就是有人有錢也容易遭失敗。然在兩年內居然成立了九十七個中央學校，國家歲費二百五十萬佛郎。不過因為人民不了解新課程，不信任非宗教的學校，缺乏良教師，缺乏良指導，時局不定，政府無能，等中央學校招收的學生不多，成效不著，無由戰勝私立學校了。

非常國會時代設立的學校——多藝學校 Polytechnic school，軍事學校 School of Mars，美術及職業專科學校和師範學校均在一七九四年創設。照李克來 Lakanal 的計劃設師範學校於巴黎，請當代最有名的科學家和文學家做教授。由全法選送學生學習良教學法，復遣回地方設師範學校傳習。此種計劃曾見於實行，然很少成效，只有四個月的生命而已。其後拿破崙又重行建設，時期較久。

第二章　拿破崙與法國帝國大學

拿破崙時代的法國政府——拿氏執政可分兩時代，即一七九九到一八〇四年的總督 Consulate 時代與一八〇四到一八一五年的皇帝時代。這種時代的劃分在我們可以不必，因為拿破崙時代的政治變遷與教育發展都是趨向極端專制必經的路徑。即在總督時代，憲法因與人民以選舉代表的規定，然政治大權實際操於總督長一人之手，即拿破崙。是因成功而得人心，因由總督而皇帝，成為一人專制的政府了。

從一點看來，拿氏時代尚繼續法國革命的改造工作。革命初起時所推翻的不平等和不合理的事體，在拿氏，時代不曾死灰復燃，而廿年間的法律制度以及政府法院等均足使法國革命印入人民腦中。當時曾制定模範法典建設強有力的省政府和完備的財政制度。

從又一點看來，拿氏政治於人民參與政治的自由原理卻有所妨礙。他雖然知道各種的政治自由和選舉團體爲政權所從出，然他是獨裁政治與路易十六世相同。革命時代所標揭的「平等」equality 如果爲拿氏所愛護，則「自由」爲其所推翻了。拿氏只認中產階級享有政治上的權利。而中產階級的意向重在建立強有力的政府和鞏固的財政制度，不在何種參政的原則。因此拿氏的普通政策多在博中產階級的歡心，而其所設立的學校幾全是與中產階級有利的了。

拿氏教育政策——拿破崙時代的教育與他的政治上的政策有密切的關係。拿氏對於平民教育大半漠不關心。一八〇二年五月一日所公布拿氏時代最重要的教育法律於初等教育的地位雖略有改變，然全未改善。而改善初等教育較重要的法律當爲一八〇一年拿氏與教皇協定的康多德律 Concordat。照此律規定天主教會在法國又與以法律上的承認，而給以公費。教會雖似保有在革命以前所有的教育權，但須受政府的監督，是加了重要的限制了。拿氏時代的初等教育能如此改進的原故多由教會學校聯合會 Bretheen of Christian School 與他種教育團體的努力所致。拿氏常稱許教會學校聯合會的事業，並曾說如果他們不是在外國首領控制之下，則解決初等教育的最好辦法莫過於交給他們了。

拿氏關於國家教育的信仰——一八〇五年拿氏曾做文說：『一切政治問題教育或者是一個最重要的問

題，教育沒有確切公認的原則就無由建設鞏固的國家。兒童如不是自幼卽教以應做一個共和國民或君主國民，一個天主教徒或自由思想者，國家就不成一個國家了。國家基礎不定，就常有變亂的危險了。拿氏知道與政府極有關係的事體究是發展國民的共同文化，common culture，共同信仰 common conviction 與共同理想 common ideals。拿氏以當時與政治最有關係的一部分人民是中產階級與上層階級，所以他想藉教育這些階級的子弟的學校，卽中等學校，與訓練中學教師的高等學校實現他的國家教育理想。

擴大私立學校的國家監督權——在總監時代的頭三年，一七九五年法律所創設的中央學校尙存在，但他們太不能符合拿氏的理想。這種學校的校數不多，學生稀少，指導鬆懈，遠不及不受國家監督的私立中學，所以益發難滿人意。從一八〇二年五月一日的法律看來，我們可知拿氏實現他的教育理想的第一步驟。此律規定凡中等教育機關如地方或私人設立的中學和國立中學應受嚴密的行政監督。新舊中學制度不同的要點在設立中學須得政府許可。此律剛實施後又規定一個規條，此種許可每年得取消之，以後尙有許多規條使中央政府得完全監督中學，一直到政府有權選用中學教師，並由帝國大學規定他們的課程訓育學規和一致的宗教訓練。

帝國大學 Imperial University ——國家取締私立和地方中學的權力雖已加大，而國家監督教育的合理的理想卻尙未到達。國王以完全控制一切教育和教育機關爲急要，乃於一八〇六年五月十日以法律建設帝國大學管理全國教育事業。一八〇八年五月十七日以教令規定這個大學的詳細組織，在實際上就成爲國家的教育部了。此教令並規定無論設立何種學校須得帝國大學校長的許可。大學之下有六級的學校。其教職員的職務與近代大學相同的增進學術的研究並特許學位。國立中學 Lycées 是最高的中等學校，沒有宏博的課程，專門學校 Collèges 爲市立中學較國立中學稍低。學院 instistute 爲私立中學與專門學校同級。膳宿學校 Boarding school 又較專門學校低一級。最低級的學校爲小學教授讀寫算等。

強有力的中央集權制的發展——我們試看一八〇八年教會所說的不難了解教育制度的目的：「一切學校應以下列數事爲教育的基本：（１）天主教的教義；（２）忠心於保障民福的皇帝和帝國君主政體，及保持法國統一和憲法實施的拿破崙王朝；（３）服從教師所定以一致教授爲目的而養成愛戀宗教國家和家庭的公民的規章。」

爲求教育行政負責而有效率，由皇帝親任大學正校長一人而與以大權。任命一切行政屬官和國立中學，專門學校的教授之權均操於大學正校長 Grand master 手中。他可選拔免費生。設學校，當教師，和大學給學位，名號講座，職員均須得大學正校長的允可。

拿氏所定教育制度的用意，可於所定大學正校長的誓詞明白顯出：「皇上，我謹在上帝之前向殿下宣誓盡力職守，培養愛戀宗教君主國家和父母的公民，促進文化學術和道德的進步，保存於王朝有光榮，兒童有快樂，父母有幸福的成訓。」

大學參事會 University counsil 有會員卅人爲大學正校長的諮詢機關。內有十人由皇帝任命爲終身官，永久任事於參事會的某組；其餘廿人則由大學正校長選任。

一八一二年爲行政便利起見分全國爲三十四個大學區 Academics，內有二十七區在法國原有國境之內。每學區設一參事會計參事十人由該區公吏中選拔又設有普通視學二十至三十名由大學正校長選任他們的職務在考察學事報告中央政府。各大學區的學區又有一二個視學管理視察事務，也由大學正校長選任。各大學區設有大學監督 Rector 一人，爲各區教育行政長官受承於大學正校長。

一八〇八年五月十八日的教令又規定設立師範膳宿學校於巴黎，由國立學校考選學生不及三百名由國家教養之。他們各照自己教育的志願在法國學院 Collège de France 多藝學校，或自然歷史博物院中從事研究。

一八〇八年五月十日曾以教令創設國立中學全免費生十名，半免費生二十名，四分三的免費生又二十名。

中等教育的發達——拿氏的企圖足使中等教育非常發達一八一三年有國立中學四十六個。帝政末年有專門學校五百個。一八四三年非立門 Villemainn 的報告上說一八〇九年國立中學有學生九〇六八，專門學校有學生一八五〇七；一八一〇年有國立中學學生一〇九二六名，專門學校學生二二一七一名；一八一一年有國立中學學生一〇九二六名，專門學校學生二四二〇七名。此種統計可表明拿氏帝政時代已能使國家中等教育制度發生實效。但他能否利用中等教育貫徹專制政治的目的，卻還是一個問題。

拿氏目的不曾完全實現——要解答上面的一個問題則私立中學學生統計很關重要。一八〇九年學院與膳宿學校共有學生二三一一二八，一八一〇年有三二一一二八；一八一一年有三二四〇九八。由這個統計看來可知法國國民對於拿氏箝制思想的企圖始終反對。雖然為投合人民的宗教臭味設立宗教學校也未奏效。一八一一年以後拿氏極力設法取締私立學校但因戰爭失敗與財政困難無暇兼顧。大學正校長福滕 Fontain 並私與天主教會學校之通情而不嚴格依法取締。由此我們可得一個結論卽拿氏以國家中等教育制度馴服中產階級的子弟的企圖竟失敗了。舊帝政與天主教的成訓仍存留於學校中，幾與國立學校相當有同數的學生了。

到一八一五年拿氏最後失敗，其所推行的中學制度又無大變更而為王政復古時代所沿用了。

法國革命與第一帝政時代的教育的結果——從一七八九到一八一五年的法國史事看來可知法國國家教育 national education 和民治教育 democratic education 的兩種趨向已中途停止。法國革命剷除舊時惡習和特權而建設代表政府的原則。一七九一年的憲法予參政權於納稅和有產的第三階級。立法國會和非常國會的激烈發展為時甚暫。一七九五年的憲法也與一七九一年的相同，只予資產階級的政權，不曾顧及大多數農工階級的參政權。拿氏專政正與非常國會的舉動相反。拿氏倒後，又是代表中產以上階級的憲政政府成立了。

這個時代的教育與政治極相關聯。塔力藍的教育計劃固較多努的教育計劃更為宏擴；然塔氏是在為人權革命最烈的時候寫的，當受一些影響，而多氏法律乃在地方自治與恐怖時代之後自有許多不同。法國自初革命到一八三〇年七月的各政府多關心初等教育，只王政復古時代於此無所盡力。一八三三年以前，公共初等教育無多規定的原故，在宗教團體的努力與地方官吏的不熱心。

關於中等教育卻不然。在執政政府時代建設國家中學制度，而容許私立中學也得存在。當時政府幾乎事事成功，然中等教育的成功卻極有限。到總督與帝政時代中等教育忽有一新生命而大爲發達。從十九世紀初葉到現在，法國中上階級得有女子的中學制度的便利。從理論上或一部分事實上說來，優秀子弟可在公開競爭的中學中，出乎其類拔乎其粹。至少也可說從政階級的子弟有了一種受高級教育的機會了。

從塔力藍教育議案到拿破崙的最後企圖看來可見法國國家主義的教育發展中有一個重要的信條，即控制青年的見地與態度以求國家的統一。當初已經知道建國必須使國民具有共同的知識，成訓，習慣，愛憎，和理想。要達到這個目的必須在各處設立學校教育全國國民。要有教育全國國民必須的課程的學校制度又必須組織全國教育行政制度。

試考察當時所提議完成文化統一的方法就可知大有不同。康多塞的計劃含有一切人的教育並使各盡其才以服務國家和人類。聖福古意欲限制個人的差異而力求國家的鞏固與聯結。一七九五和一八〇二年的法律和教會建設帝國大學也重在給中上階級的子弟的普通基本知識和國家政治感情，因爲他們是從政的要人，他們的教育也就是國家的要事了。

法國政治和社會團體的遺傳，興趣和目的極不相同，難於一時融合而爲一致。在此時代最有成就的企圖當推拿破氏的政策，然即有時間任他逐漸推行下去，恐亦難以「帝國模子」統一法國的文化。或者法國革命後在歐洲是一個政治和宗教極其複雜不易統一的國家，我們在以下各章將可見法國自十九世初葉以後這種情境變遷的痕跡。

第三章 王政復古（1815－1830）與教育的保守主義

政治與經濟的情形——路易十八世於一八一四年和一八一五年後先允建立憲政府而保存拿破崙關於法律與行政的最重要改革。國王由分爲兩院的國會協贊。其下院議員乃由全法人民中納直接重稅的選舉。如此選出的議員大約七十個男子中有一名。信仰自由與出版自由均經承認。康多德法律與帝國大學均繼續推行無大改變。這個時代政治上的特色在於保守，而國會內外均有強有力的自由反抗。

在王政復古的十五年中大爲採用工廠制度與工業的新發明全國工業因之發達。從前由革命脫離地主的小農到現在也富有產業了。

路易十六世的政府又給教會的方便使得於教育上恢復因革命而失去的勢力。

教育上的保守主義——王政復古時代仍繼續一七九四年七月反動後保守主義，忽略初等教育。一八一六年二月二十九日發令以五萬佛郎改進平民教育，這點經費分配於全國各地實在很少。一八二九年加到十萬佛郎，一八三〇年又加到三十萬佛郎。

一八一六年以令定縣委員會 Cantonal committee 管理縣小學。地方牧師與區長也因委任得考察區小學。一八二四年雖曾將天主教會小學的監督權給與主教和僧侶，然一八二八年又恢復縣委員會舊有的職權，初等教育遂在法國大學監督之下。

一八一六年發令舉行教師檢定以提高小學教師的程度，而教會學校聯合會起而反抗不受檢定。一八一八年允許他們得以「服從狀」 letters of obedience 代由檢定所給的教授憑。

一八三〇年七月革命的時代全法三萬七千區有二萬區立小學師範學校由一個增到三十個。

法國的班長教授 Monitorial instruction ——由一八一五年到一八三〇年間法國極力推行班長制。Monitorial system同時因工廠制度發達，而有設立一種制度養護母親在工廠作工的幼兒的必要十八世紀末葉法國歐柏林 Oberlin 已在西北部設立與英國幼稚園相當的學校。一八〇一年柏斯脫德 Mme. de Pastoret 又在巴黎仿行以收容父母鎮日不在家的兒童和棄兒并教養之這個試驗竟遭失敗而數年無成效。一八二五年英國幼稚園成功，及使柏斯脫德對於幼稚教育又發生新興趣而重建一幼稚園於巴黎。自是之後此種運動推行甚速，到一八三七年政府並認爲初等教育制度的一部分。

第四章　中上階級的專政（1830－1848）與國家小學制度的建設

政治與經濟的情形——因沙爾十世 Charles X 以命令擴張王權，限制選民，遂發生政變。一八三〇年七月革命後失勢的中產階級得着巴黎工人階級的援助，而推翻沙爾十世，另擁立路易斐立布 Louis Philippe 爲王。新政府受承於國會而國會卻不是普通人民的代表機關。上院是由政府委任的貴族 Chamber of Peers，下院是由年納直接稅二百佛郎的男子和專業階級選舉的代表。此後十八年間的政權全落在下層階級的手裏，而下層階級雖曾援助七月革命也無他們的代表。凡不滿意於帶貴族性質的憲法的革命運動，這新中產階級的政府無不加以壓迫。反對政治自由的運動，可說是「七月政府」 July government 始終採取的政策。

從第一次革命後壓迫工人組織的態度，到路易斐立布時代仍未改變。工人的痛苦不問，工人的團結不許。一八四一年雖通過童工律，承認童工在工廠作工的不合理，然到一八四八年才見之實行設立國家監察的制度。

從七月君政 July Monarchy 的一切設施看來，七月君政實是一個商人的政府 Businessmen's government。發展工業，修築道路，疏開運河，獎勵建築鐵道，保持國際的平和以便行商，都是商人政府的顯著事實。法國產業革命發端於王政復古時代(1815–1830)到七月君政的末年乃大發達，而法國產業的改造乃完成了。這個時代的農業組織和方法也大改進，鄉村富力增加。以上種種發展都與教育的改進有重大的關係。因爲人口的增加，國富的增加和運輸機關的改進等，是增加經費改良學校的經濟基礎。

一八三三年的初等教育：羅樗的報告——一八三三年的年尾，教育總長基佐 M. Guizot 遣派四百九十個特別視學考察全法初等教育。一八三四年四月報告於國王，得其允許可搜集並印行考察所得的消息；但到一八三七年始印行。羅樗 P. Lorain 集合各視學的報告而編成的法國初等教育調查 A Survey of Primary Instruction in France 一書。這個調查公然不許多受初等教育，故不無可議處。這個報告雖然根據視學的實際考察，卻沒有近代所謂統計的研究。編者只細選法國制度的缺點，而幾全限於鄉村小學的研究。然善用之也極重要而有趣。

羅楞的報告指明鄉村小學的校舍多同時供公衆或家庭之用。他說：『教師的住宅與教室完全分離是一件極罕見的事情。教師一面聽學生背誦，一面又治理家務是很方便的。教室不但是教師的廚房，而且是教師的臥室，所以情境雖極可憐亦可不缺少什麼。如果家人病了，或者因事起遲了，教師可自由處之無所愧怍……我們又何可以學校有時不整潔為怪呢？……學校常在倉庫地室以及極小的房子內，非低頭不能進出。……某學校只有十二尺見方大卻收有八十名學生！在這種情境之下只能從一個小窗中通氣，則減少煩勞的辦法只有任學生酣睡了。』羅楞最後斷定法國鄉村小學的校舍不合用又不衛生。

學校的通弊和鄉民的不識字曾以圖表出。『不但許多還沒有學校，甚至全縣只有一個學校也是常事。還有十五區大的縣分連一個學校也沒有的，因此有許多鄉民不知如何讀寫算，自是不消說得了。當一個公證人證明一件法律的事體時，他必定要帶兩個正式證人，因為他深知道不知簽名就要失敗呢！羅楞又說在一區中找着一個能讀能寫的人作市長常是一件難事。在某區的參事員不能簽名時，即免去麻煩宣言某某人不能簽字罷了。在一縣中也許找不着四個以上的了解法語。』

羅楞又說小學教師不盡知如何讀法，也不知如何寫法。在以能讀能寫自驕的教師中有不能改正學生錯誤的。教師多不明權度法制，故不能推行之。

調查書中又說『教師的可憐與教師的無知相當，教師每因公衆的輕視引起他們的慚愧。』教師中有曾經犯罪的，有厚利盤剝的，有身體殘廢的，有曾病癲癇的。故教師與乞丐視為同等，尚不及牧童之高。他的報酬就是農產，常於星期日收齊背負歸家。

通常蔑視『教書匠』teaching profession 而羅楞卻重視教會學校聯合會在法國初等教育上的地位。他說『多數視學均認教會學校較為優良。他們的學風，訓育，章程以及服飾等事，無一與普通教師相同。』我們即承認羅楞在報告中的持論是一點不錯，然一八三三年的法國教育缺點甚多，卻是很顯明的事實。在人烟較為稠密的地方因採用班長制初等教育固有很大的進步，然國家的初等教育情形卻倘須改良呢。

七月君政與初等教育——七月專政於平民教育有些助益，似與他的普通的政策不合。有一命令速建公共教育制度並保障教授的自由，為預備施行此命令起見，政府曾派柯常 Victor cousin 赴德考察德國教育制度，於一八三一年他做了一個報告。因此法國所採的普通教育計劃大受德國的影響。即在一八三三年通過初等教育法律以前，政府並曾注意設立新師範學校，充實舊有的師範學校。到一八三三年通過此律時，仿照普國制度已設三十個師範學校。

促進平民教育的動機——我們仔細考研七月君政促進平民教育的動機，就可知與他的政策並不眞實相反。促進初等教育固合於民治主義的趨向，然我們卻不可以此忘卻七月君政政府並未切實計劃一種教育可以幫助政治革命或進化。他們所設立的初等教育制度意在培植上層社會和政治階級，而出於一種自衛的精神，實不減於仁愛慈善和民治的精神。羅楞在他的初等教育調查報告中曾說：『當着公共教育可以戰勝人民的漠視，而認為一種方便時，眼光遠大和開明的政府便應加以促進。如社會未曾以教育增進人民的德育，改良人民的風習，光大人民的前途，就不得不獎勵教育以鞏固社會。一個國家任人民習於無知而與以新權利，我們不難知道這是一件險事。因爲人民知道如何正當使用新權利便於他們有利，否則將有害了。不但政治上有這種危險，就是灌輸一切健全的信仰於人民以改變他們的保守觀念也非藉一種新教育不能減少許多危險。故穩妥的辦法是須政府促進公共教育。」

高級小學的社會職能——羅愣所指出普通人民對於教育的一種態度，基佐於提出一八三三年法案時又曾向衆議院陳述。他說政府所提的法案含有兩級的小學教育，卽高級與初等。是高級小學強迫由有六千居民以上的城鎭和各省的都會設立。基佐所提議擴充初等教育的計劃又含有三級教育的意義，卽高小，初小與中學是。他關於此事的說明簡要明白，試引如下。

『我們已分小學教育爲兩級，卽初級小學教育與高級小學教育。初級教育可說是小學教育的最低限度，國家對於兒童負有這種義務。這種教育應普及全國，只要是法國境內有居民的地位，無論大的城市和小的鄉村都應有這種教育。試看法案所定初級小學的目的便可十分明了。他教授讀寫算以預備生活必要的知能；教授法定權度與法國語言以灌輸增加並傳佈法國國家主義的精神；又教授道德與宗教以保持人類的尊嚴和社會的安寧。』

受初級教育的人是極普遍的，卻也是極有限制的。在初級教育與中等教育的中間有個鴻溝，沒有什麼教育制度去塡補。那末人民以初級教育爲滿足或有志升入中學便的有選擇的必要了。

因爲那種情境使全國人缺乏人生必要的相當知識和道德修養。我們塡補那種鴻溝實使多數國民能得發展知識的機會而不必升入用費多危險大的中學，實是必要的事件。總之，爲少數天才傳授文理，提高地位的教育，不知有許多通常人不能追隨這種高深研究，發展一種不切要的嗜好和慣習，失卻自然的生路，陷入痛苦的歧途，於人於己，兩均不利呢！

我們相信我們正建設一種高級小學教育，不必升入注重文理的中學，而使多數人民可得與從前小學較高的一種文化修養。……我們組織一種高級小學教授一切人類必要的知識與多數人的實用知識：實用幾何是各種工業的初基；物理和博物可使我們熟習自然界和生物界的顯著現象；音樂或唱歌可給我們一種精神的修養；地理可示我們關於地球各部的事項；歷史可以指示民族的生活和前途，本國史尤可使我們愛國；至我們所用的近代語於我們爲必要的工具且可不必說了。

一八三三年的初等教育法律

我們於七月政府對於公共教育的態度不能不有所解釋，則於其實施教育計劃的企圖就不能不提及了。我們已知政府取法德國建設初級師範學校，他注意初等教育的表徵莫過於國家小學教育費在王政復古的末年只300,000佛郎，到一八三一與一八三二年費一百萬佛郎了。而七月君政的最大功績尤在一八三三年六月二十八日以法律建立國家初等教育制度。

一八三三年的法律分小學教育爲高初兩級。初級小學教授的學科爲宗教道德，讀法，書法，法語初步，算術初步，法定權度制。高級小學加授實用幾何初步實用物理生物學初步，實用史地初步特別着重法國史地，與唱歌。必要時也得加授近代外國語和其他課程。照法律所定每區應設初級小學一所，每省應設初級師範學校一所。為求節省計各區聯合設立初級小學，各省聯合初級師範亦可。各省都會和有居民六千以上的城市須設高級小學。

私立小學的狀況——照章程所特殊規定，凡要設立私立小學的人須年在十八歲以上，呈報設立學校的區長，並備有文憑兩張。一張是教師檢定所得的文憑，一張是三年以前居地區長所給良民的證書。教師如犯了罪惡可由縣教師委員會陳控於法庭不允繼續充當教師。

宗教教育的難題——此律會設立處理宗教教育的難容許私立學校的存在，就是容許教會學校，因為有許多私立學校是教會設立的。教育總長又可允許一個地方可設教會學校時設立教會學校。但法律上明白規定兒童不得強受其不樂意的宗教教育。國家保有視察一切私立學校的職權而同時又許教會在地方視察委員會中有一個位置。在王政復古時代教授會會員以「服從狀」代教師文憑的特權現經取銷，法律明定須受政府檢定。

薪水與學費——此律確定初級小學教師最低年俸二百佛郎，高級小學教師四百佛郎。於外供教師的校舍，並可作為住宅，按月收學生的學費。學費由官吏徵收。貧寒的學生得地方參事會的許可得免費。高級小學對於貧寒子弟也有免費的辦法。

初等教育的經費——一八三三年法國要增加經費提高全國小學教育的標準便如任何國家一樣發生財政的困難。由新法律所生的負擔貧瘠地方重於富足地方。法國好政治家早將公共教育的經費分由區，省和國家擔任各區於必要時得徵教育稅百分之三的佛郎。如不夠用，可由省徵教育稅百分之二的佛郎補足之。如還不夠用，則由國家加以調濟。因此法國建立全國一致的初等教育標準。這種計劃足以鼓勵並且強迫地方創設學校，而又使富區分潤於貧區，得以平均發展。

地方教育行政機關——照此律所定地方教育行政機關與後來的制度相較實極單簡。每區有一地方視察委員會，由區長 Mayor 牧師 Cure or pastor 和一個以上的當地紳士有教區的地方各法定長 cult 也加入這個委員會。

每縣有一縣教育委員會。教育總長認為必要時得設數委員會分管教育總長所指定的分縣事務。這個委員會由縣中年長的市長一人，年長的牧師一人，年長的治安法官 justice of the peace 一人，法定長 cult 一人，中等教育代表一人，初等教育代表一人，縣參事會會員三人或參事會推舉的當地紳士三人，和當地省參事會員等組織之。委員長由副縣長充任，王家律師 Royal prostuting attorney 充任會員 member en affaire。這個委員會是初等教育的最高參事會，而介於地方教育委員會與國家教育部之間。他掌理視察事務，並可委權於代表人。每年報告由視察所得知的小學狀況而指示改進的計劃，檢點教師而令其宣誓，有權解散地方教育委員會，而由教育總長任命特殊委員會代替之。

中央教育行政權——我們由以上可知國家對於初等教育保守的權力，照法律規定地方與中央有時不免於衝突，而教育總長得於地方不按法律辦理時設委員會執行之。教育總長得委任考試委員會確定國家標準檢定教師。教師受任更須宣誓對於國家付責，其誓詞爲「謹誓忠於法國國王遵守國憲和國法」。

這個法律對於法國初等教育的行政效率較勝於王政復古時代。但是沒有規定一個適當的地方視察制度是一個缺點。縣域很大縣教育委員會沒有視學的幫助萬難熟習地方學務。因此縣委員會對於教育總長的報告，便難十分指出鄉村教育的需要而與以改進學務的幫助。這個缺點一八三五年一月二十六日王令由教育總長任命初等教育視學一人以補救之。至國家視學漸次增加到一八四七年共有視學長二人，視學和副視學一百五十三人。

七月王政時代初等教育的改進——因法國增加師範學校與一八三三年法律的行政效率而初等教育遂於七月王政顛覆以前得大進步。一八五一年三七〇〇〇區中只有二五〇〇區未設小學。當時共有六一〇〇個小學分布全國教授三五〇〇〇〇〇以上的男女學生。按照一八三三年的法律創設新師範學校的速率甚快，一八三八年即有此種學校七十六個共學生二千五百以上。同時各區小學經費約增三分之一，省補助費也增二分之一以上。高級小學無大進步，而一八五〇年也無明白的規定。初級小學不甚發達的理由不外兩個：一個是國家未能如初級小學一樣的補助高級小學，又一個是高級小學的成效不能與父母和兒童所耗的金錢和時間相當。許多人以爲寧可多任中學的費用還可得到社會和事業上的切實利益。

嬰兒學校的發達——法國七月王政時代因工廠應用機器產業大爲改觀。工業需要婦女和年長兒童離開家庭而入工廠作工。幼年兒童遂無人管照。王政復古的末年和七月王政的初年嬰兒學校發達即是管照此種無人管照的兒童。一八三七年王令規定嬰兒學校的組織和視察，而與其權於地方教育委員會由教育部設引專管之。此令以嬰兒學校是一種慈善事業收容六歲以內的兒童施以初步教育而得有母親撫養的益處。嬰兒學校的作業包含宗教教育和粗淺的讀法寫法和心算，並可設唱歌縫紉和各種手工。嬰兒學校經費規定由區，省或國家擔任。

成人教育——一八三〇年以後，法國成人教育運動大爲進展，也可視爲新工業的一種結果。一八三六年三月二十二日規定設立此種學校的條件。教材照地方的需要而選用初級小學或高級小學的教材。十四歲的男童和十二歲的女童入此種學校乃爲合格。一八四一年有成人班三四〇三，共學生六八五〇八名，一八四八年加到一一五〇〇〇名。

中等教育與高等教育的政府控制——我們已知一八三〇年法律所保障的教授自由如何實現於一八三三年關係小學的法律。一八三八年政府又依教授自由的精神提出改組中等教育的法案於國會。但此法案竟被否決而國家大學的普通組織在七月王政時代也無何種改變。中等教育繼續受政府的嚴格視察和控制。中學計有四種，王家專門學校由國主辦；區立專門學校由各區主辦；學院與寄宿學校 pension 和教會立的中等學校。這三種都是私立學校。七月王政末年計有私立中學一〇八九校，公立中學四八一校，共學生八五〇〇〇名。

政府似曾企圖高級小學與區立專門學校事業相銜接，惜無所成功，而法國專教農工階級的小學與專教紳商階級的小學遂仍是完全分開不相連貫了。

第五章　第二共和第二帝政時代與教會教育復興

革命與反動——第二共和時代於一八四八年一月二十四日開始，而實際上於一八五一年十二月二日終了，名義上於一八五二年十二月二日第二帝政正式成立才終了。

一八四八年的事變是一種趨向平民主義的運動。時革命所謂平民主義雖有社會主義，很得巴黎工人的同情，因此他們大有幫助於五月四日國民憲法會議的召集。此會議溫和共和黨占多數而社會黨尚不能得勢。臨時政府關於社會主義的設施與巴黎工人的示威運動詳見普通史，此地可以不談。

因財政困難，新政不立，多數選民反對共和黨，乃於一八四八年依新憲法召集王黨占多數的立法院，選舉路易拿破崙爲第一任大總統。立法院的設施多不滿於敵黨，故不久遂推倒了。

臨時政府的平民主義的教育政策——在第二共和時代的初年政府關於公共教育的通令和國會的法案最能明白表示平民主義的原理。令教師注意政治上的平民主義以減少政治上的紛亂。臨時政府教育總長葛爾諾Carnot於國民憲法會議選舉以前，通令小學教師教授選民選舉代表的職務。一八四八年三月六日的通令上說：『我們的一萬六千小學教師能起而在居民前散播此種教育麽？我希望僻遠的鄉村教師也能盡這種責任以建設共和。教師的這種責任不在如我們的祖先保障共和以禦外敵而在減少選舉的流弊以鞏固共和的基礎。』共和黨對於教師的熱心大爲賞識，乃增加國家教育經費爲三五〇〇〇〇〇佛郎，並指定大部分用以增加低年級小學教師的薪俸以獎勵之。

一八四八年六月三十日葛爾諾所提出的教育法案很具有平民主義的教育特質。該案規定三百居民以上的區至少須設小學一所，備有豐富的課程免費強迫男女兒童入學校優給教師的薪水，並與以校舍住宅和庭園。臨時政府於七月五日審查葛爾諾的提案，而新政府撤消該案於十二月十日又設新委員會調查全國小學教育。舊委員會的報告是聖喜勒 M. Barthekony Saint-Hilliare 做的。他的提議範圍廣博而極其自由與葛爾諾議案的精神很相近。分國家教育機關為初級與高級小學初級師範學校，徒弟學校職工學校成人學校和監獄學校。增加小學課程，改進女子教育。公費初級師範學校每省至少須有一個。強迫教育以到十四歲為律，但十三歲後得有早成文憑 Certificate of proficiency 的乃為例外。此案的計劃尚有一點不及葛案的在規定各區能自辦小學教育無須省或國補助的可盡免各費反使各區不得其平。

王黨反對自由教育政策——一八四八年十二月十日新政府委員報告以後，王黨在國會大占勢力已述如上，而國家公共教育遂完全改觀不如從前的自由了。亞諾爾特 Mathew Arnold 說革命的勝利者不會忘卻使學校教師變為革命宣傳員。

對於初級師範的異議——這個委員會對於學校教師攻擊的要點在不滿意於保守黨所給與師範學校的訓練。國會委員會對於政府發展初級師範的教育案也堅決反對。規定的課程非常廣博，不盡為小學教師所必須。國會委員會的報告上會說『你能贊成初級師範教授對數代數三角天地學 Cosmography 和精博的地理，物理化學和機械學麼?』他們以爲小學教師受過如此精博的課程便難安心從事於鄉村教育而忠於其職務了。理想的小學教師只須『一心勤勉節儉而以學生和地方當做他的全世界』初級師範不會培養這個教師而世界亦無這樣培養的』極端反對範師學校的人雖不得正道而計及取消師範學校足以動搖國家和社會的基礎，然師範學校的課程和訓練因爲他們的倡導至有一個徹底的改造呢?

一八五一年七月卅一日有一命令改組師範學校課程使限於道德和宗教教育，讀法，書法，法語初步，算術，權度制和宗教音樂爲必修科，尙有選修科爲實用算術，史地初步，物理初步博物初步和農業工業，衞生，測量，圖案，和體育等的初步。讀法教材由政府詳細規定有一定的範圍，只求學生得其要領不必自由研究。該項教材多關宗教的文章圖書館搜集的名著須合於政府的主張，語言研究的目的在學好文章文法的規則和文章的理論不多討論而着重於練習和範作。四十課地理中有二十四課講法國，至少內有六課講學校所在省的地理。四十一課歷史中有卅一課是講法國史而革命以後的法國史只有三課。

從各方看來，法國第二共和和第二帝政時代的初級師範的發達與普魯士當時的很相像。法國和普國當時這種運動都是起於政治的反動。對於師範學校的限制就是對於普通教育的限制，因爲小學教師的訓練不廣博而小學的活動便有限了。他們顯然表明爲多數平民的小學教育與爲少數領袖的中等教育有分別。因此法國小學教育在十八世紀中葉的發展是很重要的。但法國兩種制度的劃分卻不及普國那樣顯然，是因爲法國政治和社會上的自由較大於普國。自後法國教育於此兩種制度漸次減少差異，但到現在還留下許多痕跡。我們如不明了法國社會和經濟階級對於法國雙軌學制的影響，就無從了解法國教育的現狀。

一八五〇年的教育法律

多數王黨對於教育的態度經過長期的考慮後，於一八五〇年五月十五日制定一教育法律。這個法律有兩種主要的見地，就是一面增加教會對於教育的勢力，又一面以行政的方法，鞏固國家教育的組織。

一八五〇年的教育法律與教會——七月王政 July Monarchy 多少帶點反教會的性質。雖然不能說會經壓迫教會，卻於多方面拒絕教會擴張教育自由的請求。我們已經知道一八三〇年的法律如何允許教授的自由，使實現於初等教育，而同時鞏固大學監督中小學教育的獨占權，不顧宗教團體的攻擊。一八四八年革命的結果使政治的過激主義與教會的爭端更爲明顯。一八四八年教皇庇護九世 PiusIX 趕出羅馬，一八四九年法國以兵力助他復位，教皇遂變成新國家主義和新政治自由主義的敵人了。當時社會主義者的威嚇足使教會的敵人中產階級明白與教會和王黨聯合，而七月帝政時代熱心反對教會教育的人到此時竟認教會教育無何種危險。於是一八五〇年的教育法律和此律的行政實施就與教會教育許多方便了。

此律所規定的教育參事會和委員會於教會最有利。公共教育的高等參事會有四個大主教或主教。此律雖規定每省設一大學，增加大學的數目，推廣大學的範圍，然大學校長尚不及主教在大學區參事會的重要而與他對敵。牧師在區教育局會同區長監督初等教育。此局雖可增加他人，但牧師占主要的位置。

此律又容許教會的女教師可以服從狀代正式文憑，牧師可教授四個以下而志願從事宗教職務的中學生，現有教會學校繼續受國家的監督。

國家絕對統轄中等教育與高等教育的制度取消——此律於國家最有利益莫過於取消自一八〇八年以大學絕對統轄全國中等教育與高等教育的制度而私立學校可不必一一遵守國家標準了。此律規定凡法人年滿二十五歲以上，身家清白陳明下列各件得大學區長許可者可設立中學：（1）在公私立中學充任教師或視學至少五年以上的服務證書；（2）學士文憑或考試委員會所給的特別文憑，（3）學校計劃和課程大綱。我們試想考試委員會是由大學區參事會任命的，服務證書可由參事會特許免除，主教在參事會又爲一個最重要的職員，那末就知新法律與教會以方便之門了。法國普通所謂私人教育即指教會教育，而私立中學尤多屬教會學校因爲中學私人經濟每難勝任。

私立小學——關於私立小學教師學識的限制也免除了。凡年滿二十一歲的法人，只要備有一能力證書，Certificate of Capacity 一學士證書，一服務證書，或書明曾入專門學校或國家宗教職銜的證書。而且大學區參事會只要任何區供給某私立學校中貧寒學生的學費，即可特許設立。此律實際獎進教會中小學以補助公立學校的不及。

中央教育行政的統一與建設——一八五〇年的法律雖與了教會許多方便，但於公共教育也有切實的發展，而於教育行政機關的改進尤爲顯著。此律創設單一的國家教育行政制度，設教育總長一人統轄全國教育而以高等參事輔佐之，不似從前初等教育行政機關與高等中等教育行政機關的分歧了。高等參事會代表全國公共意見是很重要的機關。參事共二十八人，有是任命的，有是選舉的。總統任命服務國家教育的專門教育家八人爲終身參事，和私人教育的代表三人爲常任參事。天主教會選代表四人，改正教會 Reformed，路得教會 Lutheran 和猶太教會各選代表一人。此外尚有國家顧問的代表三人，法官的 Court of Appeal 代表三人，和學院 Institute 聯合會的代表三人。凡選舉的參事任期三年。高等參事會會員如此多，而選舉的機關又如此多，足以表明該會設立的主旨在匯集各方面的輿論而善於參議國家教育政策。終身參事都是專門家，預先審查教育事項以提出參事會，而參事會對於教育總長所交議的一切事項均可發表意見。他的特別職務在議定關於考試，課程，小學視察的程章，新大學和新中學的創設，公立學校採用的教科和私立學校禁用的教科以及教育法律等項。下級行政機關陳訴的學務問題，高等參事會又有裁決權。這種裁決足以指明高等參事會的權柄很大，難適於專制總統的意旨，所以一八五二年三月九日以教令將他根本改組了。

大學區和大學區行政——一八五〇年的法律又分全國一省爲一大學區。各大學區的行政首長即爲大學校長。大學區參事會對於大學校長的關係與高等參事對於教育總長的相同。該參事會由教會官廳和教育團體選舉代表組織而成。他的重要職務在參議教授，訓育，公立學校行政，學校事務，教員文憑，私立學校的設立，學費的規定，教師薪水的規定等事項。

學校視察的改進——一八五〇年的法律關於學校視察的改進，大有助於國家教育制度的發展。此律設視學四種：（1）普通和高等視學，（2）區大學校長和區視學，（3）小學視學，（4）縣議員 Cantonal depu ties，區長（Communal mayor）和牧師。前三種視學由教育總長任命以求對於中央政府負責而保持宗旨的一致私立中小學的視察事項只限於道德和衛生。

大學區參事會任命考試委員會檢定教員發給文憑又委派各縣縣議員數人視察初等教育，報告於大學區參事會。

其他可注意的規定——一八五〇年的法律不曾提及高級小學，但是所規定小學選修科實包含一八三三年法律所定高級小學的課程。公立中學分爲兩種：一爲國立中學 Lycées 有省鎮 town 加以協助；二爲區立中學 Communal Colleges。教育總長得高等參事會和大學區參事會的協助，管轄全國公立中學的訓育，課程和經濟事務。

一八三三年法律協助貧瘠區省教育經費的規定，此律仍舊規定，實極妥當。

對於教師的待遇，此律也有增進。區教師年俸最低額定爲六百佛郎。教師住宅和校舍須求適用。教師養老金制也有規定。

可以公費辦理的學校，增加了嬰兒學校，成人學校和徒弟學校。又規定居民滿八百的區 Commune 如有經費應單設女子小學一所。教授的標準提高，可於副教員 adjunct teacher 的規定見之。貧寒子弟免費的辦法也照舊有規定並且規定任何區經費充足時可設公費學校。

一八五一年後的教育與政府

自一八四八年路易拿破崙被選為總統後便有意專制，而當時許多政治和經濟的情形也大足引起他繼續連任的野心。一八五一年十二月二日政變之後他就成了狄克推多，上了王總統 Prince President 的尊號，並得了多數平民的承認。他所草定的新憲法雖有代表制度的規定，然王總統意旨是不能反抗的。一八五二年十二月二日宣言卽眞為法國皇帝號稱拿破崙三世，實際上巳做皇帝一年到現在名義上也是皇帝了。一八五一年十二月二日路易拿破崙的專制如同他的叔叔拿破崙一世一樣，雖有普通選舉的衆議院，但參議院是御派的，不過希承意旨而已，君權無上為一切政權所由出。政變後人民出版自由與集會自由都有限制。皇帝並設宣傳機關散給印刷品於人民使其信賴他強有力。一八五二年三月九日教會在教育上與限制人民出版集會自由的辦法是相得益彰的。這個教會的用意在以全力利用學校製造後代的國民也同以全力製造當時國民的輿論一樣。

路易拿破崙對於教育的獨裁統制——一八五二年的教會給與王總統自由任免高等參事會會員，普通視學，區大學校長，大學，法國學院 Collège de France，博物院，和近代東方語言學校等的教授，經界局員 Bureau of Longitude 天文台職員和公立圖書館管理員的職權。由總統任命而專對總統負責的教育總長有任免國立官書學校 National school of archives 教授，大學區視學，大學區參事會會員，醫藥預備學校教職員，公立中學教職員，小學視學，公立圖書館雇員，以及一切屬於國家教育機關職員的職權。教育總長又有權自由申告公立中學教職員，訓斥大學區參事會，責難高等參事會，以及調差，停職，和撤消教授特權等等。他也有權申告大學教職員但不得侵及總統的撤任權。為貫徹教育監督起見，教育總長又委權於大學區校長任命區教師。

一八五二年教會給與政府的權力足以防止教授對於王總統專橫的反抗。許多有名的教授因爲政府以爲他們的教育妨害公安致被撤任。一切教師須宣誓忠心政府，否則解職。政府箝制教師無所不至，試舉一個例說說。有一次政府命令教師削去他們的上鬚以求剷除他們心中的反叛思想。凡教材中涉及現代政治問題足以引起疑慮，一律刪除。我們查看一八五二年九月十五日頒布的高等師範章程曾規定『學校不許有危險或無價值的書籍日報，除警報 Tho Monitor 外一律禁閱。』

其他行政改革——一八五四年六月十四日教育法律關於行政制度的重要改革是擴張大學區的區域，僅分全國爲六大學區而取消一省一大學區制。大學區大學校長仍爲大學區教育行政長官，而省參事會加了教育上的新職務。省長 prefect 成了初等教育行政長官。一八五〇年法律所給與大學區大學校長關於初等教育的職權，其最要的爲小學教師任命權，新法律規定改歸省長主持。省長既可直接監督初等教育，而政府監督教育的制度自高等教育至初等教育便完全一貫了。

法國這種極有組織而由皇帝專權的教育制度，不但可以表明拿破崙三世一時的私心和權力，而於一八七〇年第三共和以後的自由政府也有貢獻。君主制度的工具成了法國人民對於中央集權和地方制度的企圖。我們以後便知共和時代如何採用他了。

第二帝政時代的經濟發展——第二帝政未被外國打倒以前，政府保持國內治安，大大發展經濟。一八五〇到一八七〇年間最顯著的現象是推廣銀行，修築鐵路與道路，開挖隧道，擴張國際貿易，墾闢荒地，改良農器，採用耕種畜牧的科學方法。這種時期的經濟發展，足使法國能速速交付一八七〇年戰敗的普國賠款，富力增加，不但可增進當時的公共教育，而於一八九七年以後所制定許多教育法律也有極大的幫助。

第二帝政末年的情形——我們已明白一八五〇年的法律對於小學教師的待遇已有增進，並許各區得以本區的款項設立完全公費小學。一八六七年又通過一個法律，以國費補助獎進各區設立公費小學，又強迫居民滿五百以上的區單設女子小學。杜雷 M. Durey 做教育總長時，改變初級師範學校的政策，得以大大改進。總之，第二帝政時代關於教育的物質條件，如教師待遇和學校建築等，均有大大的改進，而學校組織和視察的方法，新式公費學校的推廣，也有大大的改進。

到了第二帝政末年，拿破崙三世傾向自由，不似從前的專橫了。若沒有一八七〇年的戰爭，法國可以逐漸進於民治。然不能如此，而使拿破崙三世不得不以武力和外交鞏固他的位置，致忍受迭次戰敗的苦痛，而師丹和麥次 Sedan and Metz 兩役竟一敗塗地，不能復為法王了。

第六章　第三共和與國家教育的發展(一八七〇年到今)

普法戰爭後的政治狀況——法國既被普國打敗，又將拿破崙三世活擒去了，法國便乘此重行宣布共和。在聯合組織共和政府的各黨中，共和黨要與普國繼續作戰，而王黨則主張和平，早日恢復工商業。討論和平問題的國民會議，王黨被選的議員占大多數。這種結果可以表明法國人民希望早日和平，而不必一定贊成王政，因為國民會議延期到了四年之久而自行改爲憲法會議遂使王黨的勢力延長，到一八七七年和一八七八年選舉的結果共和黨才代興，在上下兩院均占多數。

第三共和的政治制度——新政府成立後對於自革命以來演成的地方制度實際無所改變法國數世紀相承的中央集權制度，到拿破崙三世便達了極點第三共和也沿襲下去。不過第三共和以選舉爲發抒民意的方法。法國此時似已採用民治的原理而極力設法實現此種原理。一八七〇年男子選舉權制爲一切選舉的基本，英國責任內閣制見用於法國。集會言論出版自由均有法律的保障，以求公意的發揮和自行矯正。一八七八年共和黨得勝於選舉後又主張爲法國人民設的小學教育制度於民治主義和完全男子選舉權制實爲必要。

共和黨反對教會——在研究一八七〇至八〇年間重要教育立法之先，不可不回想到共和黨與教會的衝突。我們已經說明教會在第一帝政時代與政治保守黨或反動黨的勾結，而在第三共和時代他們的關係更爲顯著。當初王黨與教會聯合，所以王黨與教士幾成二而一了。教皇擁護教會的檄文和共和黨反對教會的駁斥均非常熱烈而教皇庇護九世 Pius IX 反對自由主義與國家主義，至死不衰很有影響於法國內政。坎必達 Cambetta於一八七七年選舉競以反對宗教主義 Anti-Clericalism 爲主要問題因得勝利不但可以打敗教會而且可以鞏固共和。

新初級師範學校律——許多教育法律中首與自由政治的政黨從來所標舉的教育目的相近的，要算一八七九年通過的新初級師範學校律。該律規定改進初級師範的設備而於各省分設男女師範，經費仍由省款支用。

又規定總統得高等參事會的同意得允許兩省合設師範學校。

初等教育定爲公費——與建設國家初等教育制度最有關係的一個法律於一八八〇至九〇年間通過。通過這些法律時正是非里 M. Jules Ferry 做教育總長，他與共和初年的教育有大勢力，故又叫做「非里法律」Ferry Laws 一八八一年六月十六日通過的第一個法律取消小學學費，又規定師範學校學生的膳費由國費支給。

強迫入學——一八八二年三月二十八日法律規定兒童自六歲至十三歲須一律強迫入學。無論公立或私立學校，小學或中學甚至家庭私塾都可以達到此律的目的。

爲實行此律起見，各區組設學務委員會。兒童一到十一歲可受小學文憑 Certificate d'études primaires 的考試。如能及格，便可不再強迫入學。在家庭私塾讀書的兒童還要受年考看看塾師的教授如何。

課程的擴充和還俗——一八八二年法律對於小學的重要改革便是課程的擴充和還俗。照此律規定小學課程包涵道德和公民教育；讀法和書法；法國國語和法國文學初步；地理，特別着重法國地理；歷史，特別着重法國近代史；法政經濟常識；生物，物理，數學初步和對於農業，衞生，工藝的應用；手工和主要職業工具的使用法；圖畫，塑模 Modelling，和音樂初步；體育，男生軍事訓練，和女的縫紉。我們現在雖不能詳細研究這些課程的內容，但從教材和國家教育宗旨的關係上看便知運用課程的一部分以達到國家教育宗旨。

國家主義的教育——法國一八八〇年後公共教育的復興乃由一種普通信念所激動，即一八七〇年普國得勝的原故是在他的教育優良就便是說普國學校教師打勝這一戰。當着法國人民爲打敗仗所震動，而想着恢復國力的問題時，自然教育顯出強有力的國家主義的目的和動機了。以上所引課程的前數科便是表示國家主義的精神的新課程。而道德和公民教育科卽代替素來的宗教和道德教育。這一科的旨趣在以法國國家主義與共和政治的道理訓練學生。

道德與公民教育

一八八三年十一月十七日教育總長通告全國小學教師解釋新道德和公民教育科的意義和旨趣。他說一八八二年的法律在確定建設國家教育的希望，而以人人須知的職務和公道的要義將他實現出來。不希望教師成爲哲學家或神學家，但希望教師能將前人遺留下來而不必加以討論的好道德傳給後人。方法主張不用定義也不用抽象的原理，但用許多事例而特別求其合於兒童的經驗。教育總長並指明當時名人對於新課程的興趣很好，樂與教師合作，並常常貢獻關於公民和道德教育的新書籍。教育總長的這個通告是顯與教會爲難。他又在通告中說，教師們不但要各處承認這種公民教育的必要，須靠你們的努力，而且要人贊賞愛護這種教育，也須靠你們的努力。不滿意於這種教育的人便不長久反對他們當前的事實。他們看見你們的工作只在增加兒童的智識，改進兒童的行爲，並無他種目的，而他們的兒童從學校回到家中確有更好的習慣，態度和品性，自然你們的學校可以戰勝教會學校了。

道德教材爲便於實際應用起見分爲四組，卽幼稚組，初級組，中級組，和高級組。是各組教材的道德觀念相同但依兒童的年齡和程度而爲圓周式的組織。試取中級組的教材爲例便知國定小學課程的程序有教師談話，誦讀與解釋，和實際練習課室作業和課外自修並重而包含以下各點：

I.（I）兒童在家的職務對父母和祖父母的職務服從尊敬親愛，並感謝父母和祖父母；幫助父母作工；侍奉父母的疾病扶助老年的父母。

（2）對兄弟和姊妹的職務互相親愛保護少者和做好榜樣的責任。

（3）對僕役的職務待僕役和氣慈愛。

（4）兒童在學校的職務照常到校服從，勤勉，禮貌，對於教師和同學的職務。

（5）祖國法國國光和國恥。對於祖國和社會的職務。

II.（1）對己的職務愛護身體，清潔端莊節制，縱酒之害智慧和意志的薄弱，壯生，體育。

（2）貨財經濟，不負債賭博之害不愛非分之錢浪費貪婪。工作時間經濟人人作工的責任；勞工神聖。

（3）精神眞誠和忠實不撒謊自重自尊謙讓認錯。驕傲虛誇賣弄輕浮之害。無知和迂滯之恥。敢於冒險，忍耐，創造精神。盛怒之害。

（4）善待動物不要使他們受無益的苦痛。格剌蒙律Grammont law；動物保護會。

（5）對他人的職務正眞和慈祥黃金律 Golden Rule。不損害他人的生命，身體，財產和名譽。仁愛，胞與。容忍，並尊重他人的信仰。縱酒足以破壞對人的職務（怠惰，橫暴等）

（6）對上帝的責任教師無須教授關於上帝的性質的專門課程，但應對於一切兒童教授下列二事：

第一教師教授學生不得輕說上帝之名，他須存心敬畏上帝，就是異派對他所說的上帝也須同樣的敬畏。

第二不問各種教派的特殊條規而使兒童了解並且覺得敬神的本務是在服從教師的良心和理性所指示的上帝律 Laws of God。

道德和公民教育除教師的努力外更以法國名家編纂的課本來補助。各校此種用書不一，但須經過教育官廳審定的才能在公立學校採用。關於這種教育的用書極多，而且有採用多年的，因此只查閱此科用書便不能說明此科的主要精神。但是此科用書內容雖有不同，然有幾個共同點可以說說。

一切公民科用書的旨趣均在以法國國家主義和共和政治的精神訓練個人。此科所教許多德性如勤勉，節制，親睦，善待動物等都可應用於近代西洋各國，但這種教育勢必着重國民對於國家的責任。要學生常常記着他是處在國際競爭中的一個法國人，必須為法國犧牲他的時間，金錢，甚至性命。各種用書所描寫的愛國心雖不同形式，然最通用的公民課本是在使學生對於國家的維持有一種熱烈的感情。這種教育的目的又明白指示法國男女學生知道軍備的必要，而肯加重自己的負擔，納稅於國家，擴張軍備以保護他們本國的制度，語言和成訓。公民課本中有許多處需提醒國民注意國恥，以引起他們對於普魯士的敵愾心。有時敍得非常明白沈痛，但能敍得含蓄一點或較公允。在積極方面又着重教授法國制度的優點，法國歷史的光榮，法國現在的偉大和日常對於國家的感情，使兒童覺得做個法國國民而參與公衆生活的利益和光榮。

增進愛國心使兒童覺得第三共和政治制度的優越也是公民教育的一個重要目的。因爲人權宣言與法國政治的自由主義有關係，故有許多課本節錄原文或重述大意。國定課程綱要又特別解釋自由，平等，博愛三個共和格言的意義。課本指明現在政治的目的在教授青年的共和原理以保持國家的生存。爲求達此目的，敍出專制時代的弊害以反襯現在政治對於民權的擴大和安全。

第三共和不但怕王政復活，並且怕社會主義流行。學校公民教育反對社會主義者的政治學說也同反對王政學說同樣下力，使青年不但對於國王的信仰減少，而且明了勞工專政和社會經濟根本改組的危險。

馬賽爾的孩子 Les Enfants de Marcel ——通行而最有趣的公民課本是菲葉 Mme. Fouillée 用別號白魯諾 G. Bruna 著的馬賽爾的孩子 Les Enfants de Marcel。這個課本依照固定課程標準描寫一個法國兵士，公民和他的家庭的機緣。

菲葉在課本的開首用戲曲的筆法，描寫普法戰爭末後幾日的情形。法國軍隊沒有得勝的希望，便想逃到瑞士中立地域。普國軍隊緊追法國逃兵，而法國軍隊派出一支人阻滯普兵，以求其餘的法兵得安然到目的地。有個退伍兵士叫做馬賽爾 Sergent Marcel 的，正於晚間因多思不能安睡。他有個十四歲名叫路易的兒子，同他一起。兒子的母親是馬賽爾所屬軍隊的一個隨營商人，於幾天以前死了。馬賽爾告辭，要將他沒有母親的兒子送回家中。不問兒子心願不心願。馬賽爾的老婆死了，家境因不安定，自然悲痛，而想到國家的慘狀，更爲憂愁。路易堅決不肯去，乃得馬賽爾的允許，留着爲國家緊急時服務。一天早晨又打起仗來了，他們父子兩個非常勇敢，他們的同營也勇敢，可以顯證法國軍隊素來的精神。馬賽爾右臂傷了，難於走到瑞士邊界，但終到了，由外科救治而不免要斷肢。這個課本的其他部分在描寫馬賽爾的勳勞而謙讓，絕不誇張他爲國犧牲的人格。

菲葉敍一件意外的故事，足以表示他行文的有趣味。路易和他的父親在瑞士一個家庭找好朋友，遇着他的祖父曾當過路易十六世的瑞士衞兵。他的祖父詳述步行到凡爾賽當衞兵時所親見的情形，而用戲曲的筆法比照農民的困苦和朝廷的奢侈，以顯出他們的不平等和不公允。老瑞士人講說法國革命事變時，便記起當時廢除一切自中世遺下的特權和不平等的制度。這種描寫最能指出法國革命的意義。

當馬賽爾父子回到法國之後，這個意外的故事足以使他們愛慕法國和老家。馬賽爾做了一個地方郵務局長，有他的大女兒安來 Amrio 做助手，因此他很覺得政府對於有功國家的人非常厚待。馬賽爾的家庭又隨生活的變遷實踐公民的德行，如勤勉，正直，盡職，仁愛，端莊，公民興趣和家庭感情等，而非常快樂，衣食無虞。著者以鄰家的故事描寫政府的各種情形。例如以石礦的問題指出區政府的情形和他與省政府行政上的關係。以強盜告狀的事件說明法國司法機關的組織。又以馬賽爾家庭移居阿爾及利亞 Algeria 的事件說明法國殖民制度和與祖國的重要關係。

這個課本雖間有不妥處，但大體非常生躍活動，而使青年讀者得一種強烈的印象。本書敘述如此詳細的原故，是在指證法國教育上所認定的道德特性和公民學列爲學科的宗旨。法國小學課程中教授道德不是將他當做初步的抽象哲學，乃是用歷史的事例和具體的經驗與兒童的日常生活相聯絡。其實可說是一種初淺的政治哲學使學生知道國家興亡匹夫有責而樂於盡力國事。這種教法的成效如何難於估計，但是已經用了四十年而且要繼續的長用下去。在歐戰時鞏固支持法國的定有他種力量，那些力量有的或比教授兒童的公民道德經過一世還要大些。不過許多法國教育家卻相信學校公民和道德教育有大貢獻於國家的統一和國家的供奉 national devotedness。

小學歷史——公民教育特別着重培養公民道德和愛國心，而一八八二法律所定法國歷史科的旨趣亦在增進兒童對於本國的感情。由此科的研究可使兒童熟習法國先賢和重要的史事。並且使兒童對於祖國的不幸覺得傷心，而對於從前的英雄又覺得光榮。國家政策的錯誤和國家的缺點也同時使學生知道以便將來改正。法國革命的普通原則認為教學的基本，而國家的缺點和一時的失敗則解為達到成功的途中無關重要的事體。

歷史教學的精神既不自暴自棄也不過於誇張。這或者可說是一種愛國的科學態度。歷史教學的目的是在使兒童熟習過去的歷史引起他們的熱誠，豪氣和忠心以成功較好的公民。但是又研究歷史上的缺點以指明國家的缺點所在。歷史一科可以增進兒童對於國家的愛情而於判斷國外交涉或內政政策時也可培養批評的能力。同時對於國際關係的嚴酷情形也不忽略。小學兒童未成年前或已過兵役年齡便可要他為國家的安全從事戰爭。於此須使他們有戰爭的思想預備自己犧牲，而以法國關於勇敢忠心和國光的成訓教授之。

教育行政集權制

一八八六年的初等教育法律——一八八六年十月卅日通過的初等教育法是一千八百八十年間第一個

大法律尚有影響於現在的法國。這個法律應與一八八〇年二月二十七日修正高等參事會和大學區參事會組織的法律一併討論。第三共和時教育機關的發展當與第二帝政時遺下的制度合同研究。我們在前章曾經說到教育集權政教會和私人教育的地位。如果要十分了解現行教育行政制度便不可不說說新政府對於這樣事項的處置方法。

教育集權的原理共和時代雖經採用，但與拿破崙三世時代的制度有重大的改變。第二帝政時代學校制仍舊規定於一八八〇年間的法律，國家對於地方行政也仍有絕對監督權。教育總長對於高等，中等和初等教育仍有用人大權，而一八五四年法律所給與大學區大學校長 prefect 任用小學教師權也仍舊保有。拿破崙三世所組織有效率的視學制度更加鞏固。區大學的組織實際無更改。有裁制權的省教育參事會更握有地方初等教育的實權而對於各區學校數和教員數，聯合學校的建議，教員資格，有關小學教師的訟事和私立學校的設立均有決定權。

總之，第三共和時代的教育組織是全國一貫的。自教育總長和高等參事會到區參事會和區教員是相連屬的，各級教育均有一致的目的，一致的規章和一致的特權和保障。教育視為一種重要的社會職能與海陸軍警對於國家的關係一樣重要。教育問題均用國家的見地來解決。因此中央集權的程度在歐洲各國的教育中法國要算第一了。中央的權力極大，而地方學校便少自由活動的餘地了。

由上一段所述可知第二帝政時代的教育集權制適於法人的脾味和政治的情形，而第三共和時代沿用並無何種缺點。不過兩個時代教育集權的方法有個重要的分別，便是前時代的集權由皇帝和臣屬自由處置絕無何種限制而現在行使職權卻有許多重要的限制不能違反的了。

高等參事會——組織各種教育參事會以決定教育行政事件足以防止教育行政機關的專橫。我們已知拿破崙三世如何減削高等參事會的職權使他不能如從前的樣子干涉教育總長的活動。一八八〇年二月二十七日的法律恢復高等參事會的職權可以監督教育總長並可為法國教育輿論的眞正代表。現在參事會共有參事五十七人，總統任命十三人，公立學校代表九人，私立學校代表四人，其餘由重要的教育機關選出。高等參事會是一種教育代表機關，而能完全代表各方面的意見討論實際的教育問題。教育總長於課程，教法，考試，公立學校行政和訓育規章，學位考試規章，私立學校視察規章，違反道德，憲法，法律的教科禁令等問題須徵求高等參事會的同意。下級參事會有爭執事件時，高等參事會有受理審判權。任何公立中學和高等學校正教授 regular professor 的免職和停職，任何高等學校正教授的遷升，任何人教授權的剝奪，或指導公私立學校，公私立學校學生的開除，均須先有參事三分之二以上的同意。高等參事會的職權既大，自然於教育總長的意見有少許限制。因此第三共和時代的教育行政制度有中央集權的效率而沒有拿破崙三世時代專橫的流弊了。

又為防止教育總長專權計，各種教授職位的任免須按照法律的規定。教師的訓練，經驗，學位和等級均有詳細的規定，教育總長任命教師時須一一遵照。大中學教師也同小學教師一樣是一種公職，有地位的保障，不得因私見與以不公允的處置。

教育總長有適當的組織執行職務是用不着多說了的。直接教育總長的下頭有二十五局分掌一切教育事務和藝術，另設許多普通視學是中央教育行政機關的耳目，分赴各地直接代表教育部。

大學區行政——大學區行政與第二帝政時代無大更改。現在法國有十七個大學區，每區有個大學區長和參事會，參事會對於大學區長的關係也同高等參事對於教育總長的關係一樣，享有相同的職權。另外有一個大學參事會 University Council 僅僅參議高等教育事項。大學區參事會由兼領(exofficio)，選舉，任命的參事合組而成，大足代表大學區高等教育的各種勢力。

大學區長是大學區初等中等和高等教育的首長，但關於初等教育的事務多委給大學區視學辦理，而他自己只以關於教育方面的爲限。其實大學區長雖然兼掌小學和大學的事務，但主要的職務是中等教育。他於師範學校有特權，可以間接控制初等教育。他又兼領本區國立中學 Lycée 和專門學校 college 的校長。

省行政——一八八六年的法律定省——法國共有九十省——爲初等教育的主要行政區。省長 prefect 是內務部的一個官吏，也是一個省教育行政長官。公立小學教師雖由大學區視學指名，而須完全由省長任命。省長於監督學校經費的職權非常有力，而於小學課程和教法的問題卻少過問。省參事會有參事十四名，省長和大學區視學兼領參事會正副會長外，小學教師互選四人，省普通參事會 General Council of the Department 參事互選四人，教育總長由小學視學中任命二人，師範學校校長兼領二人。於此可見第三共和時代的教育參事會以適用選舉原則爲特點了。這個參事會是地方初等教育行政機關，如同大學區參事會是地方高等教育和中等教育的行政機關一樣。他的重要職務已竟說過。大學區視學對於初等教育的權力特別是選任小學教師權非常之大。師範學校的入學考試和畢業考試大學區視學親臨監試。由此可以監督試用教師須服務兩年之後始能取得合法的教師資格永久任用。一個教師如此審定登記之後省長才可加以任命。

其他地方行政機關——學務委員 school committee 曾於一八八二年的法律連帶述及，而一八八六年法律上的縣委員cantenal delegate仍保有從前的職權。市參事會 municipal council 雖兼有教育和民政的職能，卻少有教育的權力。市參事會須籌劃小學教育經費的基金而求得公衆的贊許。關於小學教育經費問題我們將於討論一八八九年經費法律時連帶說及。

教會對於教育勢力的減少——我們已說過政治的複雜關係使共和黨要明白反對天主教會，而自一八七七年後共和黨遂戰勝王黨與教會了。於是共和黨自然要以第二帝政時代的法律限制教會把持教育的勢力了。第一個可注意的限制，就是減少各種教育參事會的教會代表。高等參事會參事四十七人中只有教會代表二人，大學區參事會只有天主教會和改正教會 The Reformed Church 神學校長。省參事會完全剷除了教會的勢力，而地方牧師也不再叫做區學校視學了。我們已經知道一八八二年的法律使課程還俗，少含宗教的臭味。一八八六年更定律不許宗教師有合法的資格充當公立學校教師。又規定任何公私立學校教師須遵守一致的標準，才能領取合法的國家文憑。於是檢定教員完全委權於大學區大學校長和大學區視學的流弊可以避免了。此律又規定每區須單獨或聯合設立一公立小學，使私立學校不能得各區的承認也屬重要。

私立學校——法國私立學校與教會的勢力是密切相關的，所以私立學校的教育狀況值得一研究。一八八六年的法律不要禁止私立學校，但極力限制設立私立學校的自由。我們已知一八五〇年的法律如何減少限制使私立學校易於設立。而新法律則大大限制私立學校。設立私立小學的手續如下：教師要設立小學的須預先呈請學校所在地的區長立案，並指定學產。這種呈請的通告張貼於市政廳門首一月。陳請書又要陳送於省長大學區視學和公共檢察官 public prosecutor 並須貼附創辦人的籍貫證書，健康證書，教授證書，法庭記錄抄單，十年前的所在地和職業述略，學校計劃一並繳陳大學區視學。如果創辦人屬於一種宗教團體，還須將他種宗教團體的情形陳明。大學區視學得依其他職官或公共檢查官的陳訴以衞生或道德的理由拒絕設立學校。一月期滿如無反對時便可設立。如有爭議由省參事會審判，並得由兩造上控於高等參事會以終審之。設立或辦理學校手續不完備的便為犯法，要罰金；再犯的還要下獄並加重罰金。

法國私立學校董事有決定教法，課程和教本的自由，但高等參事會認為違反道德，憲法和法律的書籍不得採用。任何私立學校教師瀆職或不德時，大學區視學得陳訴於省參事會加以斥責或停職。教師於停職處分不服時得控告於高等參事會。國家保有視察一切私立學校關於道德和衞生狀況的全權。教授的視察不過看他違反道德，憲法和法律與否。當着一個人記起多數教會學校在一九〇四年法律上是由教會維持而宗教黨在原則上又與第三共和憲法抵觸的時候，便知以上的規定是很重重的了。

私立中學——一八五〇年法律關於私立中學的規定實施到第三共和時代沒有改變。照法律的規定，私立中學有存在和自治的完全權利。高等參事會和大學區參事會的組織在第三共和時代變了，足以減少教會對於中等教育的勢力也同減少教會對於初等教育的勢力一樣。

最近教會對於教育勢力的減少——一八九〇年後因有一猶太人德雷福 Alfred Dreyfus 犯了洩露軍事祕密於德國的罪名和其他相似的案件引起激烈的爭論。教會和王黨聯合反對共和黨員和猶太人明說犯人是無知。一八九四年德雷福遂被宣告定罪。一八九七年又發生了一樣案件而犯人卻是一個明白承認的王黨。軍事法庭決定再辦德雷福，而佐拉 Emile Zola 發表一篇激烈的論文反對審判德雷福案件的人蔑視法庭的判決是國家的大恥。一個王黨首領自首而德雷福案件乃得於一八九九年水落石出。一九〇六年大理院終審決定開釋德雷福而恢復他在軍隊中的原職。

這是一件國家的大事，使得各黨派紛爭。德雷福黨得了勝利乃猛烈報復教會，教會認為德黨犯法，陰謀起而反抗。一九〇一年的社團法 Associations Act 規定宗教團體須強迫向政府立案，而政府很少允許立案的。照法律的規定未立案的團體社員不許在法國任何學校教授，而其結果則在私立學校當教員的宗教師便大大的減少了。一九〇四年七月七日的法律規定法國合法教會與宗教團體須與學校分離。一切宗教團體取名『專門教授的宗教團體』religious association exclusively devoted to teaching 的於一九一四年一律不許使用。最後的一個法律雖因歐戰停頓一下，但政府卻無意恢復教會在教育上原有的地位。初等教育既有法律的限制，合法教會又須與教育分離，於是法國私立學校就大大減少了。

初等教育的經費——一八八九年七月十九日關於公立初等教育經費和教師薪水的法律，是於法國國家初等教育制度的建立有極大的關係的，非里四律 Ferry laws 的最後一種，前面已經說過。從各方面說來，這個法律較其他三種法律為更重要，因為他規定國家負擔小學教師和小學行政機關的經費。自一八三三年後區省和國家於經費缺乏的地方分擔小學經費的辦法現在還是繼續辦理，但國家所任的經費較前加多。照法律的規定，保姆學校，初級小學，高級小學，徒弟學校和師範學校的教職員薪俸，教育行政和視察人員的薪俸，和視察用費，師範學校學生衣食費均由國費開支。小學視察的津貼，師範學校的維持費，學校的設備費，省教育辦公所和大學區視學辦公所的租金，和其他小費均規定由省費開支。校舍和教師住宅的用費，教室取溫和用燈費，校役費和學校設備費由區費開支。

又按小學教師和行政人員的資格和經驗分定薪水的等級。由是教師薪水的大小不依地方的貧富或地方官的自由決定，但依資格和經驗而定呢。又規定增加教員的退休金。

中等教育——第三共和時他關於中等教育的集權程度與關於小學的相同。中等教育機關分兩種：國立中學由國費支給；專門學校 collège 在原則上由區費支給，而由國和省加以補助。但兩種學校的課程相同，管理章程相同，教師資格相同，均由教育總長規定。兩種學校的教師也均由教育總長任命而為國家同等的公僕。

中學期限七年，滿了即舉行學士學位考試。這種考試須由教育總長監督，而於有文理科的大學中心地方舉行。學士文憑也是由教育總長發給。私立中學校學生要得學士學位，也須通過國家考試，適用國家的課程標準。沒有學士學位無論那個學生不能有合法的資格升入大學研究高深的學問。有了學士文憑便有兩種資格，一是普通教育完了，二是可以升入大學研究。

我們將法國中學與美國中學比較便知他們大大不同，而法國中學教授的課程要專門許多。一九〇一年五月三十一日所定的課程標準現在仍舊適用，劃分七年的課程爲兩個圓週。第一圓週爲四年復分兩組：第一組着重古典有拉丁希臘文；第二組不設拉丁希臘文而着重法文科學圖畫和數學。學生可選習一組。第二圓週爲三年，因着重的課程不同復分爲四組：（１）拉丁希臘文，（２）拉丁文和近代語，（３）拉丁文和科學，（４）近代語和科學，沒有拉丁文。一個人如果知道一個學生在法國那個地方的中學選習那個圓週的那一組便知那個學生的造詣如何。換句話說，法國中學有很一致的文化教育，訓育，課程，和教授的情形也都是相同的。學生選習的功課雖有種種組別，但是要按着國定七年課程標準考得學士學位卻不可不略爲了解近代文化的重要情形。一切學生都要學習初等數學，外國語至少一種，科學的原理和主要事實，並且要用同樣的時間研究近代歷史和地理，同樣的時間研究法國語言和文學。法國中學制度使領袖階級得着標準的文化在西洋各國中總算是有最大的成績。

女子中等教育——第三共和政府於一八八〇年十二月二十一日以法律規定女子教育制度。新女子中學也同男子中學有國立中學與專門學校兩種，但年限只有五年。女學都是通學，但是膳宿用公費供給。

高等教育——第三共和政府於一八八五年在各大學區設立教授普通參事會 General Council of Faculties以促進國家的學術。這個參事會的職務是討論區大學教授的普通問題，編制課程和講演。一八九六年教授改名大學教授普通參事會改名大學參事會 University Council。這個參事會有權主持大學內部的組織和訓育事務。一八九六年的法律規定大學須爲一個法人，可以有權享有並管理財產，懲戒本大學的人員，徵收學費，和編制大學預算。大學教授由有缺額的大學教授會至少加倍提名，陳請教育總長任命。教授有詳細的規章保障地位，並可享有卹金。國家支給全大學教授的薪水和維持的補助費。教務主任由教授公選，陳請教育總長批准。

一八八〇年三月十八日法律推廣教授自自由的原理到高等教育。本來是一八三〇年頒布教令允許教授自由後的一個爭論問題。教令的規定不曾實施於高等教育。其實自第一帝政時代到一八八〇年，高等教育由大學壟斷的制度不曾改變。那個時候雖然允許設立私立大學，但是國家仍保有給與學位權。任何私立大學的學生須明了課程標準而有與國立大學學生相同的程度，並由國立大學教授加以考試。

職業教育與高級小學

我們敍述如此複雜的國家教育制度，截然的分類是不可能的。從某種觀點推究高級小學與初等教育的關係，卻是可以的。在先前所說小學的事體乃關於國家教育制度的實施，而屬於中央集權一方面。近代國家利用教育機關促進國家的經濟生活，也是國家教育的一個重要方面。法國發展職業教育的模範組織，便是高級小學 high primary school。

說到高級小學便記及一八三三年的法律。各處高級小學雖然允許設高深的補助學科，但不會如一八五〇年的那樣明白規定。——一八三三年基佐以爲高級小學是爲下層階級推廣教育機會的必要組織。高級小學教育與日常生活的實際需要相關聯，而又不過於專門。甚至有人以爲高級小學應與不好的中學聯絡。但是第二帝政時代實業大爲發達，而高級小學的補助學科便多帶了職業的性質。到第三共和時代直將高級小學當作拔取初級小學兒童受職業教育的機關，使兒童畢業後從事農工商業更有效力，而能戰勝國際經濟競爭。高級小學在一八八六年的組織法又復興起來，而規定初等教育階段爲幼稚學校，幼稚班，初級小學，補助學科和工藝徒弟學校。工藝徒弟學校爲一八八〇年十二月十一日所設立，而顧及當前的情形說：「各區省爲要從事工藝的青年所設的徒弟學校，放在公共初等教育之列，以發展他們必要的技能和專門知識。設有職業課程的小學定名爲工藝徒弟學校 Manual apprenticeship school」這種學校由教育部和農商部與以津貼。一八八一和一八八二年更用法律設立三個訓練工頭和工匠的學校，取名國立職業學校。

第三共和政府早已見到獎勵訓練較好的私家營業的人員於國家實業競爭是重要的。法國這種教育的發展，雖不及德國，但較之美國卻有顯著的進步。法國高級小學可說是職業教育的中心，而許多特殊職業學校與這個中心的教育有些差異，但是與他的性質相近的。

補助學科雖不及高級小學的組織完善，但他的目的也在招收初級小學的學生，訓練學生得着較大的職業能力。高級小學雖於提高初小學的社會學科外着重教授應用科學，數學和圖畫，然當初也不是有十分完善特殊組織的職業訓練機關。地方行政機關獎進高級小學修改課程，以適應地方的主要職業需要。因此有的高級小學設了適於農業生活的課程，有的設了工業的課程，有的設了商業的課程，而好的課程也明明顯出着重女子職業或家事的需要。

有的高級小學的職業訓練較別的更爲有特殊組織，而依據課程便可顯然劃分。特別着重職業的高級小學於一八九七年定名實用商業或工業學校由農商部監督。工藝徒弟學校與此種學校相近，也多歸農商部管理。有些從前的徒弟學校仍由教育部和農商部共同管轄，至着重教授普通知識的學校全由教育部管轄。

原來的高級小學不適於國家農工商和家事的需要，已有多人加以非難，高級小學造出的低級公吏和書記太多，而養成的農人工頭有技能的工匠和良妻卻太少。一九〇九年七月教令規定每個高級小學並設職業教育組與普通教育組，使實際工作與教授的理論切實聯絡。但是政府的意思並不是要將高級小學都變成狹隘的職業學校。初等教育指導員蓋士魁 M. Gasquet 解釋上面一個教令的意思，說這些學校的目的不是徑直養成適於工業或商業的專家或徒弟，而是養成兒童用手作工的興趣，熟習各種職業的工具，而得自行顯出個性來。要兒童在學校對於理論和原則有了充分的預備之後，再在職業界做一定時期的徒弟，而升成能隨時改進以適應職業需要的下級辦事人員。

關於國家和地方政府與私人團體合作的各種職業教育在本書不能詳細敘述，但可說適當的教育機關無一不增進職業效率的，也非過分。這種教育機關的名單可包括各級航海學校，公共作業學校，礦業學校，各種工業學校，各種農業學校，獸醫學校，和與工廠出品美術化有關係的美術學校。

一九一七年的補習教育案——我們已經詳細研究法國第三共和時代國家教育制度發達的情形，現在可進而談談一九一七年三月十二日衆議院的補習教育案，以結束國家教育制度發展的歷史。此案尙未成爲法律，而將來可成爲法律。此案提議提高國家教育程度，而推廣國家教育事業最關重要。主張一切男女於體育，職業學科和普通文化學科沒有同等相當程度的便須受補習教育。強迫入學年限比一八八二年的法律加長，男子爲二十歲，女子爲十八歲。這個年限分爲兩期：第一期男子在十七歲以前女子在十六歲以前每年至少須受三百小時的補習教育，計分爲普通教育五十小時，職業教育一百五十小時，和體育一百小時。普通和職業的課程和練習在法定工作時間內教授，體育在星期日教學。第二時間爲十七歲至二十歲的男子和十六歲至十八歲的女子至少須受二百小時的補習教育。結婚之後可允許不再補習。二百小時的一半教授男女的普通文化學科如法語，歷史，地理和公民學外加爲女子特設的家庭經濟學。另外一半時間男子專習體育和軍事訓練，女子專學手工，衛生學科和練習實用醫藥學和保育兒童法。學生學過初級小學高級組相當的課程便可認爲具備此案的條件，但於十八歲以前出校的還望他學補習的課程。補習教育從事實上看來可說屬於初等教育範圍以內。

這個有興趣的議案現在尙未成爲法律，或者是由歐戰之後財政困難不得不遲延幾時。從推廣法國青年的教育機會看來，於青年時期後用部分時間教授 post adolescent part-time instruction 方法將此案實施出來以擴充小學兒童的知能並不是奢望。

第三共和時代教育上的平民主義

因第三共和政府建設在普通選舉制度之上故爲一切人民的代表。思想，出版，和言論自由都爲法律所保障，而教授自由的原理，除宗教團體外，也爲法律所承認。法國人民在法律之前一切平等，舊王朝和第一共和時代初期關於社會和政治上的不平等在現在法律上均不存在。但是法國政府感受平民選舉的直接影響尙不及美國。法國政府誠然是一個代表的政府。人民行使政權在選舉代表以組織政府。人民直接選舉市和省參事會議員和衆議院議員，間接選舉參議院議員。任何司法或行政人員不由人民直接選舉。省長 prefect 由中央政府任命，總統由國會選舉。國務員隨衆議院的投票爲起伏。中央政府是極有組織的一種官僚政治 bureaucracy 有權干涉地方行政的細節。法國教育行政制度便可做全部行政制度的代表。由是可知人民不能直接監督政府。而且實際政府每由資產階級控制。衆議院議員幾全屬資本家地主和專業人員 professional man 而從事專業或公事的人須先具備學士學位的資格。

在法律雖無社會階級的定義，而法國卻可明白分別社會階級。用手作工的生產者構成社會的下層階級。這種階級在法國極遭人蔑視實是社會的一個汚點。他們也自認作工的卑下，而要將他們的兒子升到資產階級的附屬階級。

資產階級——給龍德說資財階級包含一切穿着合禮的衣服，而能說合禮的法語的人。現在法國除勞工外都可歸入資產階級。這個階級分爲大中小三等，從小商人到大資本家只有擁有一點財產的都可視爲此種階級。法國社會又有家世的分別。比較美國更爲顯著。在法國變更社會的地位固爲可能，然不及美國之快。法國要經過一代以上才能變更社會的地位，而美國憑個人的才力可卽身由貧賤而富厚。

學校的階級劃分——法國教育制度與社會和政治的情形有關聯是很明顯的。照實說來第三共和時代的學校便是按階級劃分的。小資產階級以上的人都不願減低自己的地位將他們的兒童與多數法國兒童同受自由教育。初等教育就是自由教育。受這種教育的人多是勞動階級的子弟而稍有些小資財階級 petite bourgeoisie 的子弟，他們畢業之後多只能承繼父母原有的地位，可見法國社會階級不易改變而難望他們將來為公衆的領袖。因此法國小學組織的精神不在發展兒童的能力以為高深研究的預備，只在教授某類知識和處事的態度。

高級小學的社會影響——一八三三年基佐要推廣下層階級的教育機會而又使他不至有超升社會地位的希望，可見基佐的保守主義了。現在政府關於高級小學的宗旨略與基佐不同。高級小學重在使學生便於加入職業界而能為職業界的小領袖。但是從畢業生出路上所顯示的教育成效看來確可幫助普通人民的兒童增進他們社會上的地位。換句話說高級小學是個民治的機關可給有志氣和有能力的兒童一個超升社會地位的機會。

一九一〇年調查一一八七九個男子，六七六五個女子離開高級小學的出路，男子之中有六九六人改入別的小學，三五三人升入中學，九六二升入師範學校，二二五人在學校充教職員，一〇七三人進了特殊職業學校；七〇七人做了國家或地方的小吏員；一九七人服務鐵路局；二四六三人做了公司的書記和會計；一二七九人在工廠或農家做工人或徒弟；四九七八做銀行的雇員；二〇七九八做家庭的職業，內五三七八屬工業，六五九八屬商業，九〇三八屬農業。這個統計可以表明高級小學對於學生改變社會地位的影響。學生約有百分之三升入中學，百分之十當了或要當小學教師，百分之三十三從事或預備從事農工業，百分之三十九從事或預備從事商業。

我們記着高級小學於小資產階級有利益，有些地方還於大資產階級也有利益，則高級小學改變社會階級的數量便須仔細估計了。國家對於高級小學男生設獎學金額五四五名，並可包括膳費和因兒童不作工家庭所受損失的津貼；和五五一名同樣的女生獎學金額。獎學金的給與用競爭考試決定，以表明國家幫助下層階級有志氣有天才的青年，但是此種補助金也不能當作極大的改進教育機會的不平等。

初等教育與中等教育的銜接——一九〇二年五月卅一日的中等教育改革令可以顯出立法的意思在溝通中小學以便上下銜接。該令第一條說中等教育須與初等教育銜接，以求中學第一年級與普通小學第四年級的程度前後貫通。但是實際上中學初年級便有外國語科，而小學前四年級卻無外國語科。因此學生由小學升入中學於選習課程便有嚴格的限制了。國家依學生在校的成績和競爭考試的結果設許多獎學金額。在一九一三至一九一四年男生獎學金額一二五一名，女生獎學金額三一五名。但是中學的用費過大，貧寒子弟常難得着他的利益，而學生的家庭如不了解專業的目標也不給獎學金於可以享有此種權利的學生。所以法國中學是爲富人設的，只要能繳學費並維持必要的生活費，任何人都可進中學。如此便只有中上資產階級才情願或能夠供給他們的兒童了。

法國中學與小學制度不相連屬而彼此之間有個大鴻溝他們的不同點不但如美國一樣學生年齡有大小，而且可爲富家子弟特設中學預備班不與貧家子弟同伍兩種學校學生是來自不同的社會階級而學校指點的出路也不同。

法國教育的階級組織可以顯出對於學校固有經濟的大影響。初等教育的宗旨在使學生於屆十七歲時欲出校就事能通過出校考試或爲特殊小學的獎學金額通過競爭考試。中學的宗旨在培養一面提高文化教育一面預備專門研究的學士。因爲具有確切的目的和社會的涵義，法國教育便成了教授課程綱要以預備考試的事體。着重考試的結果便於學術方面過於留意而忽略了體育和學生生活的常識。法國教育行政制度又爲極端中央集權要學生和教師遵守課程標準，遂減少了教師的創造的機會和選擇適合地方需要的教材。

從理想上看來，法國也如其他各國多少未會實現民治主義的教育制度。所謂理想上的教育民治主義不問社會階級和經濟困難而使個個兒童得着教育的機會盡量發展他的能力以爲他自己和社會的幸福。民治主義的意思又含有學校的眞實經濟辦法是發見各個兒童的特長和發展特長的方法而且含有學校的實際目的應爲增進兒童對於日常勤境的智慧，發展兒童適應公民問題的能力。

法國有些教育家和政治家對於民治主義教育的缺陷認爲急待解決的問題。死記學校功課，不引起兒童的判斷和創作，過重及格考試，課程不求適合地方的需要和特殊興趣，——這都是法國現在要考慮的事項。依據社會階級以建設雙軌教育制度的缺點和依據父母財產以拔取科學文學和政府領袖人才的損失均已從各方面指出而正求補救的方法。一個推廣中等和高等教育機會的辦法是所提議的單一學校制，école unique，設課程相同的小學招收一切兒童不問社會階級和經濟的分別。由歐戰的結果好像使得法國感覺到有發展一切生產來源和精神領袖的必要而要按着康多塞的計劃改革國家教育制度：

『供給各個人的工具使得滿足他的需要，保全他的幸福，知道並享受的權利，知道並盡力他的義務。

『使個人於日常事業得有更大的效率，於社會服務上得有更大的能幹，於天才上得有盡量發展的機會，而由此得使法律上所允認的政治平等實現於事實。

『所以這應是國家教育的主要目的，從那個觀點看來，這是國家應擔當的適當職務。

『指導教育要使美術的發展可以增進多數人民的娛快和勞工的幸福；要使後起的國民較適於從事社會必要的工作；要使進步無窮富源不絕，可以供給我們的需要，救濟我們的疾病，增進個人的快樂和公衆幸福。

『最終要培養各個後代的一切身體，精神和良心的能力以求對於人類有貢獻——這是各個社會制度應趨向的最終目標。

『所以我又說這是教育的目的；顧及社會和人類的共同興趣也是國家的一種職務。』

第二編 德國

第七章 普國復興和有效率的國家教育制度（1807－1840）

十八世紀國家教育制度的進步——的爾西特 Tilsit 和約以後的改革認爲普國國家教育的開端是不十分正確的。一七一六年弗勒得力維廉一世發布勅令強迫一切兒童入學。弗勒得力大帝於一七六三年發布的鄉村學校通則 General Regulations for Village School 對於學務更有澈底整理的計劃。這個通則於強迫入學重加申述，學期學日課程，教士視察 Clerical supervision，和其他學事均有規定。

一七八七年普國將學校監督權由教會手中收歸國家學務局 Oberschulkollegium 官吏之手更足使教育趨向國家化。但是弗勒得力維廉二世極端反對國家主義和還俗運動內廢止從前法律的效力。官制雖然改了，但他所任命的學務局員可以保障教會仍舊監督教育。

一七九四年普魯士頒佈的法典 Allgemeines Landrecht 確認國家於教育上有無上主權的原則。我們仔細研究這個法典的內容便知以後國家教育制度的基礎已早在一七九四年立定。重述強迫入學的原則而以強迫入學定爲學校創辦人維持公立學校的一種義務。又因宗教歧視兒童的原則雖有明白的規定，而地方教會的官吏仍認爲兼充教區內學校視學。

不但從法律上看教育的國家觀念早已具備，而從教育思想上看在菲斯的之前早有這種觀念。馮若秋 Von Rochow，馮折李 von Zedlitz 和巴西多 Basedow 們在十八世紀的末葉已見到教育在政治和人世上的重要而主張教育是改進社會和經濟的工具。弗勒得力大帝也知道教育是改進國家經濟狀況的一個重要工具，普及小學教育於預備軍官的價值，國民沒有閱看德國公文的能力便不能使他們受治於統一法律和行政制度之下。

一個中世社會的普及教育——普國當着社會經濟和政治完全是中世組織的時候，普及小學教育的觀念已大發達，這是很重要的一件事體。在專制君主統治下的普及教育，就是出自君主的仁政，也要帶點專制政體的彩色，一七六三年和一八〇七年後普魯士社會和政治改革非常沉滯。社會組織是一種階級制度，於城市實業個人和土地均有許多嚴格的限制。教育便是這種中世社會狀況的反映。弗勒得力大帝最能明白平民教育應該停止，以免引起人民的不安而想求得社會，經濟和政治上較大的自由。就理論上說，普國在社會組織尚未完全充滿自由精神之前，卽將教育認爲盡量發展國家各個兒童的工具之前已成立國家監督普及教育的原則。維持現狀的教育制度在理論和一部分事實上已發生效果。下層階級的教育就是按着這種觀念培養他們的信心 piety，道德，經濟效率和安於卑賤。在一定範圍內可以設法改進平民的生活，但教育不得引起他們對於社會不平的感覺和改造社會或增進個人地位的野心。

十九世紀以前國家教育制度的無效率——的爾西特和約 Tilsit 以後十年間爲普魯士國家教育眞實開

端的主要理由在學校制度於一八〇七年以前尙多是法律上具文。德國歷史學家都說在馮斯來因和哈登堡 von Stein und Hardenberg 實行改革農田以前普通平民學校的光景非常不好。農工階級的狀況可憐，而實業又不發達，於是國家和地方便不能實施法律上普及教育的計劃。十七八世小學中的宗教課程和殘橫的訓練到一千八百二十年間才稍減勢力。而教師猶有許多是商人退伍兵士和教會下級役員，道德既有欠缺而知能也非常淺薄。

至於中等教育的監督權在十八世紀法律上雖有改變而實際仍操於教會之手。教師多是教會候差的人員。中等教育是一種教會事業而不是政治事業。一八〇七年以前普魯士國家教育制度雖有所發展，然而尙值不得叫做國家教育。

國家危難和的爾西特條約——此地不能敍述普國敗於拿破崙和締結的爾西特條約的種種原因。我們只須知道弗勒得力大帝和弗勒得力維廉二世後先經營有效率的官僚政治和軍隊到此時己名存實亡便很彀了。弗勒得力維廉三世於一七九七年即普魯士王位後對於政治無大改進，到一八〇七年戰敗的結果才想設法雪恥自強。

的爾西特條約，普國割讓一七七二年以後由荷蘭取得的土地和易北 Elbe 以西的土地，賠款120,000,000佛郎，供奉150,000 占領軍隊的用費，並限定普國軍隊以後只爲42,000人。

德人愛國心的萌芽——普國因戰敗求和的恥辱激動散漫消沉的民氣而求國運復興，就的爾西特和約以後數年間專業的發展和態度的改變說叫作國運復興 resurrection 也非過言。此時德人思想和感情上一個極重要的改變就是德國哲學家和詩人所鼓起的愛國心。十八世紀末葉德國思想界的大人物都蔑視國家主義。勒新 Lessing，赫德 Herder，康德 Kant，歌德 Goethe 都屬於世界主義和國際主義的思想。西勒爾 Schiller，菲斯的 Fichte，和黑智爾 Hegel 早年的思想也是如此。康德的著作充滿永久和平和世界大同的理想以為逐漸擴充仁愛的觀念可以達到。歌德崇拜拿破崙，尊稱為 Wellgeist zu Pferde 而可以改進人類生存的一種宇宙力量。西勒爾在一七八九年寫的一封信上曾說國家是一種人類隨意變動和偶然的組織，哲學的思想不能限於國家的範圍。他又說，『最強的國家不過是一個斷片；除非國家有助於人種的進步，思想不因國家的利益成為熱烈。』他早年的著作多半是世界思想的反映而不是國家思想。菲斯的於一八〇四到一八〇五年在柏林講演現代的特點 The Characteristics of the Present Age 將全歐當做一個社會單位，而不認國家主義為政治的有力動因。黑智爾於耶拿 Jena 戰敗時尚正作成精神現象學 Phenomenology of Spirit 一書。

但因為戰爭失敗國家危亡，德國思想家和詩人均關心祖國，而發生一種德國國性的廣博觀念。從前三百個分立的小邦難於引起人民的共同感情而哲學家和詩人遂傾向德意志統一的主張。凡是說德語和由打勝羅馬軍隊的德國祖先遺傳下來的人都要聯合起來打倒法國的壓迫。十八世紀末世界大同的思想現在不見於德國文學了。克萊斯特 Kleist，烏蘭 Uhland，刻湟 Körner 和阿倫特 Arndt 以文學激發多數人民的感情，菲斯的以講演鼓動智識階級。一八〇七至一八〇八年冬季，菲斯的在柏林科學院 Academy of Science 被法國兵士偵察時對德國國民的講演 Addresses to the German Nation 十四次宣傳國家主義而提議將教育當做國家復興的工具。

菲斯的對德國國民的講演——菲斯的的講演是直接訴於多數國民心中所確有的愛國精神，他以爲設法證明這種感情的存在是無用的他但靠他的滿腔熱血盡量向他人表示。

菲斯的以爲普魯士和德意志危殆的病源在自私的個人主義過於發達。小政治團體的孤立，社會階級的劃分，各個國民的渙散，個人成功和倖利的希求都是國家的病徵。要剷除國家危殆的病源便須以盡瘁德國社會的原則代替自謀的原則。

菲氏不但從愛國的感情上激動國民，並且從民族的特點上指點國民。他說德國民族與歐洲其他民族不同，沒有雜有羅馬的血統。這種惟一特有的性質遺留在德國人民身上乃是一種天意，應該永久存在下去。

就大體說，菲氏卻是要創造一種全心全意愛護祖國的感情。這與法國在十八世紀末葉激動國民的愛國心以反抗外國的侵略是一樣的。總之，愛國的感情少從分析的解釋得來，但我們不能不承認他在過去是一種很大的社會力量，在今日也不會減少。

菲氏認定他的熱情尙未感動個個人以求挽救德國的危亡。國家的急務是以愛國的意義教授多數國民，便不得不教授全體國民而普及教育的國家制度因之以起。菲氏以爲國家主義的宣傳是國家學校制度的重要職務。

菲氏雖主張着重國家主義的原則，但於他早年的思想也未完全拋棄。他以爲一切政治組織的目的是在增進個人自我發展 self development 和自我表現 self expression 的自由。他非難菲斯泰洛齊 Pestalozzi 普通平民教育 Education of the common people 的用語，而以爲普通平民不應是指下層階級的意思。他覺得學校的階級制度不適於德國國性，而希望各個青年應不問他的經濟狀況如何，都有充分按着他的能力受完備的教育機會。

菲氏於是將十九世紀兩種重要的觀念，卽國家主義與平民主義聯合起來。他認國家是社會組織的單位，而有他的特質和命運。國家應該知道他的特質和命運，而經心教育全體青年，以發展他的特質和命運。那種教育並須發展一切兒童的潛力，以盡力國家服務。

關於社會和經濟狀況的法律改革——因爲被拿破崙打敗了，引起改革內政的動機，而普國行政，社會和經濟的狀況遂較中世大大改觀。馮斯來因的精神和努力，於十九世紀初二十年間普國復興運動最有影響。

馮斯來因見普國軍隊在條約上只限定42,000名，於是立一計劃，改組軍隊，每年徵發42,000名兵，加以訓練後復行遣歸。這是歐洲大陸徵兵制的發端。復經沙倫河斯特 Scharnhorst 和格奈則瑙 Gneisenau 經營，於一八一三年恢復國運時大奏成效。馮斯來因又改革國家財政制度，而確立一個基礎。一八〇七年放奴令使一切人都有自由，而從前貴族的土地只許賣給貴族或與貴族交換，市民的土地只許賣給市民，農人的土地只許賣給農民的限制也從此廢除。階級的分別也打破，任何人都可依着他的天才和志向從事職業了。一八一一年均田律

agrarian law 免除田租促進農人階級的發展。一八〇八年的地方條例 Municipal Act 允許城鎮自由處理地方事務不受封建王侯和中央政府的節制，並給與選舉地方參事會的權利。

一個國家教育制度的組織

國家教育的法律改革——以上所述社會和經濟的改革為建立強有力的國家教育制度以復與普國必要的步驟。一八〇七年設教育局於內務部；一八一七年設獨立的教育部名叫宗教，教育與公共衞生部 Ministry of Religion，Education and Public Health。一八一一年公布城市學校委員組織與職務法將城市學務監督權給了許多與地方小學監督局。一八一二年關於宗教與教育部的敕令又規定鄉區的學務行政機關。一八一七和一八二五年規定省郡 Regierungsbezirke 教育行政制度。

同時關於中等教育也有重要的改革。一八一〇年七月十二日勅令中學教師須受國家的特殊檢定。一八一二年改訂中學畢業考試的章程。特許經過國家畢業考試的中學才認為文實科中學 gymnasiums，經過國家考試的中學畢業生才能無試驗的升入大學研究。

一八三一年法國政府派遣徽克式庫爭 M. Victor Cousin 考查普國教育制度所做的報告中有關於的爾西特和約後三十年間教育制度的翔實記載。我們可按着他的記載緊接前面敍述普國教育制度。

代表國家的教育官吏——國家教育由隸屬國王的內閣會議中的教育總長代表。教育部由三司組成。一八一七至一八四十年係阿爾騰斯來因 Von Alterstein 做教育總長。國家教育行政機關可以監督七個大學，一八一〇年所創立的柏林大學也包括在內。大學教授由教育總長直接任命，但大學校長，教務長和其他人員則由教授選舉。

省教育行政——普國爲求行政便利計全國分爲十省，省又分爲道 Regierungsbezirke，道分爲縣 Kreise，縣分爲區 Gemeinden。

每省設省長主持民政。省長之下有省政局分爲三科，分管宗教教育，和公共衞生事項。管理教育事項的叫做教育科 Schulkollegium。此科事務多由科內人員辦理而不含宗教的臭味。省政局員連同教育科員在內均由教育總長指派。教育科文牘事務由省長 aberpräsident 處理。教育科對於師範教育與初等教育雖負責，但他的主要職務在中等教育。一八一〇和一八一二年法律所規定的考試事項由附設於教育科的考試委員會主持。所規定的第一件事項是中學教師標準，第二件事項是中學畢業生的標準。

道行政——道行政有道尹和參事會。公務由參事分別處理。參事之中有個教育參事處理公共教育事務，由教育總長指派。教育參事由參事長陳詳國家上級教育行政機關，而直接與下級教育機關往來。在各道中教育參事實是初等教育的指導員。他一面是一個參事而一面又是內務部和教育部的屬員，所以能溝通國家教育。

地方教育行政與視察——爲視察學校計，道又分爲縣，每縣沒有縣視學管理全縣小學，而與地方視學和學校人員密切關聯。在實際視學常用牧師或牧師長兼領。改正教會學校 protestant school 的視學由省政局指名，呈請教育總長任命。天主教會學校的視學則由主教提名由省政局轉請教育總長任命。

教育行政最小的單位是學區。照法律規定每個學區至少須設小學一所。在鄉區的教育行政機關爲學務委員會，由學校贊助人 patron，教會學校所在的教區牧師，區長和兩個做學校協會會員的家長。每個協會有由宗教團體依照人數比例推舉的代表。協會會員如學校創辦人或贊助人，牧師，地方行政官合組學務管理委員會。學務委員會管理一切學校內外事務；但教會代表單獨管理學校內部事務，並指導監督學校校長；地方政府代表管理財政事項，地方牧師法定爲初等教育的視學須常常視察學校。

在有小學一所以上的城區，於學務管理委員會外另設學校委員會管理城區小學司法事件。學校委員會中的教會代表也同學務委員會一樣占主要的地位。委員行使職權須得省政局允可也同其他機關一樣。

初等教育的經費供給——初等教育經費的供給由鄉村學校協會 Landschulvereine 設法供給。這個協會是法定的組織，不是自由團體由教區內 parish 一切財主不問有無兒童讀書和一切家長不問有無田產合組而成，受地方教育行政機關的監督。協會會員如一切地主房主和家長均須財產的收入或生產的所得繳納常稅。稅款可用金錢或貨物，如無金錢或貨物時也可用建築材料或工作代替。

但是入學兒童尚望能納學費以補助學校經費。如果貧寒也可免費，甚至可給以教本和他種學校必需品。

一個有效率的強迫入學制度——至於說到父母遣送子弟入學的義務，庫爭在他的報告上曾說這種義務是國家的，在法律和道德的習慣上是固定的，而稱爲入學義務 school duty。這種名詞在公衆心目中以爲與服兵義務 military service 的名詞相當。這兩個名詞可以完全顯出普魯士的特性，而含有普魯士建國自強的秘訣和將來變化的根源。強迫入學年齡爲六歲到十四歲。如果兒童十四歲以前學完課程也可不再強迫入學。通常希望兒童入學到受教會堅信禮 confirmation 時爲止。

要強迫兒童入學的規定確有成效須由地方政府切實調查學齡兒童。如學齡兒童不入學便由警察責備他的父母。兒童得由父母送入他們自己所屬協會以外的公立學校，但不因此免除他的會費。

國家監督私立小學——私立學校可以設立，但須遵守國家的條件和國家的指導。小學教師由縣視學檢定他的知識和道德。復由下級官廳呈報省政局審查合格的才允他設立某學校於某地。私立學校既經允許設立時學校委員會指定一委員負特別視察的責任，視察教授和道德的情形。教授的特殊計劃，課本的選擇，方法和學規的決定則委權於教師。但是如果視學發覺教師不良，課本不善或任何妨害兒童道德和虔敬的事實均可呈請省政局決定撤銷立案封閉學校。

教師的證書和任用——沒有經過公家檢定得着教師文憑的不能在私立學校教授。受這種檢定的是師範學校學生或由他種方法有了相當預備的候補人。檢定事項分宗教與非宗教兩項，分別舉行。宗教事項由候補人所屬教派舉行。經檢定及格的卽記名於某道教師表中每六月公布一次。教師應儘先選用受過名單中師範教育的。

鄉村教師由學校協會選任。城市教師由地方教育行政機關選任。委任教師機關給個委任狀於教師後尙須國王行政機關署名才能發生效力。在天主教會的教師主教得駁回教師的委任。只有教師領着國王批准的委任狀時可在小學任職。

教師既經任職便有法律的保障並循資升級。但如有職務和道德上的缺陷時也得酌量懲罰並解除職務。

師範教育的規定——十九世紀初三十年間普國國家教育復興的重要事實是努力改進師資。關於愼重考試和任用教師的方法業已敍述如上。普魯士又設立師範學校徹底訓練熱心而有專業知能的小學教師。當着耶魯 Jena 大敗時普國還遣代表 Joziorowske 到部格多夫 Burgdorf 去考察菲斯泰洛齊的教法，以求改進屬於普國的波蘭分地的教育。一八〇九年又派孛拉 Preuss，卡伊饒 Kawerau 海仁和 Hening 三人到伊佛登 Yverdon 去考察菲斯泰洛齊的事業。同年又招請一個菲斯泰洛齊的弟子佐拉 Karl August Zeller 到西普魯士當參事 Schulrath 並次第手建師範學校於 Königsberg，Karalene 和 Braunsberg。同時又派遣十一個學者到伊佛登去學菲斯泰洛齊的教法，親炙菲氏的精神。他們回來之後建設師範學校於普國教育指導上也占重要的位置。由此可見菲氏對於普國小學教育制度的影響是當着普國政治思想最自由而最熱心於國家建設的時代。以後我們要估量他的精神如何抵制一八一五年維也納會議以後的反動。

普國官治與菲氏天才接觸的實際結果是建設訓練小學教師的師範學校。照庫爭的報告說，一八三一年普國無一道不設有一個師範學校。一八四〇年有師範學校三十八所。師範學校的經費由省和國負擔。但是學生還要繳納學膳費可以抵當他們一半的教育費。

庫爭所敍述的師範學校是膳宿學校常附設有模範學校或實習學校。校內實施軍事訓練而有軍營的空氣布滿。又常常舉行宗教儀式充滿宗教的臭味，以爲學生是預備當青年的教師的不可不受宗教的浸潤，而師範學校自易將宗教和道德的訓練放在第一位了。有個師範學校的報告上說「個人的眞正幸福不能由智慧得來而須由道德和盡力於對上帝上官和鄰人的一切職務得來，我們已有充足的證據了。」這個話的意義是指明宗教教育乃個人虔敬和社會保守的工具。宗教要人尊重社會和政治的現狀所以宗教的教育便傾向教人樂天知命而無意於改革現行制度。

師範學校的愛國教育——普國當着因法國侵侮愛國感情大爲激動時建設許多師範學校以培養愛國精神。北勒斯勞 Breslau 師範學校指導員哈里克 Harnisch 被選爲將官統帶四十名學生參與自由戰爭 War of Liberation 大足激起普國師範學校師生的愛國心。關於德國語言文學歷史地理，和音樂的教授也充滿愛國的精神。有個師範學校的章程規定學生須尊敬國王，主權者和盡忠祖國。

師範學校的課程——師範學校的課程規定三年，但有許多學生中途離校。照庫爭的報告說波士德初級師範的課程如下：第一年爲宗教史導言，德語讀法，算術，幾何數學，書法，圖畫，唱歌，和聲學，風琴和鋼琴。第二年爲耶教信仰與道德的研究，德語，和第一年的課程仍舊繼習外加設自然數理地理自然哲學和博物。第三年實習德文作文，而求習字圖畫和音樂的精熟。外加心理學教學法，動物學，植物學，礦物學，歷史和物理學。

以上所規定的課程可說是非常廣博而可使學生自由思想。這種課程爲小學教師恐不免過於廣博的批評，而在小的師範學校當不能如此了。

我們由以上所述可知師範學校後來成爲保守和過激意見衝突的戰場的原故。小學是爲政治上重要的下層社會階級而設，教授服從和忠心的德性。師範學校的職務在培養小學教師，那末使教師有過於廣博的訓練和過於獨立的人生觀就不免是一種危險了。這是普魯士教育史上一個爭論點。還有一個爭論點便是教育應認作發展人類的工具抑應認作鞏固非民治的政治和社會。此點於了解普魯士教育非常重要值得詳加研究。

在的爾西特媾和以前普魯士社會完全是中世的組織。媾和以後馮斯來因和受他的影響的人着手改革政治和經濟以除去封建制度的一切圈套，但馮斯來因未能久任將他所懷抱的代議制度和立憲政府逐漸建設出來。由國難所生的熱烈感情足使一切階級趨於聯合，而減少社會的差別。小學教育制度也由此立定計劃見諸實行。菲斯的曾說他不願有特爲下層階級設的學校，而願有爲一切兒童減少階級分別所設的學校。他的這種思想較普魯士多數思想家更進一步。他要盡量發展個人的能力以服務國家實是一種極端的民治思想。這種民治思想雜以熱烈的愛國心於普魯士公共教育復興的初期似有影響。

蘇非的普通教育計劃——一八一九年顧問蘇非承王命草定普通教育令最能證實普魯士初期教育的民治思想。該令的大綱由教育總長阿爾騰斯來因 von Altenstein 交政府的各種重要團體討論，結果蘇非的原令不曾公布。

蘇非提議公共教育的組織應分爲三級。最下一級爲普通小學，乃於幼時發展人類的才能，增進智慧，知識和技能以適應城市和鄉村下層社會的教育需要。第二級為普通城市學校教育青年到能從事高深的研究或中等階級的職業預備。第三級為文科中學 gymnasium，他的宗旨在培植廣博的文化教育基礎和預備大學的專門高深研究。三級教育組成一個系統，下級即是上級的預備。一切兒童只要程度可以進他所要進的學校都可允許沒有何種差別。

蘇非計劃的涵義在小學是高深教育的一種預備，由小學可一直升入大學，一級一級的上去。他希望下層階級的任何兒童只要有能力有道德便可改社會的地位，早日升入上層階級。這種計劃似乎是菲斯的教育觀念與馮斯來因的政治和社會的目的推演出來的。

政治反動的精神——我們要知道蘇非的民治教育計劃遭人漠視的原故，不可不回憶英普俄奧聯盟打敗拿破崙政治反動的時期便開始回復法國未革命前的狀況。因推翻王政所打倒的特權階級都有死灰復燃的希望，而中產階級如商人，製造家和銀行家更希望回復經濟狀況。統治階級也反對政治上的自由主義，而亟望有一種政府可以保障平和便於生產。維也納會議以後的主要時代精神可以壓制平民反對自由的梅特涅 Metternich 做代表。一八一五年以後盡量回復二十五年前政治和社會組織與國家領域的舊觀。梅氏與有大力。

弗勒得力維廉三世的態度——歐洲各國政治上的反動趨勢以普魯士為最著。北德諸邦很少像路易十八世承認人民的憲章的，而普國則自一八一五年以後政治自由的運動顯有失敗的徵兆。弗勒得力維廉三世對於馮斯來因的計劃從未表示充分的同情。國家的急難只足使普國脫化中世的封建制度。弗勒得力維廉三世於國難平定之後卽以人民之父 father of his people 自居。熱心改進人民的狀况，但不許擴張人民的參政權。他在他的自述 Self-confession 書上會明白的討論平民教育如下：

『平民教育的呼聲使我覺得非常不安。我要承認平民教育是平民幸福的基礎。未受教育的平民不能做善良的平民，也不能做快樂的平民。所以我立意獎勵好的學校，並儘國家財力供應學校。我又喜歡看普國教育進步的許多報告，尤喜歡看普國教育與其他歐洲各國教育的比較，在普國已有多數平民受教育，而在他國則不然呢。

但是教育最發達的地方卻令我發生許多疑問。平民教育有限制沒有？如有沒限制，便應任他自然發展，不加干涉。然而我不能證明他說有限制。如果說有限制，那末限制到何等便一個更難解答的問題了。

我們教育平民超過他們的職業和階級的限制而喚起他們不能滿足的需要是於社會或個人無益的。』

這個老王願普通平民快樂但他不能看見平民如何能快樂。他以爲國家要富足除非平民樂天安命，不生妄想。公共教育可使普通平民得着快樂，但不幸又使得他們想做商人，銀行家，詩人，藝術家，或大學教授而不安永做普通平民。平民教育又可使安靜忠誠，勤勞和安分的平民變爲談論政治的批評家不肯罷休。難怪抱保守主義的老王在他的自述討論及此。

平民教育在功令上的意義——教育總長與財政總長阿爾騰斯來因 Baron von Alstentein 所發出一個通令會將平民教育於修養 Cultivation 和抑制 repression 之間妥加調節，如下：

『照我的見地看來，小學的宗旨只須平民：

『1可以領會並欣賞聖經中的耶教信條而有內在和生動的經驗；

『2可以善處人生的一切事務；

『3可以在信仰中找着過基督教的道德和快樂生活的動機和基礎；

『4可以學習發表人事的簡要和合理的方法；

『5可以習得正確表示人生更廣的經驗的方法；

『6可以愛護官吏和祖國，按照平民的需要授以憲法和法律的知識，教他們樂天安分；

『7可以習得衛生和自然的必要知識；

『8總說起來，要他們具有健全的身體，靈敏的智慧和良心而知道如何服務上帝，國王，祖國，和他們自身。照這些原則說來，我所謂平民教育不只是讀寫算的教育。我想這些原則可使平民有益並且如意，卻未必使平民能生非分之想。』

第斯多惠對於平民教育的解釋——與國王和阿爾騰斯來因對於平民教育的意見相反的尚有當時一個教育家第斯多惠的意見。第氏以小學有改良的校舍，有訓練的教師，廣博的課程，溫厚的訓育，愛國和宗教的精神是國家昌盛的基本。他所定小學課程有宗教，音樂，算術，語言練習，讀法，地理，歷史和初等科學等，較為豐富。他說學校是修養人性的一種機關，學校善用教材和教法以作人。他的教育根本觀念是青年應用理性指導而使他成為一個眞人。

第氏與阿氏對於初等教育的意見完全兩樣。第氏不怕社會變遷，似乎無意維持社會現狀。他不怕平民的兒童有改進社會和政治的野心，而似乎反將教育視爲改進兒童境遇的工具。

實際狀況——一八一七至一八四〇年小學實況富有革新時代的創造衝動。師範學校的廣博課程在此時期仍舊採用。阿爾騰斯來因於政治上的主張是保守的，卻不是反動的。他對於初級師範的自由趨勢似未加以干涉。然而這個時代的教育領袖並不都是照着第氏的計劃，到後面我們便知道的實在最熱心宣傳反動意見的人是學校的重要人員。自一八四〇年弗勒得力維廉三世和阿爾騰斯來因死後，意見的衝突便發生爭論了。

一八一九年蘇非提議由小學到大學的教育制度未經成立的原因，現在已十分明白。普國政治未到民治的地步，而平民教育與中等教育的劃分較過去更爲顯著。經過文科中學畢業考試的即可升入大學，不另經考試。但是有許多年中具備相當程度經過大學考試的也得入大學研究。只有一八三四年文科中學畢業生才許升入大學，而普通平民的兒童便被斥於專業和公務之外了。

卡爾伯的議決案——一八一九年蘇非的教育計劃呈核於政府外，議會又通過卡爾伯的議決案 Carlsbad Resolution。由是可見這一年不但學校教育的自由思想最發達，而大學和中學學術自由的實際也最嚴密。因爲大學學生有小小的擾亂，梅特湼便使議會通過限制大學政治思想自由的法律。這種法律會規定每個大學須派一政府的特殊代表監視現行教育法令的實施和教授講演和授課的旨趣，並得指導教授以改變學生的態度。凡可增進學生的道德秩序和禮貌的事項都隨時注意及之。

一切教師溺職，越權，濫用職權，遺害青年，宣傳學說，擾亂公共秩序和現政府，都認爲不適於充當教師，由特別機關報告政府免職。因爲這種理由免職的教師，在任何派有代表出席議會的國家不得再任公職。卡爾伯議決案又確定禁止學生結社的法律，而於的爾而特和約以後所產生的學生愛國團體 burschenschaften 尤爲嚴禁。凡屬此種團體的學生須一律開除學籍，不得轉入其他大學，並永久不得充任公職。

普魯士國家教育的估量——我們對於一八〇七至一八四〇年間普魯士的教育加以最後的估量，便知情形繁複，主張有時衝突，在當時或以後的半世紀，歐洲其他各國不曾實施國家教育。普國教育組織包含造就普通平民的學校和造就國家領袖的學校。學校行政組織自教育總長到小學教師上下統屬，很有效率。教育行政制度的基本與軍隊警察或司法制度相同。學校教師受命於國家而須忠心於政府，正與軍官無異。教授的精神固雖有許多宗教的臭味，但宗教不過視爲保守政治和社會的一個有力工具。學校培養學生愛護的上帝 God 國王 King 和祖國 fatherland 不啻三位一體 trinity 愛護這一個如同愛護那一個。一般學生對於上帝，國王和祖國的適當態度，不是任乎機緣，而是從宗教，德語，歷史和音樂等課業中切實培養出來。一切學校都視爲純正愛國心的養成所。

普魯士擺脫封建制度而產生徹底的國家教育制度，對於德國以後的政治社會史非常重要。一個國家未行代議制度而立有強有力的教育行政機關，只算得國王權力的擴大，到足以控制國民的思想和行動。各種參事機關和執行機關都統屬於中央政府而爲官僚政治的一部分，無所謂多數意見的表現，沒行代議制度的國家教育制度不爲國王壓迫平民的工具便爲啓發個人自由的機關，這是很易明了的。關於這點，普魯士顯與法蘭西不同，因爲拿破崙要擴張個人權力所實行的國家教育制度爲有力的公共意見所打倒的哩。

第八章　十八世紀中葉的政治發展及其與普通教育的影響（1840－1810）

一個新政治時代——一八四〇年弗勒得力維廉三世死後普魯士和德意志便有一個新政治時代開端了。中等階級的士大夫對於檢查出版，禁止集會，干涉大學教授關於政治事項的言論和缺少代議制度業已忍受不堪。普通平民可以說未嘗注意到這種種限制因爲他們的經濟狀況尚未有大的變遷足使他們覺悟政治自由的必要。新王弗勒得力維廉四世繼位乃討論代議制度，允許人民有出版，集會，言論和身體的自由。維廉四世即位後的十年間德國政治一面由專制趨重民治一面由分國合成聯邦，民治主義與國家主義攜手同行在德國歷史中可謂空前絕後了。

新王的政治態度——卡爾伯議決案實施的結果固足與人民以種種壓迫，然智識階級和中等階級的自由思想仍有很大的進步。這種進步在普魯士萊因河省分和南德諸邦因受法國革命的影響尤爲眞確。新王對於公共意見的新勢力似表同情他放鬆出版的檢查，恢復大學和公吏的重要自由，且於種種方面看出他反對以往干涉個人自由那種狀況。

但是新王想依中世仁政的觀念改革政治。他希望由一個新省議會和毫無實權的中央參政院組成代議機關國王神權說 divine right of Kings conception 在普魯士非常有勢力，因此新王不免破壞憲法。弗勒得力維廉四世對於過去數十年間所發生的政治改革非常贊賞而有承認之意。他願國會只認作國王的咨議機關或權利請願機關。但因一八四八年革命的壓迫又不得不承認眞實代表人民的立法機關而政府還要對這個機關負責。

一八四八年的革命——普國政府鑒於引起保守與急進勢力衝突的事實而有募債建設國家鐵路之意。一八四二年普王召集省議會 Provincial Estate 的代表委員會要求議定募集鐵路公債委員會以此事不在他的職權之內竟行拒絕。普王於一八四七年又召集省議會聯合會 United Provincial Estates 於柏林。這個聯合會只是國王自由召集的諮議機關，而不是立法機關。議會請求做一個眞實的代表機關而拒絕鐵路公債。雙方不肯相下，議會遂遭解散。

當時南德意志的情形足以激起革命的精神，全歐政治也陷於不安定的狀況。因爲一八四八年法國二月革命成功而革命的潮流遂由南德意志而傳播於意大利與奧大利。五月間柏林市民激烈感情的發展很迅速。經過幾個巷戰之後，國王允許革命黨召集聯合議會以議定普國代議立憲政府制。幾天以後又通令選舉議員於次年五月召集法蘭克福國會 Francfort parliament 提議德意志聯邦政府制度。

由此我們可知一八四八至一八四九年間有兩個憲法會議討論普魯士和德意志的政治前途問題。在柏林開的聯合議會意在普魯士變爲近代的國家而有一種對於人民負責的政府。在法蘭克福開的國會意在建設一個聯邦政府可以統轄德意志各邦。這兩個議會議員的討論都有民治的原理貫通其間。

革命的失敗——兩種議會開會之後無何種積極的結果可言。

國家主義的運動使普奧在德意志爭長無調和的可能。雙頭專制下的北歐人民似乎不能在德意志國作一份子而奧國既不許德意志分裂又不許德意志不經奧參與而獨立。因是國會關於統一計劃的討論遂於一八四八年宣告破裂。德意志政治上的領袖當推普奧。奧國的政策要促進德意志各邦的密切聯合。而普國要統一德意志便非將奧國排出德意志政治以外不可。那就是說只有打仗，俾士麥在一八六〇年間便已完計了。

因奧國鎮壓普國革命黨大奏成效，柏林聯合議會於普國新憲法不曾制定成功。一八四八年十一月普王罷免強迫他制憲的國務卿而以武力為後盾。當着革命的一年軍隊忠心王室，而官吏只輕視國王示弱於羣衆。幾天以後國會延期會於勃蘭登堡 Brandenburg 當國會拒絕預算時遂遭兵力解散。同時公布合於王意的憲法，依此憲法選舉議員以修正國王所裁可的憲法。因此議會與國王衝突又遭解散。一八五〇年國王公布憲法所建設的政府制度實施到一九一八年停戰媾和時才生變化。

一八五〇年的憲法——照一八五〇年的憲法規定國王至尊無上。國王所任命的國務員不對議會負責但對國王負責。議會的職權只限於討論國王和政府的提案，而國王對於議會通過的議案尙保有不裁可權。議會分為上下兩院。即貴族院與庶民院。貴族院由世襲，兼職或國王任命的議員組織而成。庶民院採用間接選舉制和三階級制。成年男子都有選舉初選當選人的權，但選民依納稅的多少分為三級。納稅最多的為第一級，次多的為第二級，最少的爲第三級。各級納稅總額相等而名額則大相懸殊。各級分別選舉同額的初選當選人以選舉複選當選人。這種制度顯然是將政權交於富人之手而使多數農工不得與聞。一個地主或實業家的投票權等於幾百個農工階級的投票權可見一八五〇年的憲法不是採用普通選舉制了。普魯士自第十九世紀下半葉到廿世紀沿用這種限制選舉制和君主控制一切公共政策的立憲政府制。這種事實不但於了解普魯士的情形非常重要而於了解德國全國情形也非常重要，因爲普魯士的政治制度自一八七〇年後在德意志帝國很占勢力呢。

十九世紀中葉的啓智運動——我們已從政治運動的立足點考究弗勒得力維廉四世的品性和活動。現在進而研究他對於某種時代思潮也於了解一八四十至一八七十年間教育發展有同樣的重要。十九世紀初三或四十年間惟心哲學盛行。黑智爾在中學和大學的地位幾同亞里士多德在中世初期一樣。黑氏哲學公家謂爲眞的哲學而知識界也多認爲確能描寫實體的哲學。在黑氏哲學分統中以精神上神的觀念 divine idea 爲進化的極點而屬純哲學中較能想像和激動的合體 counterpart，所以最能與正統宗教相得益彰。照黑氏的意思宗教信仰與哲學思想是沒有衝突的。

但在十九世紀三十年間德人開始丟開黑智爾和謝林 Schelling 惟心哲學，到四十年間反對之聲更大作。學者不信虛構的哲學系統 speculative system 而勤懇細心從事科學的索討。科學成爲實驗室的工作不是詩人的空想。歷史多從原料中去研究。神學採用歷史的批評方法。黑智爾在十九世紀五十年間受人的攻擊也如前三十年受人崇拜差不多。

由嚴格批評而引起的宗教紛爭或者可以值得我們的贊賞。我們有些前輩首先注意所主張白聖經的歷史批評和原文的解釋現在我們已熟知他們的意思了，不適於做例子。試設想司特老司，Stauss's Leben Jesu 保爾 Baur 和所謂在平根學派 Tübingen School 的著作出版後的怒潮用無情的科學和批評的精神將世人所實重的耶教成訓施了一個大打擊。我們是從那個時候來的人已知宗教的要義不因應用科學的標準和歷史的批評於聖經和耶穌本身而受影響。但是在十九世紀中葉正教徒以爲保護基督教化的最好方法便是反對帶有危險性的異教徒。弗勒得力維廉四世和許多有權勢的臣民都熱心反對異教徒。國王個人極虔心信教參與宗教儀式而深信虔敬 piety 對於臣民非常重要。

統治階級袒護正統宗教，自然又極力反對十九世紀四五十年間歐洲各都會流行的新社會主義的思潮。馬克斯 (Karl Marx) 的政治經濟學說是德國最有勢力的一個人物，他的名子普通拿來做科學的社會主義學派。我們回憶布爾雪維克 (Bolshevism) 和赤化所引起美國人的恐怖，便可略知當時富貴人家的恐怖。這個學派主張未受教育的勞農直接專政而由大學的夢想家和失業的遊民輕率領導勞農便由新奇而成爲可怕了。

我們試將宗教和社會的兩種激烈思想結合在一個人的心中，則贊成新宗教思想的，便傾向政治上的自由主張而不懷疑於任何改革政治和社會現狀的說法。反之，贊成新政治思想的在原則上自然也要反對保守現狀的社會和着重神權的宗教了。

政府對於宗教和政治異端的壓制

我們於上面所述政治和思潮的情形必須了解然後能十分明瞭弗勒得力維廉四世時代的教育發展。弗氏自卽位到退位用盡他的權力阻止政治和宗教上的新思潮。舊教育總長阿爾騰斯來因主張擴張小學教育，而向廣博的新人文方面發展中等教育。阿氏於一八四〇年逝世國王任命愛喜渾(von Eichhorn)繼任愛氏和他的助手以爲學校應完全從政治和宗教的見地去辦理而求學校與政治宗教的關係妥貼。

對於師範學校的壓制——造就小學教師的師範學校有人叫他做反動或保守的中心。一八四〇年十二月教育部通令政府不滿意於國家與教會的分離運動。通令又指摘師範學校過於廣博師範學校所給的學術教育，有許多地方較訓練牧師和中學教師的教育還要勝一籌。這種教育只足引起學生不能實現的野心，不安本分，怨天尤人。於是師範學校不能達到立法者的希望，反於學生與小學有害了。學生的思想服飾和生活都不及鄉村小學教師的單純。通令上說，『我信一切學校尤其是小學(Volksschulen)應先集中注意的爲基督教義，次爲人生必要的禮節，次爲對於職務的忠實，次爲善與人交的德性，最後爲增進人類生存的知識。由這種種條件可以造成健全而滿意的青年。』

一八四二年政府加入園藝爲師範必修科以矯正過重高深學術的辦法。一八四四年通令師範學生不得在圖書館私看有害的書籍。因此視學有一種特別的職務便是考察圖書館是否盡爲最好的書籍，教師私有書籍也得審查並加以警告。丁特的學校教師的聖經(Dinter's School Teacher's Bible)特別禁用。愛喜渾召集的師範學校因爲學生的課程雖有波蘭語封閉一個師範學校，並罷免柏林師範學校的一個指導員可謂專制極了。這個指導員叫做弟斯多威(Adolf Diesterweg)。據推子(Tews)說第氏免職的原因在第氏的教育帶有發展貧兒才能着重自由的采色。

學校教師與革命——當着革命的時候貧寒的教師於要求被壓迫階級的政治權是很盡力的。他們能說能寫而又可以利用他們所有促進自由的地位。愛喜渾去位後，附近柏林的一個地方提服利(Tivolé)開了一個教師大會呈送許多議決案到新政府。這些議決案全國其他各地教師會議也是表同意的。他們要求的大要是建設獨立的教育部，專家視察學校，教育是純粹的國家事業完全與教會脫離官式的關係(official connection)，小學，中學與大學的有機聯絡，設立補習學校與幼稚園，組織師範大學招收中學畢業生，規定薪水標準為二五〇至四〇德銀(Thalers)。這些要求到一九一九年才定入德國共和憲法，是很值得我們注意的了。

弗勒得力維廉四世與師範學校——弗氏再把政權後由樞密顧問史推諾(Stiehl)於一八四九年召集高等師範教師會議所有的記錄可以指出教育的趨勢如何改變。高等師範的代表由教育總長選派並預定討論的問題。政府所希望於這個包辦會議可於國王親在會議中的演說詞中表明。這個演說詞常常節引，但不如多節引一點如下：

「普魯士過去一切恥辱的根原在你而且只在你。你應該責備你所認為真知而無神的假教育足以破壞臣民的信仰和忠心，而不歸向我。當我做太子的時候我便深惡痛絕這種虛偽的教育。當我做攝政時我盡力推翻這個教育。我以後還有繼續加以取締和整頓。第一件應該整頓的事情就是將師範學校由都市遷到鄉村免受不好的影響。次要整頓的是嚴密考察師範學校的各種事體。我不怕民衆，但怕我所信任的官僚政府爲近代非聖無法的學說所敗壞。我在位一天，我當知如何處置這種有害的事體」

師範學校與小學的改制——一八五〇年的憲法許定一個國家普通教育法要求公布這種教育法以改革學校的運動到宰麥 (Karl von Raumer) 做了教育總長後一八五〇年年終才停止。宰麥反對教育法律的任何計劃而以爲他的教育政策定入教育規程中便够了。他對於教師的普通集會加以禁止而在各師範學校組織會議實行監督。第斯多惠與福祿伯爾 (Friedrich Froebel) 也不許印行。這種壓制政策到了極點而政治上的保守黨和宗教的正統派又大占勝利便於一八五四年十月一，二三日公布三種教育規程。即福音師範學校 (evangelical normal school) 的課程與組織，師範預備學校和單級小學 (one class elementary school)。由這三種規程所完的國家教育制度於發展全民文化的方法。非常完密可爲模範。

管理師範學校教授的普通原則——一八五四年十月一日關於王朝福音師範 (evangelical seminaries-的規程上說師範的自由時間已過去了。從前他們有很大的自由編制課程選用教法。以後的使命只在以規定的課程和教法培養小學師資。得了政府的特別允許才有自由活動的可能。

師範學校的宗旨在培養一個班級小學的宗教，讀法國語書法，算術唱歌，本國地理，自然研究本國史和圖畫教師。學生所學的只限於他們將來要教的課程。這個規程非難從前盡量增加課程而擴大文化訓練的趨勢，而特別主張小學課程是師範教學的主要範圍。並規定實習學校是師範作業的中心在最後兩年尤其要如此。

教育上原則為規程限定師範學校最終的目的不是在教許多知識，是在形成學生之良心與意識，使兒童因小學的功課對宗教的虔誠國家的忠敬以及性習馴良等成為習慣。因此師範生須在特殊方式的環境中造成一個特殊的人。他必須對宗教有深沉的信仰，他必須忠心愛國，他必須仿效他的教師在教室內種種經驗，將來可以傳之小學的學生。為要完成最終的目的，教師的經驗不得不趨於狹隘了。他的教法必根據相同的原則。而小學校中相同之某科必須用同樣形式的教法。在教材的範圍中他須訓練學生自決而清楚之了解，明白而正確之記憶，以及單簡正確之復述。總之無論如何教學上以能形式化使教科書之內容不受批評與不加相反之補充，乃是無上的要義。

不信任教育理論——十月一號規程製定者極端不信任從前師範學校所教之教育學教學法等等科目。這種材料飄忽無定給教生或教師隨時可以拋棄掉。因此在新課程中把他删除增加每週二次的學校學（Schulkunde）以代替之。此種科目在第一年簡要的研究普國初等教育史，和由宗教與道德的見地研究良教師的特性。第二年研究學校管理訓練以及宗教教育之大概的討論。第三年則使師範生認識其將來之職務為一國家與教會之忠僕最後一年則往附屬小學實習。

特重宗教教育——宗教上新教材用決定教授教義問答用以防免自由的危險，路得（Luther）的或是海得堡（Heidelberg）的教義問答用來做教科書，相機以明其應用。其必要的補充包涵在一種綱要中而且有一定的形式，此種補充亦學校教師所必須知道的。師範學校教師的任務，須使學生充分了解此綱要的內容而獲得之，且不可參以己意。宗教史是在聖經中及關於宗教的文章中習得。每個學生從聖經之故事敍述中可得着易於熟練之誦習。聖經中的文章和須熟記的功課，須使學生聯絡學習，最須使學生牢記不忘的就是教會的讚美歌，假使我們進一步考察小學中着重宗教教學情形，我們就可以知道教師必須精熟教義，與對聖經讚美歌等有充分之知識爲其訓練之一部了。

讀法與德語——預備教兒童的讀法，師範生必須於所教之教材先有正確與明顯之練習而後方可在小學中任教。同時還須確有良好教法之知識。小學校中雖沒有文法，但師範學校中須學習德文法初步高深的功課那也無須。將語言單簡構造要素學習一過就好了。學生私自閱讀的文章須加審查。使所讀的要與讀法有關才行。適宜的文章選材每年都要有，但不必包涵古文學。文章之內容與態度能引起崇拜教會生活，宗教的道德，愛國，與對自然作仔細之研究的方加以採用，文章的目錄包涵路德(Luther)戒哈德 (Paul Gerhardt) 斯邊尼 (Jacob Spener) 和厄柏林 (Oberlin) 等人的「傳記」闢坡 (Piper) 的「福音年報」須柏特 (Schubert) 的「散文與其生平」「人民叢書」「兒童叢書」格來姆 (Grimms) 的「神仙故事」。海音的 (Werner Hahn's)「愛國畫」古爾瑪的「祖國」伏凱爾 (Vogel) 的「德國人」末來爾 (Müller) 的「普魯士之殷鑑」賈因的「法國革命史」與「自由之戰爭」此外還有許多地理的科學的以及游記等。總之此種目錄對於師範學校學習文學之目的極其吻合。

歷史與地理——歷史與地理之教學完全以本國爲中心，且須使此兩科充分互相聯絡。普通歷史對師範生無多需要因其缺乏背景之觀念，學習時間短促的原故。而師範學校所教學之歷史功用有類敕令。師範學校教師主要任務則在使學生與之相同。所研究的是過去須記憶事實及社會主要組織與德意志普魯士歷史中之偉大人物，因此可以增加對王家之尊崇與敬愛。學歷史必須熟練且要熱心且須與一般人民的眼光和生活相聯絡。在歷史教學中須特別表示國家紀念日之光榮，或藉此使兒童能愛好愛國的詩詩與樂曲等。

地理科平常的材料大率爲政治的與教學的，幷特別加重商業部分。本國與歐洲須特別注意。德國則不然，對於本國的政治的與自然的情況須詳細說明普魯士。德國之有特別價值以及各地方多有其特殊之點工商業與政治組織都說得非常之詳細。

我們用訓練教師方法進化的眼光看師範各科教材如此狹隘很咸有興味與價值。因此種有限制的目的頗易使我們滿意的卽與小學科目材料相一致，在師範學校中了解此種材料，將來出而任教必能顯示其爲一有效率的方法。

十月二號的規程乃關於師範預科的課程，大致與一號及三號的規程性質相似，在此亦無須再說了。

管理小學校的普通原則——十月三號的規程是關於國民學校在國家經濟上的地位，幷規定教材教法以期目的之實現在普通的情形單級小學是一個特殊方式但一級以上之小學同樣的用管理單級小學之諸種普通原則來管理，

學校被認爲一種社會機關在其外部的布置須與實業團體，宗教家庭，以及政治團體等相調協，其內部生活

製作規程者應明白表示他的意見須隨時參考政治的與宗教的流動的狀況。他說一個時候是到了，那們政治的宗教的思想上卽有緊近而不可避免的變化出來。小學校隨着這種新世紀的智識潮流不特形式改觀且有大大的發展。但是汰除浮泛不切實際以及錯誤要素而代以眞實的宗教教育給一般民衆現在是時候了。近數年的經驗已表示用抽象的內容去發展一般人的精神之公共教育是無用甚或有害。一般人生活上的要求是改組學校用眞實的宗教（有權威之教會形式）以教育其子弟，是可以支持建造及光大家庭，職業，社會與國家之存在，那們國民學校應建築在實際生活上。如人之生活各方面而工作其中。爲實現此種目的，教授上之各項新方法無過於精選與嚴密限制教材以及採用明確學校訓育制度爲重要了。

按照新規程的條文，宗教的要素在課程增加到六小時一週。加意的地方是在熟記教會的讚美歌，教義問答，與聖經中的選讀。學校應與教會合作以期兒童在宗教教育有明瞭的觀念與堅定的信仰。讀法與德語課中須使用理會的態度而朗誦之。并要知道所讀的是什麼，復述的時候要能用少數語言表示其所讀的意見。讀法與德語的材料多數是聖經中選來。往往用袖珍本以期達到上述之目的，高深的文法是不教的。寫字與算術以及音樂是特別注重。因爲小學校的責任在使兒童在平時能唱最普通應用的教會歌及愛國歌愈多愈好因此可使歌中意義深入其心。自然與地理三小時一週圖畫一小時一週。總而言之國民學校的教育完全是灌輸道德與愛國的教育。教師亦猶如官吏在引導兒童來了解治者階級之歷史，與召之爲悉順臣民。故教師所深深打入兒童心眼中的是深愛吾皇與服從吾國之法律與政府而已。

一八五四年規程之影響，——一八五四的規程從那時在種種方面固定普魯士與德國的國民學校的性質。一八五九年與一八六一的補充規程很少注意師範學校及小學校學生的熟記課業，(memory learning)也很少擴展小學科學與數學之教學，但一八五四年之規程控制了普魯士的小學教育與規定了師範學校教師的任務一直到一八七二年。此種規程之威權自政治上自由主義毀壞後與一九一八年宣布共和前乃為一般人民的兒童教育之鵠的。上級社會握政治經濟的權物自中世紀封建制度以來已經如此了。但是中等階級豈能肯從，故一八五〇年的政府允許有參與政治之權。當然他有優秀分子參入治者階級而無限制以成平民政治之要義，所以支持社會情狀者為治者階級已變為政治信條中主要條件了。

教育行政在五十年間無改組的需要，因為十九世紀初二十五年所設立之專政的辦法，實在是實現目的的最有效率的辦法，兩個時期所不同的可述如下，十九世紀開端普魯士的生活改組是自由政治專反抗保守的習慣與制度。政治方面以能得大多數意見的政治形式為是，教育方面一般人民的學校以能用培斯塔答齊斐西特與馮韓保特 (von Humboldt) 等的精神來組織，以期得着平民主義的教育機會。及至自由主義的勢力暫消失以則以為普魯士的教育與公民的制度採用自由方式是絕對的不可能。普通人民的學校是挾有重要政治意義的機關，應崇信誠實忠敬睦鄰愛國，知足，以及忠於皇家諸品德，用以實現此種目的方法須是十分有效率的。但是這些目的易於摧毀健全的政治生活且有背於十九世紀社會進化的潮流，乃是吾們所深信的。

中等教育的變遷——一八四〇—一八七一的中等教育狀況的變遷，本無待多述，中等學校乃是上流社會能供給學費的人家子弟所進的學校。一八三四年中學(Gymnasium)有專爲預備升入大學的學習，同時亦有職業的或爲公衆服務的學習。曾經對課程加以整理卽減少科學的學習而教授希臘文增加拉丁形式的課業，并特重嚴格的宗教教授，政府用此功夫就帕爾遜(Paulson)說毫無實際的效果。

工廠工業發達以後，學校課程上科學之當尊視已成爲普通需要，有許多城市已要求學校注重科學，但未得官廳之承認，但是到一八五九九年的實科中學才允許設較深的科學與職業功課。其發展較緩的六年實科中學同時也由官廳規定課程。

威廉第一與俾斯麥下之普魯士。

一八五九年是弗勒得力威廉第四委靡不振的王朝，至一八六一其弟威廉第一就繼承他的王位了。他是一個有才略與堅毅的軍人，雖說他得有繼承的許可後，仍訓練其軍隊成爲強有力的軍隊，在政治方面威廉第一是極端保守的，他相信國王有無上之威權，同時否認民衆有參與政權之可能。在他第二個政治策略上是相信德國有決然組成聯邦之必要。他還自信在此聯邦中普魯士應爲領袖而排斥奧國在此聯邦之外。

威廉第一在未將其軍隊大加改組之前，普魯士在下議院中遇頑強之反對而充實軍備之預算終遭否決。當此緊迫之危機，伊乃召任俾斯麥爲陸軍總長爲其臂助。俾氏因經心計謀使軍隊密布於上下議院而封鎖兩院之出路。因此政府能從容使其策略通過，好像似無議會一樣，軍隊改組而其所用之軍費也不受投票之限制得以實行了。

王政時代有此種新而顯著的表現實爲政治上自由主義的一個勁敵。自從四十年革命以來，俾氏卽堅定的反對民政潮流俾氏猶如其上極恨普魯士浮沈於德意志中，堅信惟一希望是在普魯士控制下之德意志聯邦而排去奧大利。經長久的外交的晉接與公衆的任務使他熟悉了歐洲政治情形。當佛蘭克福（Frankfort）議會商量組織大德意志國時，俾氏頗輕視之，以爲普奧兩國相反的雄心，決非外交策略所可和解，兩者間的爭論惟有訴諸兵戎才得解決，及俾氏既任內閣總理所有外交上的活動都處心積慮排斥奧大利出德意志政策及德國諸不同的小國聯合之外。

德意志帝國之成立——普魯士能管轄德意志聯邦中間歷史非此地所可詳述，社會史與政治史上當有詳實之記載。概括言之，俾斯麥利用一種辨論謂蘇維（Schleswig）與荷爾斯坦（Holstein）向丹麥獨立而與普奧聯合那一種能成功？後在一八六六乘外交上良好機會，（許多亦俾氏所製造）俾氏使普魯士脫離連盟，主要原因謂德意志弱點太多，因此使同盟失其結合之力。後又向薩克森（Sakony）漢努佛（Hanover）海斯（Hesse）與大利及聯邦中諸國宣戰，結果爲普魯士獲勝，因巴拉叩的和約（The Treaty of Praque）而同盟解體，而奧大利遂退出於北德意志聯邦之外，進而組織美因河（Main）以北之德意志聯邦。此時之普魯士因漢努佛（Hanover）海斯加賽（Hesse-Cassel）納紹（Nassaw）沿美因河佛蘭克福諸自由城以及蘇維 Schuleswig 與荷爾斯坦 Holstein 等之歸附，版圖遂愈加擴大。

北德意志聯邦在普法之戰後成爲德意志帝國主要領域。當時是一個聯邦，各邦之主權大於聯邦主權，所給於聯邦領袖普魯士王國所執行事項爲外交對外宣戰媾和，以及當然的管轄軍隊之權。服兵役是聯邦的非一邦的義務，此是普遍而強迫的。最初聯邦之制度許多與帝國相似，將於下章詳述之。

威廉第一成爲北德意志聯邦第一任的領袖他任命俾斯麥爲外交大臣俾氏相信與法國之戰爭是不可避免的。因而認諸強國中對德國法爲最不利益的一國而施其外交手腕及預備開戰。及至時機緊迫時猶使開釁之責任歸之法國。戰爭的時期不長，而普魯士軍備完美久經訓練之兵一鼓而勝法軍，戰爭結局開佛蘭克福和議法賠款一千萬元，割亞森羅林（Alsaco-loraine）兩州，此種強制使與祖母分離的領土，使法人發生極大之痛楚其恨普魯士也幾至刺骨。亞羅界於兩國之間，自那時永就爲德法兩國戰爭之導火線了。法則痛廣大而極有價值之領土與忠愛之民衆之喪失，刻思報復，而德則整其戈矛以待法之反抗。

經一八七〇——七一年之戰爭，南德意志因而與北德意志聯邦合併，奉普魯士爲領袖。在一八七一年一月十八，威廉第一受德意志皇帝（Kaiser in Dontschland）之尊號而統轄全德意志帝國，至此德國統一之功告成，此種異樣之效果非當日德自由黨所夢想到的。他們當時所希望的是一切德意志小國和平而自由的聯合，行選舉的民治政治，今之實際統一過程是不正當的外交策略與三次雖說不可避免而實爲故意挑撥的戰爭而成的。現在的新邦是在普魯士統治之下，行無選舉制的政治，且惟一的依賴則在武力。

第九章　普魯士與德意志帝國

帝國中之普魯士——新帝國幷非由普魯士侵略而成，乃是他的影響及於全帝國。新帝國的政府給普魯士以特權和光榮使他得有固有的領土臣民及領袖的統治權，以完成國家的統一。普魯士管轄全德意志是不成問題，所以我們敍述普魯士自一八七一年以後教育上的變遷，實不啻說明全帝國的教育潮流了。依據此說我們的敍述當繼續的側重普魯士政治上與教育上的發展。

帝國的制度——假使我們要曉得德意志國家生活的政治的性質不可不大概的考察其制度。普魯士王就是德意志的皇帝他的主要管理大員是國務大臣，由他任命，僅對他負責。

帝國立法分兩院。上院爲二十六聯邦代表所組成，名爲 Bundesrat 議員由各邦所任命，凡有意見或投票都須得其政府之命令，普魯士在全體五十六權中有十七權，不能不說是佔多數了。就此種制度觀察，就可知普魯士在上議院有充分力量轉移其趨向了。此種議院完全爲大邦統治帝國的工具，因其有重要之立法行政與司法之機關也。

下議院由成年男子選舉，名叫 Reichstag 有否認及立法之權。不過所立之法實際上不能應用。凡徵收新稅須兩議院同意，有適應比例的投票權。公衆事件可在下議院提出，但有很大之限制。即政府不對此立法機關負責。如議院中大多數反對某某閣員，也不能倒他，因爲下議院僅爲公衆意見陳述與辨論之機關，無實權以監督政府也。所以下議院除掉是由人民選舉的而外，所能代表的僅是很微弱方式。

帝國所給與立法機關之權，是關於海陸軍外交商業與運輸郵電以及草擬帝國之民刑律令。有許多小邦即非特別事往往也任帝國辦理，教育事項是各邦的行政，僅有少數例外，容在下章敍述。

普魯士專政之國家生活——要知道德帝國政治上保守主義，須明瞭國家生活受了普魯士重要影響與承認，國家議會之無能。由一八五〇年普魯士興起一直到一八一九年停戰的期間，德意志全為普魯士統治之下。因統治的影響使普魯士工商階級及地主階級俱增加了財富。統治階級是完全用獨裁制而無代議制度。

就歷史上看，在全德意志各邦中普魯士是最有武力的一國。他熱心於軍備之增加與組織之完密，自十九世紀之第六十年已然，他的成功則在普法之戰。德國的統一完全由外敵之侵陵而為用兵之直接的效果，普魯士統治下之新帝國卽採用普魯士軍隊制度。實行強迫民兵制。對國家服從，不是對一邦之服從。普魯士王為帝國軍隊大元帥。訓練軍隊成為普魯士式的有效的軍隊。帝國熱心軍隊之擴展，猶如當日普魯士一樣。

至一八九〇年時之外交政策——德國既統一以後。俾斯麥任外交大臣。卽宣布德國是一個知足的國家。毫無野心去擴展版圖。他的主要目的在於促進國內工商農業之進步，而整理其國內行政。俾氏挾有此等目的，從他一八七一年被任命為帝國大臣至一八九〇年被迫解職期間無不用盡手段，以謀和平的成功。

帝國之專政——德國對內政策本纖細而乏興味，乃由於帝國未與國內各政治家眞正競爭之機會，而使各政黨發展。帝國之行政完全採用有效率之專制，其組織與行動方面絕對的反對羣衆之干涉，帝國初年見民刑法律太形紛雜，因根據流行之良好標準訂立統一的法律，設立國家銀行以統一銀行制度，且以極敏快極熱心的手段設鐵道籌備局，用廣大的權力使鐵道布滿全國，且最後的成功使郵政電政之設施在世界上成為最有效率的一國。因此種變動之影響，使效率（efficiency）引進到政治與經濟廓展的諸方面去了。

帝國之經濟廓展——德意志眞實之歷史乃一經濟發達史。國內政治事變十分的關係於實業及經濟生活有突然的而雄偉的長進。德國在一八七〇年就工業革命情形論，覺得頗少改變。英國從一七八五——一八三〇年卽由家庭工藝變爲大規模之工廠生產。法國則自一八四八年亦有此同樣的變化。德國用工廠制度來作工業的生產最早當自帝國成立時開始，但旣經採用，在國家統一後二三十年，工廠制度的生產卽發達到極快的速度。及至一九一〇年德國卽成爲執世界工業牛耳的英國的勁敵了。

在一八七〇年德國人民大率居於鄉村，及至到一九一〇年百分之六十的人民遷居到二千戶以上的市鎭上了。同時人民由四千七百萬增加到六千五百萬。在一八七〇年的時候人民比較的少，但是還難完全保持在國內，成千成萬的人離開鄉土到比較上可得較多報酬的外國地方去作工了。到一八八五年統計有十七萬一千德國人僑居到外國。但是德國實業發達後最有趣味的記載，卽自一八七〇年以來人口增加了百分之六十，而僑居的潮流完全停止。到一九一四年不足一萬二千人離開德國僑居在各國。在一八八〇年德國對外貿易平均計算每人佔三十一元，及至聯合五國每人佔一百元。在一九一〇年稍有變動，由每人六十二元至一百二十六元。德與英比較，德增加百分之一百，英增加至百分之二十六。

德國是天賦與礦山，資其生產的憑藉，經濟生活所以能暴長的原因由於利用科學與藝術改良生產的方法和發展工廠與商業之組織，使之符合數率與經濟的原則。德國進步之能達到，良由工業之精良，所以能如此的，則又由於勞工有良好之訓練。如由極粗的鐵塊中可以造成時計的輪件，藉工業中副產物的煤油可造成極鮮豔的染料。凡此科學的管理，技術的訓練，以及工業中的巧妙都造成德國工業上莫大之進步。故自一八七〇年以來世界各國工業發達的程度無有再出德國之上的了。

新國家制度的結果使商業有了國家的意義了，歷史之表現的帝國政府莫不自動的改進交通機關。開拓世界各國的市場，堅固信用等。總之經濟因政治而進步了。在經濟界中所與德國之信用而使其有飛快的生長的着實不小。其故由於政府訓練了一大批官吏利用他們的學問與才幹，指揮鼓進複雜之實業的機關。

教育對於實業需要之責任——德意志帝國經濟發達有較明顯的兩個時期。一八九〇年前德國的問題大率是國內的，爲歐洲工業競爭的落伍者。他僅利用本國富源和本國人的勢力。對於這個問題要緊的部分是用工藝教育改進各個工人。但德國在帝國未成立以前，對於工藝教育已有良好的設施了。其低級的中學校特重科學與數學。差不多各重要城市都是如此，當一八五九年普魯士政府分劃近代學校開了許多預備學校：爲求高深職業的人學習。在十九世紀第七八十年之間，德國的職業學校制度已很出名。不過德國職業教育有系統的發展那是很難。因爲公衆的意見各不相同。大多數職業學校是應地方需要而設的。德國初爲學校的區域，繼爲工廠的區域。當變爲工廠區域時，學校就跳出長夜漫漫的範圍，爲應新工業之職業需要而服務了。市鎮工廠省區政府，以及各邦通力合作建設許多藝徒學校，如商業學校低級工業學校以及工業專門等。至大學中則設科學商業機械諸學系，以應此新經濟的需要。總之從最低的職業訓練到最高的機械的學習，德國無不供給職業預備的充分的機會，使工人勤於工作，與各項職業人員的才識幹練。

職業補習學校——德國用補習學校訓練工人爲一種特殊制度。此種學校招致學生每週施以數小時之教育，有許多即在服務時間內。所教的功課爲德語數學科學圖畫與職業實習。使他就志願之職業格外有才能。就歷史來說：補習學校的觀念實是回溯到十九世紀以前去的。其初是對於離開小學校的兒童和成人施以補充的宗教教育。十九世紀中葉，工廠的生產漸漸昇起，老式的徒弟制度不得不消滅，那麼星期日學校及住校就用來代替職業訓練了。因此普通的補習學校就變成職業的補習學校了。北德意志聯邦政府強迫十八歲以下的工人入補習學校。但是指該地有補習學校說的。此種情況帝國也同樣施行。二十六邦中有十二邦，有法律規定較大的鎮須設此種學校。其他各邦根據強迫入學例，允許各地方設立此等學校。

補習學校制度可以隨社會上經濟需要的指示而改進。如商業的需要很顯著，就特重商業訓練。或者許多青年從事農業或園藝，那麼訓練就應跟着這些方面發展。至於集中的職業訓練，即在充分的徒弟制化。使他將來從事職業時，能十分適合所做的事。在大都市有大商業及大工業的生活，應擴大訓練的制度，須從各方面適應地方需要。例如在巴維雅拉(Bavaria)之首府慕尼克(Munich)地方，此種制度的教育可算發達到極點了。在一九一一年有四十六個不同的職業補習學校。現在列表如下，當於此表中可以曉得初等的職業教育明顯的情形：

巴維雅拉之慕尼克職業補習學校表

A 商業補習學校

1 藥劑師，洗染的經紀人。

2 商店夥。

B 工業補習學校

3 剃頭匠，剪髮師和製假髮者。

4 製麵包者。

5 水泥匠。

6 訂書匠。

7 排字匠。

8 塑像彫刻師。

9 漆匠，裝飾壁畫師。

10 車匠。

11 細巧機器匠。

12 旅館管理人。

13 硝皮匠，作手套者。

14 玻璃匠，磁器與琺瑯的描畫者。

15 木器彫花匠。

16 金銀匠，及首飾匠。

17 洗刷煙鹵的工人。

18 蜜餞司務，與麵食司務。

19 銅匠。

20 車夫。

21 石印工匠，與石印製圖師。

22 機器製造師。

23 機器匠，用具與槍砲的製造。

24 鑄工匠鐵鏈匠，彫刻匠，以及製螺絲形器物者。

25 屠夫。

26 照相師。

27 製皮匠。

28 箍桶匠。

29 建築水閘匠。

30 鐵匠。

31 成衣匠。

32 細木匠。

33 製鞋匠。

34 錫匠。

35 粉刷匠與彫刻匠。

36 室內裝飾商製拂鬚者，製繩者，及其諸種附屬製造者。

37 陶器及爐竈建造者。

38 鐘表匠。

39 製車匠。

40 製錫罐者。

C 農業補習學校

41 種園田的。

D 其他補習學校

42 機器鑲牙者。

43 音樂師。

44 書記及公司助理人。

45 地方的補習學校。

46 爲未入學學生的補習學校。

以上所述的許多學校都是爲訓練工人設的。其明顯的目的，在訓練工頭，管理人，技師，及工程師。

我們如說這許多學校在德意志帝國中或各邦中是國家控制的職業教育的制度，那是不正確的。但德國人民有其近似的理想，希望每一個工人在他的職業中有相當補習教育。使被任用的程度提高，增加其時間的價值。與在其職任上增加自重與智識，且使得較好之薪資。

政教之爭（Kulturkampf 在一八七三年時）在帝國建成之後三十年國內政治上最重要的爭論，就是天主教教會。政治普斯（Puis）第九，一八四六——一八七八年之羅馬主教。他有良好的理由證明他在意大利有無上之權。及至一八四八年革命事實發生以後，他即極端反對政治上之新自由主義。反對對宗教用新批評的態度，且反對在一切事項中之國家的運動，他反對新政治與科學的傾向見於他一八六四年所頒之一般敕令及贖罪書。可算達到極點了。他在他勢力以內擴大他的權限到一切事項，幷嚴責國家政治之不當。因此握有國際勢力且不時干涉到國家政治的教會，與希望用國家的統一與權力控制一切國事的新國家。其衝突自不能免。主教對於國家干涉教會之權限，使教士貴族先對國家表示忠誠，次方及於教會，以及對於結婚須得法律認可，對於教育與宗教須分離等等事項大加震怒。於是一八六九——一八七〇年間教會在凡廷偘(Vatican)舉行一個大會議，重行規定教皇的教旨之不可侵犯。但是一八七〇年意大利的兵一到羅馬，將所有教皇權力摧滅無餘，主教的災難於是降臨了。由此而後直至普斯第九死時，他仍然不斷的咀咒國家主義與政治上自由主義。

主教對國家政治之攻擊，乃由俾斯麥所挑起，這就是十九世紀第一十年間之政教之爭(Kulturkampf)俾氏對於反對教會的舉動，他極端的幫助國內自由黨。且在普魯士議會中通過一組猛烈的政策反對教會與教士，卽如強迫結婚須經法律認可，天主教董事會須受教育部管轄，一切學術機關都經國家管理而傳道的牧師須是德意志人且須德國大學讀過書的或是通過德國歷史哲學文學及古文等大學試驗的才有被選的資格。並且把學校視察權從僧侶手中收回來等等。

一八七二年學校視察律。——政教戰爭的結果在普魯士教育史是極有意義的。其諸種結果中有一件事方才說過卽是學校視察在一八七二年定爲律例了。此律例使所有一切公私教育機關的視察都應由政府主持不能有任何權力或機關來執行故無論如何此事當認是爲政治上的事。因此律例上規定，一切縣區學校之視察員，應由政治的政府(civil authority)任命。政府任命視察員不問是名譽職或是支半薪的，在任何時候都可以撤退。普魯士在那時把所有僧侶兼充的地方學校視察員一起都撤換了。新律例的正確意思，是在教育總長酌量情形可以免除地方牧師的職務，而使之充任地方學校視察員。使他還俗任職。換一句話說這種律例卽是一切牧師都有充任視察員之可能，不過須改由政府任命。一八七二年教育總長福克(Falk)執行此律，頗和平，僅將少數在僧侶地位而執行視察職務者屏斥，而俾斯麥在反抗教會之後，屏斥僧侶執行視察職務，極形嚴厲。及至帝國倒後普魯士學校視察員有四分之三仍在僧侶手裏。故可以說十九世紀第八十年間反教會運動，對地方學校視察，仍是一個不澈底的辦法。

一八七二年之普通律例。

比較學校視察律例更形重要的即為師範學校預備學校以及國民學校的課程上的變動。此種變動可在一八七二年十月十五日所頒布的律例中見之。律例分四項，即上述有相互關係的三種學校，和一種新組織，即中學校。是普通律例之精神與一八五四年之律例大不相同。此時駁斥加重宗教之不當，同時十分增加科學的與職業的材料，其故因政府的態度在那時反抗教會，幾於達到極點。一八五四年規定於是政府在恐慌時代的動作，當時希望政治與宗教思想的退後，而保持社會間之忠誠與維系。因此祇求安定，不顧犧牲效率與進化了。一八七二年的普通律例政府的態度已相信其實力已能控制和利用新產生的教育制度了。

教師訓練的新規程——師範學校如何訓練適宜的國民學校教師，我們看他課程的擴展就可明瞭了。舊教材祇在將來小學教什麼，即教師範生什麼。現在新教材解放了此種狹隘主張，而在如何訓練寬廣的受教育的個人了。例如教數學除去初步課業而外，還教開方比例，一次及多次方程式。如有可能，還可教級數與對數。三年課程中前二年可以教幾何，每週二小時。但新律例亦如一八五四年規程同樣不信任教育功課，除掉教育史包括研究教育名作外僅有教育通論及教學法以及心理與論理初步，關於德文教學特別注重文法及修辭，與多量之古典文學。注重普通史但於普魯士改政以後的上流階級，敍述更加詳細，特別注重科學。亦設有外國語——法語——但爲選科，任人自由選習。在新律例中未將師範學校課程詳細表列，但於上述要點已可充分表示他的範圍與性質了。

如以爲新律例放鬆師範訓練的服從的性質或消滅了宗教學，那不免於錯誤。因爲普魯士兒童的教師，完全根據於新舊約之見地，宗教上英雄偉人之品德，忠誠之教義，以及教會歷史，且須熟讀聖經中文章，吟誦讚美詩歌等而完成其訓練。

新律例所定之普魯士師範學校課程直至一九〇一年未加更改，但更有擴張罷了。政府到現在一直還想把師範學校和高等教育機關聯絡起來。小學教師的訓練是一個完密的系統，因爲他下面所招收的是小學畢業生，進校後種種預備，又使他們在畢業後再回到小學去當教師。與中等學校既無相互關係，又不能使大學中進修專業的學習，而所招之新生大半爲下層社會的子弟，希望他們畢業仍去教同階級之子弟。

小學校——一八七二年新律例之一部，是關於小學或國民學校的，即是實際上擴充教材，消除過分着重宗教。減少記憶功課的分量，並謀組織與設備之改進等。新課程之開始，即仍存留宗教教學。其中包含聖經的歷史，教會演進之要點，教義問答與讚美歌等。普魯士兒童產生後即爲教會之一員，亦公民資格之一要件。新教徒宗教教授在新律例中說：其目的在使兒童熟習聖經與其教派中之信條，因此他能主動的參與教會服務與教會生活。新教天主教以及耶穌教學校俱爲政府承認。但每一教派施行一種宗教。在其學校中其互相所關係者，即爲顯明之宗教忠誠。教派既然分歧，最好一種教派的兒童在一個學校教學。此種說法決難實現。如此勢必集各教派之兒童在一齊施行普通教學但宗教教學則各歸其宗派。然而事實上德國兒童當然在學校教學其父母之宗教亦猶之教德語與算術也。

小學校新課程充分加重，德語中包括讀、寫、作、演說文法與記誦德國古文等，此科希望達到國家化，(nationalization) 普通目的中有重要任務，學校語言教學應採標準語，所以改正各地之方言。因而創製標準音，用以團結殊異之各邦。普通語之價值與文雅的詞調，引起人民有公同文化與公同族類之觀感，愛國文學之教材所給兒童的影響，可使他深深愛戀祖國與英雄，讚美其犧牲之行爲。而興起其感情，是則培養國家的情感。一切學校科目無有出國語之右了。

新課程表頗能經心配置，算術科在中級高級多實用的幾何，圖畫單獨成立一科。關於時間歷史地理初步科學，統曰實科 (Realism) 中級高級每週有六時至八時。唱歌是一個固定科目，中級高級每週兩小時，低級每週一小時。男兒童有體育女兒童有手工 (needle work)，此種課程直至一九一八年政變後始有改變。

中學校——一八七二年新律例產生一種新學校，叫做中學校或中間學校 (intermediate)，此種學校程度高於國民學校。此乃應社會中一種階級之需要而設的，他們能出多量學費深造其子弟，且能使其子弟作長期間之學習。以及在城市中小商人及高等工人階級中往往有希望其子受較深之教育，以增高其將來之職業，但國民學校不能適應此種雄心，而他們又無力擔負較重學費受中等教育 (Secondary education)，此等新學校爲還就初等與中等學校之間而產生了中學校分五級或六級。課程包括宗教，（當然的）國語，算術，幾何，歷史，法文的或別種近代語）自然科學，物理化學，地理歷史圖畫唱歌體育，到一九一〇年中學校之組織擴充到九級，如外國語能通過畢業期限可以有一年的伸縮。

普通律例是一種新國家的精神之表現，人辱普此律例關係於政教之戰，且深受其影響。因政教之爭產生俾斯麥的政府，使教育越出一切勢力之外，而以政府力量辦理一切事宜。故可說是新德意志國家精神之表現。新國家精神是自證的自覺的，比較過去之成功為優，而且有一光榮之將來。學校所供獻於新國家的地方與行政軍事財政等同為一部分。師範學校的新課程在培養寬廣見地的小學教師。普通律例所付與之新機會，即設置了中學校的地位，供給了較高的女子學校與師範學校為有雄心及能力的小學教師之訓練。中學校是增加普通教育機會並供給某部分民衆必要的工具以增進其社會與經濟的地位。小學校的變遷，明明由單純而顯著的宗教色彩，變為豐富而鮮明的社會課程（Secular curriculum與宗教相對待）由保護服從者（系統變為激勵自動的愛國與自覺擁護政府之熱心，

反對社會平民政治之爭

一八七二年有連續許多劇烈反對教會的律例產生，其結果引起天主教頑強的反抗。天主教人不服從此等法律，並在下議院（Reichstag）組織了有力量的團體，反抗俾斯麥與其政策。但經過多年徒增長法律的勢力，毫無效果。然而政治經過此種衝突，俾斯麥不免於疲憊，加之他在政教之爭時所聯合的自由黨，此時極端作改造政

治的運動使德國成爲眞實的代議的國家。使內閣大臣對法律負責。當時社會民主政治增長他的勢力，可搖動普魯士的政治，俾斯麥默察社會過激派的危險遠甚於教會，因放棄其反對教會的主張，轉而扶持天主教中央團體抽出他的力量來應付社會民治派。

一八七八年在老年威廉第一的時代有二件努力的事，一是俾斯麥與社會黨的衝突。在那年國會中取消社會黨提案，禁止一切宣傳社會思想的集會及出版物，警察付與特權驅逐社會主義者於德國境外，甚至讀社會主義的書報亦須禁止。一八七八年之法律經兩次修正其效力一直到一八九〇年爲止。同時政府思剷除社會主義者的根本勢力，因用法律來改進工人階級的生活待遇。疾病保障的法律在一八八三年通過。意外變故保險的法律在一八八四年通過。另一種在一八八五年老年退修，保險的法律在一八八九年通過。政府發表一種制度即爲大多數民衆改進生活上待遇，由政府創行國家社會主義。施行之目的在於因此更能使民衆對於帝國竭盡其忠誠。而社會過激派所說之改組政治經濟生活，其實僅爲口惠。他們的煽惑不能使此等法律通過。他們的政治的行動亦未能增加能力而有新奇偉大的成功。

十年間政府與社會主義之爭鬭騷亂萬分，致使普魯士學校成爲荒瘠之年，政治上經濟上所以有激烈的觀念；良由對於人民教育太重保守主義了。那時是一種反感反對第五十年革命時所主張之保守主義的教育而教師薪俸亦大加低減，一八七八至一八八六年之間教師每年收入平均祇得五馬克，且有難堪之處境存在。直至俾氏改化之後，較大之教育上諸種建設方得通過。

威廉第二的觀念則注意社會研究——一八八八年少年的威廉第二繼爲普魯士王與德皇，人人都曉得他的希望是如何用學校去反抗社會主義思想的傳播。在他一八八九年五月一日的政令中露布一種嚴密的計畫，取締社會主義之宣傳，即在學校中特別注重經濟學的教授，用以暴露社會主義之政治經濟主張的虛妄。此種方法不僅使政治社會的組織有所證明，且使普魯士政府因學校有此作用可以造成公衆意見。下面乃即譯其較詳之辦法：

我經長久時間的研究，覺得要抵抗社會主義及共產思想的傳播，學校各種情形可以利用來做良好的方法。第一，學校須先經上帝尊嚴之當信服，國家之當愛護的訓練，而後了解政治與社會的關係，與立穩固之根基。再於社會平民主張錯誤橫流時代，我不能解放我的主見。即學校中當努力研究什麼是將來眞實而現在事實上又爲可能的主張，尤其要努力的即使兒童相信社會平民主張，不特違反上帝的意旨與耶教的道德，且大非事實，是以遺害個人與社會。不特如此，學校還要注重近代史，詳述政府如何能保護個人及其家庭有其自由與權利。明瞭普魯士國王如何昕夕勤勞改進工人生活，製定法律與以保障，自菲力得力（Frederich the Great）直至現在，繼續不絕。利用統計表明普魯士王指導之下，使工人生活進步與工資之增加，是如何的優越而牢固。

因此欲達此目的，我與我的軍機大臣充分合作，我想處理此事，即細微末節都要詳加計劃，尤以不能忽略以下許多極關重要之點。

因此加重宗教教學，但須採用最精要的意義，適宜的施行，凡使其記憶的，務爲必要的事項。

本國歷史須特別加重社會與經濟發展的情形。法律方面則須由十九世紀開始一直到現在社會政治性的法律。顯示歷代普魯士王時時注意及此，且以爲自己之重任，須與一般運命所定的工人一個保護。使之依賴國父，並使之信任非有賢君管理國家使國家秩序井然保護人民。不能增進個人肉體與精神之安全與適如其分增高其地位和得着相當之職業，特殊重要事項卽是從實用的眼光用顯著的具體實例，使兒童明瞭非在國家權力控制之下有秩序的經濟狀態是爲謀個人安全與福利一種不可少的情形。否則社會平民政治的主張太流於空想，卽使有實現之可能亦必使個人家庭與私有生活上不能忍受的壓迫。因爲社會主義者所標的理想已充分說明靑年個人之情感與實際的意見須當禁止了。

上述的目的，就各種程度的學校的目的與範圍中須相當的實施出來。凡是簡單而容易記得的觀念，則在國民學校中教學。凡是內容比較複雜且須仔細研究的則在高等程度的學校教學。因而此種辦法變爲教師之修養必要的性質，須熱心獲得，爲其從事職業之技能。爲達此目的，教師訓練機關不得不擴大其課程了。

「我並不忽視實行此種計劃應有的困難。但是我實施時需要寬廣的經驗與須發明諸種正確的方法。因爲此等事雖重要，並不限制我們用熱心與毅力以達到一種目的，就我的意見無非謀國家之安全罷了。」

因此舉動又利用宗教途徑，以達政府之目的，此或爲過甚之詞。中等學校的課程已滿意的加以改組。師範學校的教學已充用教師範生注意經濟學及經濟史。期望他們對社會主義理論上先有了成見。至中學校小學校以及補習學校的課程，俱經整理，無不包含反社會主義的宣傳。

一八九〇年之後的軍國主義。

上面已經說過俾斯麥由一八七〇——一八七一年的事變之後，他宣佈德意志是一個知足的國家。他既不想增大德國的領土，又不想擴張德國的勢力。他的心理，以爲德國的主要的問題，是內政與農工商業等。俾氏在職即次第施行此種政策。他可鼓動英法伸展其殖民的權利；德的疆土已狠夠了。後來到一八八四年德國已有了帝國殖民地，因藉政府的保護，使德國人民伸其勢力於非洲，與知是時代的情況大相反對了。德國開頭有殖民地於南非洲，一八九〇年則與歐洲各殖民地國家協議瓜分非洲。決定所有權之疆界與權利之分配。但是俾氏的心思並不在此殖民地偶然獲得，所以在他領導的德國之下，並不是一個殖民所有權的優勝者。

及至威廉第二繼任以後，對於以往之政策漸有衝突，終於在一八九〇年使俾氏退職。新任大臣繼任後完全秉承皇帝意旨，繼續創設許多新政策。德國從十九世紀的第八十年時，因經濟有長足的發展，因而形成新傾向，即德國拋棄了知足的態度，急切求國際間的發展。於是德國變爲世界商場的競爭者，不息的尋覓商場，以銷售其工業產品而換得原料與食料，所以急切解決他人口飛速的增加的問題。饒爾柏哈博士(Dr. Paul Rohrbach)是德國經濟地理學家，他敍述國家的發展和國際的政策如下。

『人口增加一年達八十萬（一九〇三年）。設有奇思妙想，能不從地面得着供給他們的食物，這許多人中向外發展，是當然的。增加之人口每年幾達一百萬，供養他們的方法，惟有吸收外國的原料加以製造，而我們所造出的產物，給外國，方可解決此種問題。或者說資本是在本國創造的，而生利則在國外，假使是如此的。德國外交政策上一切問題莫不以如何開闢與維持國外商場爲着眼點了。而尤以在他洲諸國爲甚。此種辦法英國亦莫不適用此原則。在英國決定其外交政策無不按照其商業上之要求。已成爲國家的意識，無人能否認的了。假使有一天他銷行外國的貨物，忽然停止或顯然受了限制，不但經濟方面他大西洋兩岸千萬百的大工廠要摧毀，即政治方面亦必認爲足以傾頹大不列顛的一大勢力也。而德意志的地位在實際又何嘗有什麼不同。

此處不能詳述德意志對於殖民所以落後的原故。但他參加的時候是太遲了。且因得到殖民地在管理上又失敗。及至一九〇六年他得到海外殖民地適於歐洲民族居住的面積大於德意志有兩種，不適於白人生活的有三倍。

德國在一八九〇年後一致的謀殖民地的擴展，乃其政策上一個重要原則。此由於海外貿易之飛進。平添無數之洋商與使海軍有長足的發展。在最近二十五年德國海外貨船噸數增加百分之二百五十。其中四分之一是由一九〇八年到一九一三年成功的。帝國的海軍爲威廉第二惟一的有興趣的事體。自從他繼任後，出其全力謀海軍之擴展與增厚其實力。在一九〇〇年祇能有一固定的艦隊。及至社會主義者在國內騷擾，即竭盡智謀以求海軍之擴展了。及至歐洲大戰爆發時，德國海軍次於英國，而爲世界上的第二位。

德國轉其方向注意近東，此或爲殖民政策之一部，或殖民計畫失敗的一種代替。他的策略是表示與土耳其親善，而得一港路到波斯灣，不再乞得英國海上勢力的恩惠。德國不願經營之困難與海軍之不如英國，毅然決然分海軍爲兩處。他又策劃組織海上同盟，在一九一三年決定防止巴爾根的發展。因此土耳其得侵入斯拉夫族的塞爾皮亞（與奧匈爲世仇）得到他的領土民衆與權威，塞爾皮亞是到君士坦丁（Constantinople）白格得（Bagdad 舊回教主之京城）與波斯灣必由之道。塞爾皮亞任何勢力之發展都加推毀且使在柏林控制之下蓋所以完成帝國由波羅的海通達波斯灣的計劃也。後來奧國公爵在塞拉解夫Serajevo一個小値被刺，即結成歐洲大戰的掀然大波。

一八九〇年以後，歐洲國際間景況俱十分緊張。此種背景不厭一再申說，在藉此可以明瞭德國教育中國家主義之重要罷了。我們相信德國在歐洲國際間因不能自行滿足而發生擴地至全球之野心(Place in the Sun)。遂使一九一四——一八一八年空前大戰瀑發氾溢，此種責任實應由柏林方面負之。我們現在的目的是在發明德國如何利用教育制度來聯合國家的感情與信從其採用國際間的政策，要明瞭德國教育是爲國家主義的組織，普魯士的設施實是一把鎖匙。

普魯士政府對於公衆教育之供獻——普魯士國家教育制度發展的歷史表現一種頗不一致的狀況。普魯士握聯邦之政權頗早，但實際能供獻於公共的教育也不過是近年的事。最早在一七一六年已頒布強迫教育令。普魯士的權威即次第擴展一七六三年之得教皇勅令允許一七九四年定府縣制普通法，而教育之改組則在的爾錫特（Tilsit）商埠條約頒布之後。至教育立法在前章已詳細說明了。因有此許多發展。普魯士已有完全的能力控制教育各方面的事。如規定教師的標準的性質，統一課程，統一教育行政，強迫各處爲教師設置寄宿處等，一八五〇年宣布一種規程（有二十五條）規定國民學校由市鄉設立。如市鄉財力不足以設立標準的學校，可請求國家補助同樣的規程按照生活上的消費規定教師的薪俸。和國民學校免費等等，至各項詳細辦法另有附屬的條例規定。我們已知到一八五〇年以後的政府，禁阻教育上自由黨的努力因通過一種教育普通法律。規程中之條款施行時是斷斷續續的經過長時期的遷延。

一八六九年通過一法令。卽年撥六萬德銀（thaler）約值三先令）用爲教師死後恤養金。一八七三年政府又允許撥相當的款項提高初等學校教師的薪水，並酌定退休金。到一八七一年政府對於初等教育的改進差不多年費一百五十萬的德銀元。thaler採用新法令年有增加。一八七三年加到四百五十萬。一八七五年加到六百萬。一八七七年加到六百五十萬。一八八〇——一八八一年政府又多撥款項增加初等教育的教師薪水與教師撫恤金及恤養金。一八八五年教師撫恤金全初等教育的教師一律待遇，各邦亦完全相同，且保證他們根據服務年限而訂定。一八八八年初等學校的經費的法律廢止了。政府同時付出每個教師的薪金一部，政府因廢除此律，花費至二千萬馬克。一八九三年撥二百萬馬克修理學校校舍，一八九七年教師薪俸法令又行改進，按照法令的條文，採用基本的薪俸，然後施行年功加俸，止供給教師宿金，到一九〇九年又有增加薪俸法令。在一九〇七年撫恤金的法令又加修正。政府對任何教師第一次都付出六百馬克的撫恤金。其餘的應由市鄉地方付出。

因種種改變初等教育之經費其增加之比例，較政府各項支出爲大。但一直到一九〇六年初等學校的維持責任，還沒有良好的組織到此時負有維持國民學校時責任的學校會社（school society）。才行消滅，而學校協會（school corporation）代之而起，經此改變學校脫離宗教的支配而成爲政治的功用了。同時政府有了確定的經濟責任已如上述，政府新的辦法則在幫助貧瘠區域。故年有五百萬馬克幫助貧苦區域，使與其他各區不相軒輊，以完成此次法律。如在二十六個教師以下的貧瘠區域教育上普通消費與建築費用別有津貼。且於創造新教學地位撥用款項更無限制。

政府用法律規定補助（一九一八革命前六十年）的結果，中央政府津貼普魯士初等教育津費約佔總支出三分之一弱。全德國各邦亦莫不援此例，以津貼各地方也。各邦補助費分配的主要部分是在教師薪金與撫恤金。各州津貼制度隨從普魯士訂定補助標準，所受之補助以貧瘠區域鄉村小學佔大多數。同時汰除不良學校，不過思藉此以鼓勵各地方競爭，求超過標準的計劃，亦不能成功。

政府幫助別種程度教育的詳細情形此處難以提及。總而言之，普魯士在一九一一年總計幫助小學中與中等學校的經費約佔總支出五六〇〇〇〇〇〇馬克中之一四八五〇〇〇〇〇約計是百分二十六。全德帝國所消費於三種性質的經濟到一九一一也昇到百分之三十三。

教育行政機關——普魯士教育行政的組織採用十九世紀初年的方式，一直到一九一九年並未改變。最高級有宗教與教育大臣，在其直隸之下，有顯然的分部機關。從大學以至於小學都有專司。大學教授之任用，其權操在大臣手裏。其薪俸由國庫支出。德國常用以誇耀的是教學自由（Lehr-und Lern freiheit）大學裏可以自由參與養成專門研究的人才，但是低級的大學教師關於政治的及激烈的經濟思想不能得到許可。故政治經濟的思想政府有全權控制，而大學中教學歷史尤須使政府滿意。這是大學教授不得不接受的。

教育行政的集權制——德國由最下級至最上級教育行政概爲集權制。這是有重視的價値。他不如法國有政府主持之全國會議，也無公衆管理的標準，如選擧的議會所制定之教育政策之類。教育大臣僅由國王任命，他復任命他的僚屬和省郡的教育局的人員，用以完成國家的集權組織，以管理中學及以下的學校。

省教育局——普魯士分十二省。每省有一省教育局，省教育局得推薦請省政府委派中等學校的教師。並處理中等教育普通事項，與低級學校聯絡的地方，祇限於教師的檢驗與師範學校的監督。省議會的一切動作，吾們可以說俱聽教育大臣的意旨。另有一種在省範圍以內重要的團體動作，卽典試委員會(examination of candidate)。委員由大臣任命，其職責卽在選技堪以充任中等學校教師的人材。省議會有時組織七八個有良好教學經驗的人由大臣任命爲各種學校的視察員。教育局有時亦檢定中學以下的學校教師，以及中等學校的畢業考試。

縣教育局——省分爲若干行政區，叫做縣(Regierungsbezirke)。每縣有一教育局，由任命之七八個官員組織之。此等官員中有專業經驗可以局長之頭銜與功能的任命。他們管理初等教育關於初級學校事項，他們直接對大臣負責。

區視察——縣分爲學校視察區。(Kreise)有校區聯合在一起，隸於縣局長之下。如單獨存在，則有區視察員(local inspecter)。凡低級學校實際動作須受視察員的考查。因爲他是政府的代表，看學校中是否能切實奉行規程法令。區視察員亦由總長任命，所以表示系統的一律。直至一九一九年（前已說過）有四分三的視察員仍爲牧師充任，到一九一二年區視察員總數十分之三方以全部時間來擔任此職。

除去區視察員外每校都有一個區學務指導員監督，通常即爲牧師在有多數教師範圍較大的學校裏，此種職務即由校長擔任。區學務指導員由縣教育局任命。對教育局負責同時又爲一區的學務行政官。

區教育行政機關——有兩個形式的區行政機關。在城市區行政機關叫做學務委員會在鄉區則爲學務局(Schulvor stand)區教育行政機關的組織與主要權力的性質，乃是德意志教育行政中執行極基本極細瑣事務的機關。城市學務委員會 (School deputation) 通常的組織是一個政府委任的委員長(mayor)二個由委員長任命的屬員，二個城市議會就議員中選出的議員，二個由初等學校校長教員中選出之辦學有經驗的人，再由天主教耶穌教各選一代表，縣教育局選代表一人，實際即爲區視察員。城市學務委員會，初等教育的代表是由城市政府與城市議會選出。但須得縣教育局之允准，其一切行動亦必須縣教育局的認可。

鄉區學務局的組織有一個鄉區區長 (chief majistrate) 教會中牧師，以及由縣教育局任命的一個教師。另由鄉區議會選舉數人組成。所有人員須經縣教育局允准，同城市一樣。學務局之行動亦必經其認可。

區教育行政所以如此組織的，因爲可以保證中央政府的目的，能得以奉行。事實上所與區教育行政的權柄非常之少。添建等設備外，但有提名推薦教師之權，而中等學校教師須經省教育局認可。低級學校教師須經縣教育局認可。如城市學務委員會要添設一個中等學校，須先向省教育局陳述何種學校是需要的，以及如何支持之法。學務委員會可以決定學校種類，供給建築與設備，推薦可以勝任的教師，備省政府任命。及至學校成立以後，區行政機關就無權以控制了。其教師受省政府官吏之視察與訓練。課程概遵照總長所規定的。至內部行動亦有一定步驟，區行政機關絲毫不能干涉。就名義上僅與區行政機關與低級學校僅有些許關係。

我們就上所述很知道普魯士教育組織上的集權制使他能機械的實現其志願。在全系統上沒有與柏林政府所決定的政策，不論在實施上或目的上有一點衝突的機會。區行政人員所有之權限，僅在建築設備校日課表定學年曆。至於所委任的職責或以法令規程限定，或必經上級官員的裁可。宗教與教育部所轄之各分司辦理一切教育事項俱受大臣的節制，固不得逾越範圍，且不能拖延時日。

一教師訓練的影響——德國機械式的教育行政，其全組織中學校教師有一特殊地位。因教師亦爲官吏。他們的俸給大部分由各邦供給，他們對政府負責而執行其職務。所以必經選擇與訓練以明其社會上的地位與專業工作。初等教育的教師，大率由低盡階級產生。他必須於初等教育的教材與習慣的教學方法較能精熟。尤須對其自己之職務有十分的熱心而執行之。中等學校教師地位較高，大率來自中等階級，平常有候補的人，可以享受社會上特殊的優遇。通常須中等學校或大學畢業生而有使學生敬服的能力者，方可有此資格。至選拔時教學技能學養的豫備，以及政治的見解，俱須根據。

私立學校——私立學校在普魯士很少能發展的。但政府亦承認私立學校的存在。不過須經公衆承認，且要受政府的視察，如認爲不合政府所定的標準，卽令停辦。在中等教育課程須與公立學校相同，而教師尤須與公立學校有同樣的資格與能力。其實我們爲了解德國國家教育制度對於私立學校可以存而不論，因爲他的勢力太不重要了。

學校爲宣傳國家主義化的工具——在此簡短篇幅中要詳細敍述德國教育用政府權力，適應近代複雜文化的豐富發展是不可能的。現在祇將政府如何操縱使德國青年能忠愛其祖國，與臣服其集權的政府，就是夠了。德國教育史自的爾錫特商務條約 Tilsit treaty 以後，教育上之國家主義的色彩日趨顯耀。自普法之戰以後，此種熱心毫未停止。因一八七〇——一九一四年之間歐洲成爲一大營寨，各國無不作戰爭之警備，威廉第二致力於世界問題，努力覓定海口，使其無量產物得銷運於外國。

故德國教育男女兒童無不竭力培養其愛國熱誠。教學上特別注重國文，使學者熟讀要藉。尤其是激發爲國獻身的文章。德國愛國詩歌有時譜入音樂，已深深埋入於青年的心中，差不多經過一世紀，材料的精選，學習時之用心養成男女青年的熱烈的情感。對國家的需要毫無遲疑而獻其身。這等古詩歌含有國家道德之光榮，可以憶起以往之國仇，可以激起爲國家的勇敢與犧牲精神，國家之得統一，賴此陶鑄之力不少。

德國學校尤其是低級學校，對於歷史教學極顯明反對科學的觀念。教歷史的用意不是希望得到眞實史迹。也不是希望對社會問題得着正確之判斷。是在造成情感上的癖好。此種癖好卽維新時代能改進他亦必反抗的。德國改採用此形式教學歷史。普魯士歷史教師卽占特殊地位了。一直到一九一八年依照政治方面成功的慣例，未有改變。誇張在 Hohenzollern 王朝與毫不爲西歐洲各強國自由民主思想所改變的社會制度。普魯士與德意志領土軍備，政治經濟之增長與雄偉。此爲教一九一八年以後事項之老練的歷史教師所難能。但當時的教師抱那樣的態度是不受批評的因爲他可以排除困難。如取得波蘭與佔有亞羅（Alsace-Lorraine）兩州。可說是於軍隊的必要與傳教的熱心。屏棄過去歷史之空虛而讚美現實偉大的成功，無非使國民心向稱頌自己之國家而已，所以德國教師教歷史可描寫法蘭西爲戰勝之貪得無厭者而攫取亞羅兩洲，德國民衆爲其自家之光榮可以收回其失地而十分誇張，同樣景狀德之瓜分波蘭則謂德如不取波蘭，俄必取之，那麼將爲德國之大害，可略述卽得。對於皇家之尊敬亦須十分致意，如的爾錫特商務條約訂定以後德國社會與政治之得改良，完全爲皇家之賜，採用此種方法，德之小學校歷史教師完全爲愛國之宣傳師，爲當今皇家之辯護人，用以堅定社會與政治的秩序。

地理教師已完全爲國家統一而服務。在德國學校中教師常常發問「德國是什麽國家」（What is Germany）教師所讚許的答案是德國是一個四面楚歌的國家（Germany is a land entirely surrounded by enemies）對於偶發事項之內容可眞可假，但須符合學校教授此科之功用罷了，地理上國家主義的影響加重在本國及地方地理，且須與歷史有緊接之連絡，因爲崇拜國家英雄連帶的須關及其發祥之所在地，若在美國卽無需此了。因美爲新興之邦，城市頗少歷史意味，故與人無關，至於德國每一城鎮或鄉村無不有其歷史上深厚的背景。

德國男女兒童不使忽略國家建立之地理要素。保護東部德意志反抗俄羅斯之侵襲，兒童明瞭此點，比之柏林軍官學校之研究還要重要。德國需要食物及原料的入口與擴大柏林的海軍勢力使兒童心中常有擴張海軍與取得殖民地的問題爭辯。地理的教學所當有的責任，須使兒童明瞭國家經濟與軍備的問題，與信仰國家政策之適當與必要才行。

初等學校的方法——德國教育經精細的考察，兒童自動分量極少且極精審使用教科書與參考書。教師大部分注意在教科書上。他遵照公衆法令使用教學材料。所引用證明的材料，詢問學生所見所聞與使學生練習他所希望他們達到的事項。故給與兒童自動的機會極少，但教師對於他自己的功課須十分了解。所教之功課有充分的預備，提示教材給學生時須有生動而引起興味的方術。這樣教學的結果可以使兒童所學的十分精熟而正確。即是有天才能自動的學生，亦不令他多用自己的思想。此種教法在德國那時社會政治地位上對於小學學生極能顯示其重要。

威廉第二的演說辭——我們要得到中等學校課程上國家主義的趨勢，明確的觀念，最好不過節引威廉第二在一八九〇年對改組中等教育會議一段演說辭了。那時他說中等教育主要的缺陷，即在少對國家的熱情。所以他說：「中等學校的根基必定是德國的。我們教育青年的責任是在把他變爲德國的青年，不是希臘羅馬的青年。——我們必須造成對德國的熱情而德國須組織成任何事的中心。——我們現在當有以「國家的」三字在歷史地理及英雄故事中常用爲問答的資料，以求其發展。

德國教育上之平民主義——我們已經把普魯士教育行政的集權制說得詳細了。並且說普魯士之教育行政就是德意志的教育行政。學校的管理猶之軍隊的部勒，或像工業的管理。人民很少有權參與決定教育政策。不但如此，德國的父兄非經官廳允許，且不得參觀學校。我們舉些事即可明白曉得德國反對民衆問教育的事了。

不要民衆代表及議會形式的政府，此種情形德國自一八〇七到一九一八年頗少改變。上層階級，軍閥，地主，資本家以及有高等職業是治者階級。及至威廉第二繼任以來，即回復十七世紀國王權威神聖的情形。不管實業上平民數量之升高，各邦及帝國之政治組織毫不承認其勢力。及至十九世紀國際間的景況與國家意見單獨的表示，軍隊力量之擴張的要求，展緩使工人勢力加入政治組織中去，是有可能的。

②實在的說，軍備之設立是德國生活的靈魂。任何公民或直接服兵役，或出資以支拄之。帝國政府製定標準，即在試驗（相當於六年中學程度）及格以後，服自由兵役一年。凡過通此種試驗的，即有資格升入社會較有榮譽的武官階級，如試驗落第，仍強制服役且不得升入可以被任命作官的階級。當中等教育公開為大多數民衆時，那們進初等學校的學生首須登記服此種兵役，方可獲有機會。

初級學校。——在舊政治下，德國學校主要的性質，從社會的見地看來，是他們緊接的性質。初級學校在第四年後沒有實際的機會可以進中等學校。因為課程的不同，與中等學校僅為升入大學專門的一條通路。羅素說：（見德國大學校一三五頁）六萬個小孩當中，很少有一個是完了初級學校而後入中學的。但是有一種迂緩的方法，給小學畢業升入大學的人，即畢業後經私家的補習與公衆入學考試。是一年自由軍役服務的光榮，師範畢業生也有分。進初等學校的兒童多半是低等職業與下層社會，他們很難超脫其父母本有之地位。但初等學校畢業仍進低級職業學校，類似補習學校的，可以成一個技師或是普通工匠。此等人須服兩年兵役。總計德國兒童有百分之九十僅受初等學校的教育。

中學校——中學校的功用，是供給一般充裕而非富有的家庭，不願其子弟與下級社會子弟爲伍的一種教育機會。但其學費又小於中等學校。其課程則較初等學校爲深。畢業後也可享受一年服兵役的權利，但須通過外國語的額外試驗。中學校的學生大率來自中產階級（petite bourgeoisie）將來可以成記帳員或小商人，或者再進過什麽低級的專門學校，能從事較有利益的工業。中學校自從一八七二年成立以後，並不十分發達，祇有千分之三的普魯士的兒童，進此種學校。

中等教育——中等學校對於低級學校有相反的性質。因爲進這種學校的大率是富商大賈或官宦人家的子弟，此種人家大率都得到一年兵役權利的，或正在做滿陸軍的官吏。他們可以直接得大學的許可入學，也是惟一的途徑。社會大多數須了解德國各邦政府，對於未受大學教育者或未經公家試驗及格者，都不能允許其做宗教官，高等法官，或行政官，或是做醫生律師等。

德國教育制度的優劣點——德帝國的教育制度毫無平民的性質，前已十分說明了。這並非說他的制度失敗，不過此種制度不願傾向於民衆化罷了。他所傾向照完成政府的需要與不信任民衆勢力的原則之下而組織起來的。德國政治組織最顯明的原則，上流社會是治者階級，而人民須受管理的，因爲上流社會多爲優秀份子，有支配國家運命的能力。因此領袖的訓練與專門技能的養成，已在德國教育與政治的制度中發展，而給人讚許差不多經過了一世紀。但同時我們不當相信所謂上流社會天生在富厚之家的有思想者可比擬王侯，但王侯未必能決然稱爲有思想者。如教育最高的發展僅給少數特殊階級，而使爲環境所限的多數人不能享受，那麽國家不能充分利用人類的天賦的能力。則國家內部的損失，必然很大，因爲千萬人的經驗所供給之新動機，應能採擇，此乃德國過重軍閥權力的結果。如以爲德國用此種制度從事教育事業效率頗大，但人類廣闊的見地與現世紀社會國際間的動機喪失必不少也。

教育中自由的要素。——帝國之德國政治組織與教育，以上所述不過明顯其境況與趨向而已。但於政治上自由要素與照人口選舉的政府，俱未曾加以討論。在教育上也是如此，所以有許多對於現制度有良好的批評，如開放大學爲師範生進修以及將小學教師的訓練須放在高等教育裏。種種呼聲與反對小學畢業入中學的限制。希望造成一貫的課程。去掉以往的阻礙，用以鼓舞貧窮兒童。並且對於學校中採用軍隊式訓練。教學法亦有嚴重的批評。而大多數教育界的人士的要求是在課程的還俗（Secularization）與學校視察應當專業化。此種在教育變化中的新要求，即爲德意志共和國組成之前因。

德意志共和國

一九一八年十一月九日威廉第二宣布退位，同時宣告德意志共和國成立了。帝國議會解散，而聯邦中各領袖或自行退位或被放逐。中央政府委員會一九一九年正月成立，一切德國男女年在二十歲以上都有候選人的資格。二月十一日菲力得力愛伯特（Friedrich Sbert）被選爲新共和國第一任大總統。愛氏從前是一個製馬鞍匠。新組織在一九一九年七月三十一採用，而施行則在同年八月十三。

德共和國之組織完全採取舊帝國之長處，而此新國之組成除亞羅兩洲外，完全爲舊有之各聯邦的領域。其權力及於各邦者亦復相同所不同者不如往昔效率之大罷了。

在精神上新組織完全與以前不同了。以前的專制的政令，一切都摧毀了。國會（Reichstag）完全就人民選舉法選舉且爲共和國政治勢力的中心。各邦議會亦有其相當的權力。以相牽制某黨政府對國會負責，如某黨在國會中失了勢力那麼某黨政府就要傾覆了。國會中有三分之一的票數反對某議案，則將某議案決諸人民之總投票。

法律上權利凡德國人民都屬相等。使他們在根本卽有相同之權利義務。貴族稱號已廢止贈與名譽學位亦然。移民的權利仍是允許的。操外國語的人在國內可用其自己的語言。在學校教學亦可。在普通法律中凡屬德共和國公民，都有言論出版結社等自由。總之共和國之德意志其自由與其他共和國家都是相同的。政治的權完全操在人民手裏，和美國情形一樣。

教育規程。——在德國新政治組織的特點之下，任何人必希望有重要的變更。有許多改革其實在在十九世紀初年以來，教師不斷的要求了。最後任何師資培養總歸高等教育範圍中去。學校視察應有專業化之人員辦理。教學法應採用自由的。而義務教育延長到十四歲，完了後須受補習教育到十八歲爲止。創造中學校並擴充中等學校爲任何人之基本學校。所以要有此種學校是在豐富他職業的指導。至於收受學生的標準完全根據學生性質與嗜好，並不根據其父母之社會經濟以及宗教的地位。竭力之所能學校中應有感化不良的學生之組織。規定免費學額，補助貧苦學生進中等或高等教育。允許私人之學，但須經公衆承認與受公衆視察，其辦理情形須符合公立學校之標準，後來政府又宣布以下之教育宗旨。（1）道德教育，（2）政治的感情（3）愛國與國際和洽精神之下的個人與職業的服務，勉勵一切學校遵守。

在此新政治與新教育組織改革之下，現在我們頗難逆料，其結果德國改革期間的問題既多且難，此亦爲大戰後各國所同感。故新政體之收成，或將待以時日，我們才可以確說呀！

第三編　英國

第十章　舊社會與產業革命（一七八五—一八三二）

一、經濟情形——一七八五年的英格蘭大部分尚存留一六八九年革命時代的情形。農村的生活還占重要的位置。除凶年而外，所產的穀物還用不完。至於工業方面，雖前世紀紡織業及其他種工業已有採用汽力的事實，且經濟與商業上亦有不小的進步，但是這種變遷不過是家庭狀況的擴充；換言之，便是舊事業的增加，並非是新組織的產生。

在紡紗機（一七六四）阿克來特（Ackwright）的水力機，（一七六九）克朗登（Crompton）的騾機，（一七七九）嘉特來特（Cartwright）的水力織布機，（一七八四）慧特生（Whitney）的軋棉機，（一七九二）瓦特的蒸汽機，（一七八五）發明之前，所有製造事業都靠人力進行。人力機械盡操在小業主或有機械租與小業主及司務們的大業主手裏。小業主不特是工人，同時且做商人。他將自己所製成的東西賣去，以買原料，或由包工商人以原料發給旁人，叫旁人製造，而取其製造品，付以工資，然後自己始再將此製造品售去，以獲其所有的贏利。製造這種品物的場所，就是業主的家庭。業主和司務們一同做工，並無勞資的界限。我們知道那時候的工業，並不在城市而在鄉間。所以一個農人，身兼數藝：時而織，時而紡，時而打鐵。他有他自己的牛，這牛可以在公地(commons)內和自己所耕種的土地內畜牧。這種鄉村(多半在英格蘭的東北部)的製造品，實際不在本國發賣，都是由人收集起來，運往海口，再行運銷世界各國。若在城市和大城鎮裏，從前的基爾特制，到了此刻，全在大業主的操縱之下。他們安然坐享國內外的貿易發達的贏利。在此地，業主與工人的確有界限之分。那一般小業主和司務們，便莫想打破他們和這種特號的大業主的界限，而與他們為伍。可是鄉村的情形，不見得好。他的情形，和伊利沙伯(Elizabeth)晚年差不多，所有的土地，幾乎全在有名位的地主和有土地的紳士掌握中。小農則已失丟了從前所有的身分。無土地的農工，早已佈滿了鄉村。

二、社會上的階級——上面所述的經濟情形與社會上的階級，有相似的狀況。社會上有身分的人，仍推有土地的人物。大地主的貴族，居社會最高的地位。其次便是有地的紳士。新由經商或製造發財的人物，要想提高他們在社會上的地位，與貴族紳士並駕齊驅，只有購買土地之一法。因此，城市的商人和製造家，便與有土地的紳士站在平等的地位了。在他們之下的，就是小業主，自耕農或佃戶。再下，就是做小生意的，做手藝的，僕役和「農工」。英國的社會階級，大致如此。好在此種階級，並不像當時普魯士的一般，為法定的。如果是有本事的人，也能夠變更他的地位。的確，英國那時候，因製造業的發達，財富日有起色，對於社會上不無利益。家庭工業中的司務們，可以成為小業主。小業主可以成為富翁，可以買地，以提高他社會的身價。較之十八世紀大革命以前之德法，要好的多了。同在此種機會之下，以英國與十九世紀的美國比較，英國仍覺有點停滯。社會上雖稍有運動，但一個人能由一階級跳上他階級却總屬少有的事。好在各階級的人，還能各自相安，各人都能在自己的階級裏面找安全尋快樂。雖說如此，可是當時的貧富之差實很利害，貧窮的人口不但不能減少，並且日有增加，誠非良好的現象。

三、英國的政府——十八世紀的英國政府，與當時大陸各國的寡頭政治比較起來，實在好的多。無怪乎法蘭西自由黨稱他爲理想的了。原來英王的勢力已大爲限制。其權力之多寡，已在憲章裏面規定。不能超越半分。而政府的實權，又在國會的手中。國會分爲兩院：一是由世襲的貴族組織的貴族院；一是由人民代表組織的衆議院。軍政和稅收的權柄都在國會支配之下。司法則完全獨立。另有內閣主持行政方面一切事宜。內閣閣員概由兩院選出，內閣之能立足與否，全視國會贊助的多寡而定。

廣泛的說十八世紀的英國政府，總可稱之爲民治的了。可是嚴格的說，那還夠不上。倘使只要君主的行爲受憲法的制馭，和政府的主持政者爲人民的代表，便算得是民治。那麽，十八世紀的英政府當之倘不足愧。不過當時英國連這種境界都沒做到。我們試一考察他的人民代表選舉的情形，便明白了。他的貴族院是一班世襲的貴族和教會的教紳。衆議院的分子是一般享有市區(boroughs)特權的富翁或市區法團的團員和各郡區(county)的大地主選舉的。且那時有的很不重要的市區，他却照例選舉代表。那些重要而且廣大的鎭區，反毫無代表。又有許多在工業革命後新興的大城市，也無派遣代表的權利。(到一八三二改革案成立之後始有)所以一八三二年以前的英國政府，雖號稱代表政府，實則祇是大地主和富商的包辦政府。那些占人口大多數的小農，佃戶，小業主，做小生意的，做手藝的，和農工，「傭工」，對於他國家的政治簡直無分參與。

在一七八五年左右，改革運動已有很好的現象。如 Weslogs 和 Whitefield 之教民復興運動。安恩王后時代 Goldsmith Gray、Robert Burns 以及 Crabbe 等人的文學運動。他們已不滿意當時工業情形，而極力的描寫一般平民的美德與苦況。就是在國會裏面也通過了救濟貧民案，（一七八二）且許愛爾蘭立法之獨立。一七八〇年 Richmond 公爵又有改革案(Reform Bill)之提議。主張國會由成年男子一年一選。那知一七八九年法國大革命，忽然爆發。其擾攘不寧和拿破崙專橫的事實，使得英國人不敢談革新。因此他們的政治的改革運動，便遲了三十年之久。

四、地方政府——郡區的地方政府，除特權的市區(The chartered borough)外，都由保安官(the jnstrce of the peace)主持而於四季審判廳(The court of quarter sessions)執行他們司法和行政的職務。他們都由君主委任。他們的出身都是大地主。普通人民則莫敢望。

鄉社(parish)乃是一種政治的區劃，為施行恤貧律(poor law)主要的地方。他並不一定在一郡區以內，有的是跨過兩郡區。他的行政官稱為監視官(overseer)襄助監視官辦理一切行政的是教會委員(churchwarden)這兩種人都是由鄉社中的居民共同選出的。

市區又是另一種的地方行政區域，但有時也常隸屬於郡區保安官治理之下。有的市區也連跨兩郡區，而同時占三四個鄉社的各一部分。市區的行政與旁的區劃不同，他享有自治的精神的特權。這一種的行政特權，直到一八三五年尚未統一。前面說過，市區行政團體，是一種自主會社(self-perpetuating Corporation)不特如此，他們的行政並不顧及一般而祇保護享有政治權力者之利益。

五、舊社會之下的教育——我們知道十八世紀英國的社會，是一種貴族的社會。他的教育，當然以適合於治者階級爲主。他們之視教育，不是國家的要政，乃是隨意的事業。凡是有錢而欲教育其子弟的，便可以舉辦這種事業。法律上並未規定爲父母的有送子弟入學校的義務。政府也不知道去參加這種事業。那時候雖然有學校，乃是私人的慈善舉動。國家並沒有半文錢的幫助。政府對於學校教授和訓練，也沒有隻字的規定。祇有一事，國家是要干預的，便是視察文法學校的教員，是不是國教徒。並且要他們發誓不反抗君主。可是就是這一件事，因爲十七世紀末葉的法庭判決，和宗教自由的各案之通過，已無人奉行了。

十九世紀的時候，有大部分的中等學校，在宗教改革之前，便已成立了。他們從創辦到那時，不知經過多少的艱難困苦。據學校調查委員會(School Inquiry Commission)（一八六八）的報告所載，最早的一個是在威廉第二(WilliamII)時代（一〇八七——一一〇〇）成立的。其他還有最著名的兩個公學 Winchester 和 Eton 一個是在一三八七年成立的，一個是在一四四一年成立的。有五百五十八個，是亨利第八和詹姆士第二(HenryVIII and JamesII)（一五〇九——一六八八）時代成立的。許多Tudor 基金在亨利第八未有取締教會教育之先，都是用來供給教會學校的。又有記多新集的基金，是熱心教育的人士捐助的。這種大集基金設立學校的趨勢，到詹姆士年間還未停止。此事我們由上面的報告，可以知道。因爲在一六八八年至一八六五年的時候，有一百八十五個文法學校，都有基金。若比較起來，中等學校的基金，當然後一時期不及前一時期。可是那時由私人捐助而成立的初等學校，極爲發達，可以對消這種的現象。其實那時的文法學校，祇有幾個是極發展的，他有充足的經費，多數的學生，通英國都有人來受教，有幾個寄宿的學校，在十八世紀末葉的時候，便各有各的校風，而其學校即由這種校風治理。如 Winchesters, Eton, Harrow, 和 Rugby, 等公學 (Public School) 便是這樣。公學與文法學校在普通的格式方面相差不遠，所以在此地和文法學校的並述。

六、文法學校的貴族性——任何人一見這些文法學校的規程，便可不遲疑的決定是爲一般人而設的。其所以設立的原因，就實際方面講來，乃是本着兩個動機而成的。一個是因爲有的地方學校不够用，必須添設；一個是想使貧民子弟得受教育。不過這一個「貧」字，在當初的時候卻不是指普通的一般貧民，乃是指貧窮的士君子。在有的情形之下，即這種解釋都不可用。比如 Laurence Sheriff 在一五六七設立 Rugby 學校，其設立之動機便在教育他家的子弟和一二旁的鄉社的子弟。自己本是一個由普通人而成功的雜貨商人，他就用他的錢財幫助一般普通人。其後該校的組織漸變，至使雜貨商人和屠夫的子弟不能插足，終至給士君子的子弟充滿，而無貧人的分，而一般辦事的人，因爲不敢公然的違反規程，乃不得不設立一獨立的初等學校，以應地方子弟的要求。此校誠然是特別大的學校，所以收費很貴，致一般普通人的子弟不得其門而入。但是此外尚有許多較小文法學校，他雖然本着創始人的本意，還有免費學生，可是他的教員，則另收繳費生，以圖支持，致使一般免費生受了不平等的待遇。

從伊利沙伯女王時代起，社會的階級界限更爲固定。漸漸的上層階級的子弟，盡把文法學校霸占了。使下層階級子弟，無地可容。及到十八世紀之末，大的公學盡爲上層階級所有。在公學讀書的學生，全是貴族，紳士，富商等人的子弟。那些較小的文法學校，便歸於中等商人和比較窮點的地主與操有高尙職業的人之手中了。

七、大公學和大學漸受國家化——十八世紀大公學的課程很難說是國家的，他所學習的毫無國家的意味。沒有一個學校教授英國史地和英國語言文學。照他們的教練看來，不啻是另一個國家的學校。學生們完全埋頭於拉丁文或希臘文中，所讀所寫無非是拉丁文，卽極簡單之常識亦不能得。

可是在大公學之另一方面，却有很大的國家意義。因爲在大公學讀書的，都是治者階級的子弟。他們將來不是當議員，便是當大教主；不是作大臣，便是做大將。所以他們的訓育，也是用學生自治的方法。學生們在這等訓導之下，學得如何去服從和如何去治理，學得尊重他們的班規，學得何者當贊成或否認。他們終日接觸的，都是些未來的治人者。各學校的同學錄中，都有不少的在歷史上著名的人物。這等人物的姓名，不論在他們學校裏的牆壁上，自修室，或者饍堂裏，都可以看得見。所以他們的牆壁上，都記載着英國往古的光榮，和國家的大業，或許主持的人，當初沒有意思想造他們的學校成爲一種國家的空氣，或預備靑年們將來主持國政。可是誰都不能說大公學對於他的學生沒有給以統一國家，效忠國家及服務於國家的感化。

培植除大公學在這種特性的場所發展而外，還有兩個大學：一個是牛津，一個是劍橋。在此地，智識方面的追求未嘗不有，可是他們並不重視。他們所重的，乃是社會的和文雅的方面。他們是治者階級的子弟聚會之所。他們有由大公學傳來的習尙和法規。他們在中學校的朋友，已在社會上，政治上，占有重要的地位。他們畢業之後，所做

的事業，不外乎繼承他們的家風，而治理半個世界。（因爲那時的英國國勢已有半個世界那麽廣大了）

八、貧民子弟的教育——上面已經說過一八〇〇年之後，兒童的教育尚視爲私人的事體。有的地方兒童可以入由慈善家設立的地方學校之初級班。沒有這種學校的地方，便有一種女教師開設私館，略收學費，教以基本的功課。除極貧窮的子弟外，多可以入這種私館。學習期間之長短，悉聽其自由。

工人階級的子弟因爲當時社會和經濟的關係，不得不受徒弟制的訓練。他們男的便到人家的家裏跟着他主人學手藝。女子便去做雇傭。他們所學的手藝，極其簡單，所以用不着受教育。不像日後工業發達時的工匠，要學圖案。農人要學習化學。至於做公民，則他們那時還沒有分。他們只憑其運命，任人宰治，毫無過問和參與之權。

可是在十七世紀的末葉，慈善家看見極貧苦的兒童毫無受教育的機會，他們乃醵貲設立一種善堂學校。用耶教聖經和宗教問答教授道德和宗教。這種教育在十八世紀末葉和十九世紀初葉，發達的最快。而那時候因爲工業革命之後，所生出來的長期戰爭和經濟的變更，使窮人子弟更爲加多。使他們的行爲更爲不正。要明白這種教育，須先知道英國的革命以後的社會狀況，請一談工業革命。

工業革命

Arnold Joynbee 說『原富』(The Wealth of nation)與蒸汽機已將舊社會打破而另建新世界。紡紗輪和手織機已退居無用之地。製造事業已由散漫的鄉村和安靜的家庭，移到集中的工場和喧嘩的城市了。使村莊成爲市鎮，使市鎮成爲城市。往日的不毛之地，亦變爲工場林立之所了——這個雖然不是立刻變成的，可是他的進步也非不快。就以棉花工業而論，最初用手紡輪，其次用水力機（Water frame）和水力紡紗機等。到騾機發明之後，出產頓時加多，致工資增高而織布廠應接不暇。乃有大改倉庫和車房以爲織布廠之事。最後才用汽力織布機。自這種機器使用之後，於是環繞我們的便是絕大的工場了。從前的半工半農的小業主受了無限的打擊。多半淪爲大資本家的雇傭，那具有數百架織布機和雇用數百個工人而在世界上做大買賣的資本家，便應運而興了。

一、工業革命之社會的和政治的結果——工業革命使社會和政治發生幾種重要的結果。第一種，即是新製造方法所產生的新資本階級，把統治政治的舊基礎打破了。這新階級與從前十七十八兩世紀中之大地主和富商大不相同。一大部的新興階級，有他的財產和住宅在舊市區裏面。凡是這一種的市區，人口的增加非常之快。不旋踵即變成了城市。又這市區中的衆議院的代表選舉，是操在有完全自舉（exclusive self-chosen）的市法團手裏的，新興階級簡直無分。因此他們便無代表在國會裏面出席。就是工場所在的市鎮，也無出席國會的代表。更可怪的，便是實行地方自治的地方，這新興階級也不得入市區的區議會（Council）因此他們便着手要求選舉之改革及衆議院代表之另行分配。他們更要求治理英國之權。當然他們的子弟也加入了公學和大學的教育之內。

第二種社會的結果，便是使業主與工人的界限更爲加嚴加深。在舊社會裏，小業主尚與工人共同操作，彼此尚可接近。其生活並不大相懸殊。並且工人可成小業主，小業主可成爲大業主。及到大工場大機器出現之後，業主的世界便與工人所住的世界大不相同。甚至雖在一個廠裏做工，卻不認識他的廠主。且終身做一個工人，老死不得變更他的位置。

第三種的結果便是雇主對於雇用工人大占便宜。一個工人是一個雇主單獨訂結作工條件，比較的總不致大吃虧。說使他和一個組織訂約便不利了。所以他也知道要不喫虧，惟一的方法，便是成立勞動組合。以團體去對雇主，而不用個人。因為組合是以大衆的工資時間和勞動的狀況為重的。有的時候，他們亦進而要求參政權，以便製定於他們有利的法律，使他們的組織在法律上占有根據，和罷工的行為不是違法。他不但要求參與政治，並且希望自身和他們的子弟有受教育的機會。

二、童工的加多——這是第四種的結果。因為機器利用水力利用蒸汽的原故，致工場裏面能應用大批的婦女和兒童。他們所做的工並不亞於成年的男子，甚或做的好些。同時他們也可以得到較少的工資。有的家庭，因為父親不能上工，以致母親和七八歲的子女，也常常不得不往工場裏去作工。

八〇二一年，皮爾(Peer)勳爵為喚起國會的注意，論到當時最可恥的惡習，卽是棉花工廠中學徒的慘狀，而且盡他的力量，辦成了英國有史以來關於工場僱傭的第一次法律。原來英國各教區（鄉社）的官吏，一意圖見好於地方上有錢有勢的人，極力要替他們削減卹貧捐的負擔。一來一去，日久玩生，居然把一班貧民子女，遣發去當學徒。就此一齊輸送到工場裏去。在那裏，這一班兒童名為「學習職業」，其實是降為眞正的奴隸。有些人，至於以包辦學徒為業，從鄰近教區（鄉社）收領成羣的工局兒童(work house children)用大車或駁船載到需要這班兒童的工場地區，待善價而售與需要「人手」(hands)的工場主人。學徒們住宿在工場附近極髒極壞的房屋中喫食異常粗惡。他們是被交付與看管人（監視人）看管的。工錢多少就依這班兒童能被逼迫在完成工作之數量而定，工場學徒常被鞭笞桎梏和種種非刑的虐待，他們受的苦楚比同時美國人施於黑奴還要利害些。學徒們偶爾也能得薄薄的工錢，但照例學徒的惟一補償，是壞而不够的飲食，最廉價的衣服和污穢蓬廠中一點睡覺的地方。（見 ogg Economic Development of Modern Europe P.373 從李光忠譯）

三、第一次工場教育之條款——一八〇二年學徒的健康道德條例（The Health and Morals of Apprentices Act, 1802）乃是對於上述情形而發的。他規定工場不得雇用九歲以下的兒童。每日作工時間不得過十二小時，不得有夜工，並供給以下的教育。

「每一學徒都須教育，所以工場的主人須在他的工場內，闢一個地方，延請精明而正直的人，教授工場學徒的讀寫算，或依其所習的單教以一種。學徒們於最初的四年中每日在工作時間裏面須有四小時受這種教育。」

這條例係交保安官及其所委任的訪察員執行的。據 ogg 在他的近世歐州經濟發達史中聲稱，當時的地方官，奉行並不盡力，且大家認為這法律沒有達到他的目的。但無論如何，這個條例總算英國雇傭條例中一最先注意工人教育的了。

一八一九年又禁止棉花工場雇用九歲以下的兒童。對於雇工教育方面則仍如一八〇二年之舊，並未加以拓充。

法國教慈的善育

因爲製造的事業已由半鄉村的環境移到城市裏面。工人的生活狀况，便大爲敗壞。他們雜住在鬧市陋巷之中。終日勞碌之後，又無從前鄉村的娛樂以調濟之。於是他們便好酒縱情，無所不爲了。兒童們深染在這種環境之下，惡習自不能免。何况他們的父兄們，又日以勞動之故，無暇顧及他們的子弟的行爲呢。加上生活的困難，工場待遇的嚴酷，和反對拿翁的戰爭等事，致使孤兒孤女大爲充斥。

慈善家看見工人階級裏面有這種不幸的事，乃有挺身去負改進他們的心願。社會上一般人既着眼於兒童身上，乃是改進社會的一種最好的結果。那時他們以爲如果要改革兒童由其環境得來的惡習，最好是把他們安置在可以促進他們自治的勤勞境地之中。

英國最初用教育方英改造貧苦人家的棄兒的，除十七世紀末年設立的基督教智識宣傳會(Society for the Propagation of Christiun Knowledge)外，當推日曜學校運動(Sunday School Movement)。這種運動乃Robert Raikes於一七八〇年之際，在Gloucester的貧民窟中發起的。他最大的目的，在促進兒童的道德和宗教的感情。所以他的學校要兒童讀耶穌聖經，拼字，寫字，並注重宗教的行爲和善良的舉動。此種學校運動，在英國傳佈極快，在一七八五年的時候，便成立了一個日曜學校會。在一八一一年以前創始第一學校者死時，區區的三島的日曜學校已有五十萬的學生。可是慈善教育之最大的發展，並不籍助於日曜學校。以其日漸趨重於宗教教訓的原故。後他而興的是主張爲貧民子弟設立的眞正初等小學的會社。此中最重要的，當推國教貧民教育促進會(The National Society for Promoting the Education of Poor in Principles of the Established

Church）和英外協會（British and Foreign Society）

英外協會乃是 Joseph Lancaster 於一七九八年的時候，爲補救幼年人之惡習和無知，在倫敦的 Southwark 地方設立的。他的學校所用的乃是著名的導生制（monitorial system）。所謂導生制，就是利用年長的兒童教授年幼的兒童的制度。在那時候對於此制，有一個極大的爭論。爭論 Lancaster 之發明此制及應用之不知是否在 Dr. Andrew Bell 鼓吹提倡之先，Dr. Bell 就是國教貧民促進會的創辦人。

當 Lancaster 辦理和宣傳他的學校十年之後，他便被債務迫於日暮途窮之境了。幸而有幾位居心慈善而思想自由的人士，補助他，又共同於一八〇八年設立一所皇家倫克士第學院（The Royal Lancasterian Institution）繼續他的事業。那知不數年，他又退出院來而離英赴美了。但該會在英外協會之下頗能繼續拓大其工作，由其創始以到停閉，英外協會的施設與教授方面，對於各教都取超然的態度。

倫克斯第學校就是因爲他有這種超然的態度，所以博得自然思想家 Bentham James Mill 和 Francis Plau 等人的同情。也就因爲這樣，引起了宗教和政治的保守派的人士之恐慌和反對。所以一八一一年的時候，有國教貧民促進會的設立。他們的工作，也是在應用導生制，以教育貧困而無告的人民。他和英外協會並駕齊趨。在歷史上所占的時間頗不爲短。直與十九世紀之英國民衆教育之發達互相啣接。

另一個運動便是嬰兒學校運動（Infant School Movement）其目的也是在教育一般不幸的貧民子弟。因爲工場方面雇用婦女兒童之逐漸加多，致使嬰兒們無人照管。歐文（Robert Owen）乃於一八一六年在蘇格蘭的New Lanark的地方創辦一所嬰兒學校此校正與他合辦的工場相聯其目的便是在救濟不幸的嬰兒。其中所教育的，是能行走而不須大人時常看管的嬰兒。校裏除供給合於道德及衞生的環境而外，還有初淺的讀寫算及普通科目。這種學校不久即傳佈到了英格蘭。其時尚遠在 Samuel Wilderspin 之成爲這種學校原理大家之前。一八二四年嬰兒校學會宣佈成立。該會活動計有十六年之久。其後嬰兒學校即規入大不列巔學制系統之內。

國會對於教育開始注意

一八〇七年 Whitbread 提出一個議案於國會，名爲鄉社學校案。主張設立一種二年的免費學校。專收七歲到十四歲的男女兒童。男童授以讀寫算。女童除三者之外，還加針黹和編織等手工。學校由鄉社會(vestry)設立。如無鄉社會得由地方官設立。二者都有徵收地方稅以維持學校之權。教士和鄉社官員爲管理員。這個議案第一次提出於國會。便引起『貧民階級是否應受教育』的問題。提案人在提案之前，早已料到反對者的意見。他們認教育乃是使貧民不安於他的運命的；乃是使他們懶惰倔強的；乃是使不良的書籍加價的。提案人乃說明：設使不在這種學校裏教育，那麼一般貧民當入於無賴者之手，良非得計。可是，雖然如此，終不能通過。反招各方面大大的反對。這無非是當日的國會，尚不信任民衆教育之利益。故縱在衆院通過仍遭上院的否決。

一、衆院推選委員之報告——一八一六年因 Henry Braugham 的主張推定一個衆院推選委員會(Select Committee of the House of Commons) 考察 Metropolis 地方的下層社會的教育。其後這種考察的範圍愈推愈廣便推到了全國該會對於公衆教育的慘狀有極詳細的報告且於補救方法上亦有許多精彩的建議可惜在當時的國會並未施諸實行。

據該會的報告說倫敦地方的兒童教育都在下列各學校之手收學費的私塾受人津貼的學校（有的完全受善堂的津貼）舊式的善堂學校（私人捐助）新式的善堂學校（由私人捐款維持且用導生制的）和日曜學校。可是合所有這些學校一共計算倫敦地方尙有大半的兒童未受教育不特倫敦如此凡是新舊城市都是一樣以全國論恐還不及此。

二、慈善教育的範圍太狹——那時候的英國對於民衆教育並不認爲是國家的事業乃是爲父母的與慈善家的私事他們解囊救濟教育上的貧乏也如他們救濟道德的經濟的貧乏一樣而慈善家對於下層社會的兒童教育目的又復極爲狹隘他們以爲不能讀書不過是普通道德一方面的缺點教育之能改造社會的缺點者乃在其能除去社會之各種惡德因此教育便成爲一種供給經典於不道德的兒童的工具了我們試看慈善學校窄狹的課程無非是表示教兒童讀書不過是使他們溫和勤勉節儉中正清潔令人尊重和愛到教堂去等大問題之一部分他們之號召人捐錢維持學校也即是在此狹隘的課程總之他們的教育動機並不是供給下層階級的一種機會使之到上層社會裏去不過是想使他們不大成爲體面中人的眼中釘不大成爲良善人士的厭惡者使他們和緩政治的急進者和社會的破壞者罷了。

三、一八一五年後之政治的反動——自拿翁戰爭完結之後梅特尼的政治態度大爲英國所模仿因爲那時的政權完全操在國會大多數保守黨和反動的攝政者的手裏。因爲他在一八二〇到一九三〇十年間之治理英國，不啻英王呢。一八一五和平會議完結，繼之而起的便是各種事業的壓制和工人的擾攘。那與經濟困難並行的急進的政治暴動，會受極慘酷的高壓。一八一九年在國會之中通過一個壓迫的條例，如取締開會，干涉出版，處罰圖謀政治的行動和壓制各種圖謀武力解決的預備。過了一八二二年，這種反動的勢力已略有退減。而其後十年之中，由工業革命產出來的政治勢力，已把那保守派的政權推翻。同時上述的慈善機關的貧民教育，大爲發達。

在反動的時期以內Brougham仍繼續的在國會中主張國家干與教育，請國會指派委員調查實況並報告之。一八二〇年Brougham會提出一個改進英格蘭威爾士兩島貧民教育的議案。提出之後，因爲衆人反對，未付表決，卽徹撤退了。一直到了一八三〇年末年英國政府對於公共的初等教育還沒有半點設施及補助。

第十一章　開明貴會族主義與國家干與教育（一八五二—一八六七）

一、政治改革的新精神——在十九世紀最初二十年間，英國民間已有改造的新精神了。一八二三年所定的法律，已將野蠻的刑律修改。一八二四年通過一案，認工人以增加工資改良工作狀況的會社爲正當。一八二五年又將此案加以修正，反使勞動聯合和會社的自由縮減。這新條例只承認工人開會討論工作時間和工資，而禁止其他目的的結社，設用此種結社來作罷工的要挾，便拘禁不貸。一八二九年舊教改放條例（Cathoric Emancipation Act of 1829）又復成立，而許舊教徒有參政權。總之這些都是保守黨失勢，進步黨（Whigs）逐漸得權的表現。一八三二年，改革條例的成立，便是後者大得勝利的時候。

二、一八三二年的改革條例(The Reform Act of 1832) 在這裏當然不能容我們詳細的討論。這個條例，不過亦不可不知道。他對於英國政治生活的影響，因爲這與國家教育有不少的關係。這條例已將選舉的範圍擴大，凡主有和租有土地其租錢年值十鎊以上的，及無定期租地而年值五十鎊的都有選舉權。前此只有自由保有土地而年值四十仙令的，有選舉權。在市區方面，凡主有或租有房屋其租錢年值十鎊以上的，亦有選舉權。其結果，郡區的選民由二四七〇〇〇人，增至三四七〇〇〇人。市區由一八八〇〇〇人，增至二八六〇〇〇人。其對於人口之比，則爲一與二十二。同時該條例又使衆院的席次分配，大爲變動一下。有的小市鎭代表不是除去，卽是減少。大市鎭不是新派代表，便是加多代表。這是因從前的代表分配不得法。有的小市鎭，反有代表，而有的新興的大市鎭，反無代表的原故。

但一八三二年所給與政治上的重大變更，還是在新興的資本階級加入統治者的地位。這便是說從前地主的寡頭政治，減了威權，而新工業社會的利益和該社會產生的社會狀況，已得國家政策上的認可。

可是選舉範圍雖然擴充，而工人階級沒有分。他們對於改革條例，曾出了不少的力，他們所得的乃是一個無政治代表權的失望。所以他們在一八三二年之後，便卽刻有成年男子普通選舉的運動，一八三八年至一八四八之間，工人的再造運動，就是著名的憲章黨運動(The Chartist Movement)。他們要求男子的普通選舉。國會一年一選。各區選舉平等。祕密投票。國會議員支薪。廢除議員選舉資格上的財產限制。他們的運動在一八四八年失敗。直至一八六〇年以後，工人階級的選舉運動又復嚴重。

三、工人階級的自覺之發展——一八四八年至一八六七年之一時期中，乃工人階級自覺發展最重要的時代。他們極關心他們的讀書，他們極想得到受教育的機會。國會對於日報各案之通過，使工人第一次得到了印刷他們自己的日報的機會。原來在一八三六年以前，政府對每一件新聞紙，定期刊，小冊子，都要收「四便士」的印花稅。及到一八三六年，便改爲「一便士」。一八五五年，連這一便士都免除了。又一八三六年，取消了廣告稅。一八六一年，廢除了報紙稅，卽知識稅。這種的結果，在工人教育方面利益最大。織工組合主義發達很快，他們謀團結自己，謀完成他們的機關，並討論和淸理他們的要求，他們的教育自然不是稍後的事。不過這時的工人，在組合裏面已享受一種政治的教育。於他們的選舉運動的訓練，有不少的補益——他們的選舉權在一八六七年時才得到手。

四、中等社會的改造——進步黨政府對於選舉法雖不願再有所修改，可是他對於普通的社會改革，尙肯努力。自一八三二年至一八六七年之兩大改革時期中，可說是中等社會的時代。治者階級其視治理英國權柄之神聖，不亞於一八三二年以前之秉政者。他們的社會立法，也多半是依着貴族的保守主義的成規，可是我們亦不可一筆抹殺，因爲他們所頒布的法律，大部分是出於濟世救人的動機，且於一般民衆的幸福確有所裨益。

在一八三三年的時候，大不列顚各屬地的耆奴制已行廢除，而新興的工場的奴隸制，在同年之內亦着手改革。一八三三年之工場條例，其目的便在救濟工場工人的苦況，而尤注意於幼年童工的雇用。該條例規定紡織工場不得雇用九歲以下的兒童。九歲至十三歲的兒童，每日只許做八小時的工作。十三歲至十八歲的青年，每日十二小時。工場兒童每日必有兩小時受教育，一小時半進餐。並派有視察員視察各工場是否實行這個條例。一八四二年的煤礦取締條例。對於婦女兒童和十歲以下的男孩的地底傭工，完全禁止。一八四四年，又頒了一道工場條例。對於一八三三年的條例有所補足。其範圍適用於一切的紡織工場。一八四七年十時條例(Ten Hours Act)：規定婦女和幼年人(young person)的紡織工作，每星期不得過五十八小時。這即是除星期的部分閒暇而外，每日平均十小時的制度，自這些條例一一頒布後，國家管理童工的範圍便日漸拓大。關於工人子弟教育，也比較有明確的規定。各工場已完全無八歲以下的童工。也沒有十三歲以下的兒童每日工作超過六小時半，或間日工作超過十小時。每日工作的兒童，每日必須三小時到校。間日工作的，每日須有八小時到校。設不如此，便懲罰其父母及工廠主人。雇主須負繳給兒童學費的責任。(由兒童工資中扣出)視察員有決定兒童到校是否滿足之權。可是法律雖如此規定，而一八六一年的New castle委員會的報告卻深不滿勞動條例下之兒童教育狀況。

此外進步黨施行的政治改革，在間接上確於改進教育有重大的影響的，當推一八三五年的市法團條例。他造成了對市區負責的地方政府。政府的組織由所有的納稅人和年納十鎊的租金人選舉。這種選舉雖只限於上中兩階級的範圍以內。可是已從往日狹隘的市法團手中奪出，而成立了一城市中負責的地方政府。這是因為工業革命所促成的城市發展不得不使市之行政有多多的改革。自這新政治實行後，於是電燈，消防，警察，衛生，水之供給，及其他等等的城市生活，必須的要政，都一一有舉辦的可能了。有時並且慮及到教育的需要及其獲得的方法。

五、新地方行政和中央權限的擴張——如果市區的改造視爲地方政府增加能力的步驟，那麼十九世紀中葉之行政的普通趨勢便適得其反。試看自一八三四通過恤貧律修正案 (Poor Law Amendment Act)至一八八八年之地方政府案(Local Government Act of 1888) 之五十年間國家政府對於共衆事業之設施或宰制的進展，卽可知道前言的不錯了。我們又知道英國郡區的保安官和市法團其相沿的習慣，具有幾乎完全的自治權。可是社會情境既已變遷，他雖不願意，他不得不有所改革。於是貧民的周濟，工廠的視察，衛生的舉辦等等，無一不成爲新地方行政的問題。而中央政府乃有察看地方當局種種施設的主權。同樣，因爲中央既然參與地方的事情，所以地方機關有得國家公款補助之權。

一八三四年之新恤貧律，在地方行政上開了一個新政區。這便是各鄉社團體所組成的恤貧鄉聯 (Poor law union)這鄉聯由恤貧律委員會規劃。他具有取締地方官員各種施設的權柄，所以叫做監督局(The Board of guardians) 保安官爲這局的當然委員，其餘各委員則由納稅人選舉。不久這新地方當局便舉辦各種的地方事業，如修路，架橋，規定墓地和各種衛生事務。他和郡區鄉社或市區各行政無關，也不和已有地方官廳發生關係。他有他的特殊目的。除這特殊目的和以後的法律付與他的權限而外，不干與他人的事。這錯綜紛紜的地方行政。國家政府爲認定其同等的利益起見，特設新部以爲其中央機關。於是在中央便收有極大的效果，在地方便發生不小的變更。因爲英國的中央政府在十八世紀的時候，對於地方事業簡直不能過問。而一到十九世紀中葉以後，使指導地方行政，甚且監督地方行政，且以國帑補助地方了。

國會第一次補助教育

在上節裏面對於中央政府之教育的興趣，已說得很清楚了。自改革條例使進步黨握得政權後，貧民教育狀況的不良已盡人皆知。該黨對於教育雖沒有若何大的施設，卻已能用其普通的人道主義的態度有所作為了。他最初的步調，是謹慎的試驗的。如以二萬鎊補充私人捐款為貧窮階級建築校舍，就是一個好例。這個辦法自一八三三年開始實行，其後六年每年都以同樣款項去做事。當時雖有這樣的一筆款項，可是中央沒有辦理這事的機關。乃不得不交給國教貧民促進會和英外協會去分配。其後因為需要大過於供給的原故，祇有人口最多的地方最大的學校可以得到這項補助。稍後，有兩個學校的地方才可以得到政府補助費的款項分配後，國家並未去視察各校是否收到，實不可知。

一、國家對於教育事業的活動——大家都知道政府每年分配少數的款項於教育，實在沒有多大的用處。所以國會在第一次補助案通過後的數年之內，對於教育大為活動。在一八三三年到一八三八年的五年之中，曾指定了四個關於教育的委員會。一八三三年成立的孟卻斯特統計會，一八三四年的倫敦統計會之各區的社會，道德，衛生，和教育狀況之報告，頗使國會和民間震動。

二、一八三八年之推選委員會的報告——一八三八年的推選委員會(Select Committee)做了一個英格蘭威爾士貧民階級的教育報告。說明大城市教育的苦況，因為那時各處都沒有教育機關，該委員會對議會之報告大部分所根據的，是上述各地方會社的報告，其次所根據的，是兩大教育會的年報和大城市中個人通信問答。

該委員主張每八人中須有一兒童入學校。並須依這比例在各地設立學校。據他的報告所說，在威司特明司特（Westminster）和倫敦的五個鄉社內，十四人中有一兒童受有些須教育，而其三分之一的，都在不良好的女師學校（dame school）內。在 Bethnal Green 一區內有八千至一萬的兒童，不特每日無教育，並且沒有教育的供給。只有不及二十分之一的人口，在學校念書。Liverpool, Monchester, Birmingham, Bristol, Leeds 和其他的大工業城市，也一樣的缺乏學校。該委員會便根據這種情形，定出下面的各條款來：

（1）在倫敦和英格蘭與威爾士的各大市鎮，都大大的缺乏工人子弟的教育。

（2）須有逐日教育的設備，以便八分之一的人口，得有受教育的機會。

（3）此後政府補助費的分配，須有所規定，須證明其地的眞正窮困，然後給費。

（4）在發生問題的現狀和困難之下，本委員會亦不預備於由兩會經手的國家補助之外有所增益，以補救當前之缺乏。

三、國會對於方法不同意——各黨對於推選委員會報告的貧民教育的不良狀況，都很同意。並且認爲有改良的必要。但是他完全不贊成該會所提的辦法。國教派（the established church party）和異教派（the Dissenters）都一致主張教育宜注重宗教，且應受教會的指導。可是異教派很不願所有英國的兒童教育，受國教派的統治。他們對於兒童教育並非沒有信仰，沒有興趣，沒有實行的意志，但他們都反對自由派的宗教和教育的分離政策。實際英國的公衆在一八三八年以後，對於兒童的教育確積極的在那兒進行了。政府方面雖欲有所作爲，可是總免不了國會大多數的掣肘。

四 卜來域會的教育委員會（Committee of Privy Councilon on Education）之成立——正在這個相持的關頭，卜來域會成立了一個教育委員會。其目的在主持國會的教育補助費。這會的成立乃是一種政治運動。主張不待國會對於各種困難問題之解決，即敦促政府切實從事公衆的初等教育。該會的著手事業，便是由政府支出一萬鎊辦理一個歸政府管轄的教師訓練學院（teachers training college）。在這學院裏教授超然的宗教教育。對於學生的待遇，沒有宗教的差別。至於特殊的宗教教育，則由各派自行教授。可是各方反對的勢力仍大，使該會的計劃不能實現。乃不得不將這一筆費交給國教貧民教育促進會和英外協會去辦理與此類似的訓練學校。

該會並且宣言非由國家獲得了視察的權柄，使幾個學校確定了他們的規劃和訓練之後，補助學校一事，不應和上述兩會發生關係，並且不給補助費與師範學校和任何學校。又謂「今年的補助費要用來視察教育，以期獲得英格蘭和威爾士兩地的教育實況」。之後，該會不得不主張政府的補助費交給「自由組織」（Voluntary organization）分配。但同時他又立下極嚴峻的條件，以限制分配。該會又開列行政的條款，並規定房屋和設備的標準。經過數年，這自由制和國家制的糾紛始終沒解決。該會決定另採新政策以拓充其活動的範圍，以下即談他這種政策。

五、一八四六年的議事錄——導生制在教授上之機械的性質，久爲大家所公認。因爲此制有改良的可能，該會便在一八四六年主張養成一種見習生（Pupil teachor）。先使這種學生在校長之下當學徒，且與以長時的特殊教育。該會對於見習生的資格和各年教授都有極詳細的規定。見習生有津貼，且隨其服務年限之增加而遞進。校長亦由國家視其教授之見習生之多寡而所有津貼。低級的助教——受薪的導生——所得的薪水比較的少點。此外尙有改進學校教員的方法，教師訓練學院已決供給通過各年級考試的員生的費用。見習生如通過了訓練學院的入學考試而能繼續的在院裏修滿三年的課程的，便可以取得膏火費。又凡在訓練學院修學一年以上的教員，則於他的年俸之外，再補助他十五鎊至二十鎊的費用。

由此我們可以見到該會在這議事錄之下，他的權限已大爲增加。由一個主持國家補助費的委員會，變成了一個主持教育的機關。且成立了一個歸中央管理的視察制。他能夠督察學校的辦事人員的教法和教材。又因爲政府的補助，學生的增加，該會的權限也跟着益大。在一八四七年補助費爲十萬鎊，其後增加日趨穩固，到了一八五六年該會便成爲中央政府的一部，且由國會通過指派教育總長。

六、由地方款補助教育的爭執——由一八四六年到一八五八年的一時期，國會內外對於用地方款補助教育一事，會起不小的爭執。全國公立學校聯合會（National Public School Association）在一八五〇年成立。並在全國各地設立分會。他的目的在使公衆贊成以地方款補助學校，使所有的兒童都不須納費而能享教育的權利。那知事不碰巧，他們的活動大遭主張自由制者所反對。彼等且不願地方或中央干與的權力擴大。自一八五

○年後國會裏面的教育提案雖繼續不斷，可是沒有一個得到通過的。所可喜的，便是國家補助費年有增加在一八三三年本是二萬鎊；在一八三九年便增至三萬鎊；一八四六年增至十萬鎊；一八五四年增至二十六萬鎊；一八五七年增至五十四萬鎊；一八六○年幾增至八十萬鎊從沒有那個會決定一種教育制度；而他的制度日在進行，並且越變越穩固。可是在教育上爭執的兩派對之都不滿意。其後爲解除糾紛，和清理最初一二大教育的實情起見，乃在一八五八年之際，派遣一委員會由 New Castle 公爵領袖之，去攷察英國普通教育的狀況，考慮拓充一般人民所受的便宜的健全的初等教育之方法。

New Castle 委員會的報告

該委員會精心的調查三年之後，到一八六一年才發表他的報告。其中大部分是關於「獨立無依貧者之教育」(the education of independent poor)。所謂獨立無依貧者，乃表明不是遊手好閑的，無賴的和犯罪的貧民。這無依貧者的子女所入的學校，不外公立或私立的嬰兒學校，公立或私立的白日學校，夜學，和日曜學校。所謂公立學校乃是指宗教或慈善的團體所辦的學校。不是個人興辦的學校，可知這公立二字在英國決不是代表地方或中央的意思。

一、嬰兒學校——據報告說：『嬰兒學校有兩大類：一類是私立的或女師學校(dames' school)；一類是公立的，通常都是普通白日學校之一部。女師學校在鄉在城都很通行，他的辦法和育兒院差不多。教師通常都是婦女。她們不到人家家裏去引小孩，而聚集各家的兒童在她的家庭裏。他們多半是老年人，所謂學校就是在他們廚房，堂廡和臥室和其他家中各處。他們的家裏通常多是吵鬧的，不淸靜的，擁擠的。公立的嬰兒學校，與這便不相同。他的組織也十分精明。他的目的固不僅在保護兒童，就是他實際的施設也不僅在保護兒童……優良的嬰兒學校，所舉辦的固不少。卽所教授的也不少……高年級且有夜學教授七歲以上的兒童讀淺近的書籍，用石版寫字，學習初淺的算學。此外尙有世界地理和英國地理及普通的博物知識。

二、公立白日學校——據報告所載：公立白日學校乃是無依貧民教育最主要的一部分。這種學校是由毫無自私之心而具有慈善的和宗教的動機的人士設立的。學校對於宗教不取一宗一派的狹見。差不多各校都是包容各教的；都是由各派的牧師共同辦理的。他們雖不斷的較其他學校供給貧民的知識爲多，可是這不是他唯一的目的。他的目的在道德教育。老實說在宗教教育。半世紀以前，辦理教育的人士所抱的宗旨不外下述的意思：因爲大部分的貧民所處的境況不良，不特於他們自身有礙，且大可以危及其他社會。所以國家應負提高他們境況的責任。而宗教教育，乃是最適於達到這目的的工具。在另一方面，如兒童的父母關心兒童們的福利，那麼他當比辦學人員要重要些。

三、私立日校教員——私立日校的良否，當看他的教員如何而定。這種學校的教員很少有受師範教育的。他們差不多不是在他界失敗的，便是困苦不幸的——如寡婦。私立學校最不好的境況，乃在倫敦。據一個副委員所說：不論自己或他人，從任何方面看他，都認爲是太舊，太無知，太無能，太衰弱，太無資格的。就他的爲人來看呢，便是些被開除的奴僕，失了飯碗的女堂倌，開小食店的店主，做針線的女人，賣服裝的小商，有肺癆的病者，席地步行的跛子，無歸的浪子七八十歲的老公公老太婆性情乖僻的浪子不會寫不會算而目不識丁的白丁。

夜學差不多都是日校的一部分。他的目的是在補充教育的不足。他的工課差不多完全是初等的，而尤注意寫字。大部分的青年或成人的學生都是感覺初等教育之缺乏因而於其自己的事業有礙而特來補習的。

日曜學校自一八六〇年以後，便不像往日的重要讀書還是繼續教授，寫字偶一也有。可是他大部分的主要目的，都在宗教教育。

四、教育經費——政府補助學校的經費，約占學校總收入四分之一。學生的學費，約占總收入的五分之三的四分之一。其餘的一部分，都是私人的捐款。在製造發達的地方，雇主常有捐助並且強迫雇工也捐助。在鄉間的地主，他們對於教育不大有興趣。鄉間學校經費的來源，多靠教士的捐助可是他們的能力有限。據云：在公立學校方面，各教所捐助的，占全數十三分之十二。就學生言，總共一百六十七萬五千一百五十八人，有百五十四萬九千三百十三人是由教會供給經費的。在一八六〇年時，除一部分學校不在政府補助的範圍之內。有一百五十九萬二千四百一十個學生，是政府有意補助的。其中確實受政府補助的有九十一萬七千二百五十人。未有得到補助的，有六十七萬五千一百五十五人。教授無依貧民子弟的私立學校，有五十七萬三千五百三十六人是政府有意補助的。而未補助的；是公立學校之未得補助的六十七萬五千一百五十五人，合計共有一百二十四萬八千六百九十一人，未得政府的補助。就大體的說來，便是受政府每年補助費的兒童，祇有九十二萬。未得政府補助的，倒有一百二十五萬。

五、學校不够——據該委員會的報告，有許多兒童因不事正業之父母他本可以入學讀書，而沒有進學校。就除這個不計外，差不多所有的鄉村兒童都可以入學讀書。可是副委員所到的地方，常常發現有些學校，他的兒童並未時常到校。可見有許多學校是很不好的。他的學生出席之無一定，是極無價值的。

六、教師訓練學院——據報告說：在一八六〇年的時候，英格蘭和威爾士共有三十二個訓練學院，除兩個外，所有的訓練學院，都受政府的補助和歸政府視察。在實際上，各個教師訓練學校都和中央宗教會有關係。他的辦事人員，大多有一個校長。校長通常多由其校有關係的教派的牧師充當。有一部分的教員，是每年受政府一百鎊的講師。有的則是得有中學校長文憑的助教。各校都附屬有實習學校，由師範主任其事。主任的特別職務是在指導學生的教授方法。所有這些訓練學校，都是一八三九年或在一八三九以後設立的。並且沒有一個例外，在一八五八年的，受政府補助訓練學院的學生，有二千零五十六人。皇后學生(Queen's scholars) 一千六百七十六人。政府的補助費，在那時占各校收入百分之五十三·三。

七、出席——據委員會調查所得，在各派學校內註册的學生，三分之一的人數每年上學不到百天。大部分的貧民子弟入學年齡非常參差。實際是由三歲到十二歲的都有。普通說來，是六歲到十二歲。該委員會對於這事的意見如下：『這種情形確應大加整頓。但並不是就無辦法。就是說在目前這樣參差的學齡和希少的出席，至少有五分之三的兒童，可以在學校讀書習字，而無甚麽困難。並且可以學習普通生活中的算術。他們不但只須學這點知識，並必須受健全道德的和宗教的訓練。並且須熟習宗教的主要主旨和指導行爲的規矩準繩。』

八、該委員會對於強迫出席的態度——他們知道差不多所有的父母都知道初等教育的重要。並且他們都很願意使他們的子女受這種教育。他們又說那些為父母的不願因為受教育的原故犧牲他兒子賺錢的機會。並且他們一見有可以使他們子女賺錢的機會，即叫他們馬上退去學校。該委員會有見如此，便認定幷行強迫的方法不能矯這種弊病。所以他們主張不論政府或是私人都可以公正的阻止已達到可以作工的年齡兒童離去學校；和兒童可以得工資使他們的父母因想錢而不給他們入學的事情。並希望大家知道與其去延長修學年限，不如增加照常的出席。他們又認為在那種情形之下，如果無依的貧窮階級的子女三歲入嬰兒學校六歲或七歲出嬰兒學校而入日校。在日校修業期限的長短不定。當視其家境如何可分別於十歲十一歲或十二歲離校。能夠這樣，則社會可以達到滿意之點。學生受教時間當規定至少每年三十星期每星期五天每天四小時。這樣的時間，可以使兒童們除熟習宗教的要旨以外，可以學到讀書寫字和日常應用的算術。

九、委員會的眼光有限——該委員會的報告很明白的表現了英國治者階級對於貧民子弟教育的慈善的心腸。同時又表現他們眼光的有限。他們仍以為當時的社會階級的分劃，是不可免的。他們是少不了貧民階級的。貧民階級是為上層社會謀幸福的。所以他們提倡的貧民子弟的教育，不外乎一種下層階級的教育。該委員會替貧民子弟造了不少的教育機會。其態度總可算是一種可驚異可慶幸的態度。他們希望各方面都有所改進，並以為當時情境幷非是絕無方法的。

十、一八六一年的修正規程——New castle 委員會的條陳，於當時制度的原理沒有甚麼變更。所變更的，乃國家補助自由與學的詳細辦法。因爲有了他們的報告，教育部乃規定一種處理補助費的條款。這便是一八六一年的修正規程。自這規程定出後，便開了「案成績付款」的辦法之端。這種案成績付款的辦法，或許是自一八三五年至一八八八年之時間中中央政府付於地方統治的一種最明顯的新政權。

十一、「按成績付款」——規程規定政府的補助費，其目的是在促進工人子弟的教育。其用途在補助地方自由設立的學校和訓練學院之建設及維持之用。凡建築小學新校舍所須的補助費，必須經樞密院的委員會認爲不違背下面各條款才能發放。校舍左右必須有値得設立一個學校，那麼多的勞動人口；學校的宗派必須與家庭適合；學校必須辦的好。對於私人捐款方面，補助費有極嚴密的限制。凡計畫大小，名稱，和契約都須得委員會的同意。因爲他對於極小的事體，都要控制呢。在維持方面的辦法如下：平均每一個學生一年之中上下午都到校的，給以補助費四仙令。只是夜晚上學的，每生給以二仙令又六便士。學生到校上午或下午共計超過二百次的，且年齡在六歲以上而通過考試的，年給八仙令。年齡在六歲以下的則給六仙令六便士。六歲以下的兒童雖不受考試，可是也須報告視察員，認爲滿意，然後可以。如果六歲以上的兒童，即是可得八仙令的兒童，於讀寫算三門功課之中，有一不及格，便扣去八仙令之三分之一。因希望兒童成績有個明確的標準起見，教育部乃就讀寫算三科定了六個等級的標準。視察員如果見到學校的普通情狀不滿意和學生不及格，大有不給補助費與學校的權柄。從前用補助費增加教員薪水的辦法，到此業已停止，而直接補助其所在的學校教員的恤金制也在此時廢除了。

修正規程的新政策，所得的結果，大有礙於初等課程的發展。差不多各校都只重視可以得錢的課程。換言之，就是只注意寫讀算三門。如歷史地理文法等課，都受阻礙，總之那種辦法太簡單得可笑教育的行政，變了一個算術的問題兒童成了一棵搖錢樹，教員變了一個監工的工頭。

按成績付款的根據是中央視察員的考試。這種辦法實在不好。於是其結果便是消極的監視教育，以致英國人民不願意教育行政之中央化。因為這種的辦法，與他們國家的習慣和他們的價值觀念違反的原故。可是政府對於修正規程的推行，也沒有十分用高壓政策。按地方自治原則須先建設了完善的地方教育機關，因後才能得到中央統一的實際效果。這種的步驟在一八七〇年的時候完成了一部。一九〇二年又完成了些。一九一八年便全完成了。

中等教育

一、工業變遷的影響——工業革命雖使雇主和工人的界限加嚴，可是於社會階級的分劃，卻有不小的變動。並且加速了由某階級變到他階級的運動。占大多數的工人，他們對於新工業財富的大增加，當然得不到甚麼利益。可是中等階級的數量和財富卻增加不少。這新社會中的大資本家，已與往日的大地主地處一地位了。他們已與世襲的治人者在國會中市政府裏並肩而立了。因為中等階級有了一八三二年的改革條例和一八三五年的市區法團條例的許可，已有了參政權。又因為商業的發達，社會又增加了無數可與教士平等的人物。再加之新工業制度的進步，在工人階級裏面增加了些牧師工頭和工作管理人。所以有了這種的新境況，便有不少的人要求初等以上的教育，並且各界有各界自己的教育需要。

政府對於中等教育既無甚動作，當然由各私人各自辦理。各人所需要的教育，設立公學的新時期，是在一八四〇之後。其增加之多，大有駕乎舊公學之上的趨勢。下層的中等階級又創辦了些收費較小的私立學校，以應他們的需要。就是那舊公學和名譽好的學校學生人數也增加很快。可是就算這樣，中等教育尙不能使人滿意。我們知道受津貼的舊文化學校與維持他的社會，始終未發生關係，而許多私立學校又不切實。雖有新補助款，終不能夠支持。中等教育之被認爲國家的事業，乃在國會指派兩大委員會之後。

一八六一年組織了一個委員會，用Lord Clarendon做委員長，其職務在調查 Eton, Winchester, Westminster, Charter house, Horrow, Rugby Shrewsbury 九個住宿學校和 St. Paul's and Merchant Taylors' 兩個通學的津貼基金和其他的入款的性質及開消。據該委員會調查的結果，中等學校的情狀實値得大大的研究。所以一八六四年又委派了一個學校調查委員會(School Inquiry Commission)由Lord Taunton 爲之長。這個委員會調查的範圍，是在 New castle 委員會調查過初等學校和 Clarendon 公學委員會調查過的學校之外所有的學校。調查後必須考慮和報告這種學校的改進方法。要特別注意領受津貼的。

二、公學調查委員會——Clarendon 委員會——公學調查委員會——所對的問題比較簡單。明言之，就是他們只調查治者階級子弟的教育。這等學校已有很長的歷史，相沿下來，並未有什麼變動。可是他們既成立於二三百年前，在行政方面自然要有所改革。所以該委員會主張這些學校的管理機關應當改組，學校的章程規則應當修改。課程方面應該包含數學，近代語，歷史，地理，和自然科學。並且主張強迫學生用功。據報告說：「我們不能不有以下的結論：這些各不相同的學校，太沈溺於懶惰，或太不有所事事了。所以他們送往社會上去，乃是大部分的懶惰的，虛空的和無修養的人們。』可是就全體說，該報告又極贊許當時的中等教育，認爲他們的缺點不容易補救，而他們的好處卻不可不保存。因此該委員會的意見書中便有以下的評論：『在他們的貢獻之中，第一推他們之維持古典文學作爲英國教育中之一重要功課。他的價值之大，實在足以抵專重古典文學的弊病而有餘。其次的貢獻，也可以說是更大的貢獻，便是他們創造了一種學生自治制度。這種制度的價值，已爲大家所公認。並認他在國性上，社會上有極重要的效果。至於他們給與英國人之足以自豪的特性，那更不易估量了。所謂足以自豪的特性，當然是治理他人，克制自己的本事，自由而不踰距的習性，奉公的精神，大丈夫的氣概，倔強而重公意，愛好有益的操練和遊戲。這種學校乃是養育政治家的場所。在他們裏面和在取法於他們的各校裏面，所有英國社會中各階級的人們，不論任何職業，都立於社會平等的地位，造成了久而不忘的友誼，養成了些治理生活的習慣。他們最大的貢獻或許就在陶鑄英國士君子的品性。』

二、學校調查委員會——Taunton或學校調查委員會，他的職務要比Clarodon委員會的複雜些，寬廣些。他要調查受國庫補功的初等學校和貴族的公學之間的各種教育。在這個範圍以內的教育，便是工業革命以後所要求的新教育。

該委員會很坦白的認定當時的社會階級，且根據這些階級的需要和希望定他們教育的定義。最高一級的中等教育，他本知道是爲發財的和有高等職業人們的子弟而設的。施設這種教育的場所，乃是公學和少數而重要的文法學校。其畢業年齡在十八歲，他的目的在預備入大學。

該委員會在這級教育裏面發現的弊病乃是用費太大。這最高級的文典教育，日使小文法學校消滅，而趨向於大公學。想要在文法學校受這種教育在前世紀是可以的。可是到了這時，他們已經關閉了，再也找不到了。不得已只好去找寄宿學校，可是寄宿學校乃是一種用費很大的學校。

第二級的中等教育乃是在十六歲的時候畢業的，他裏面所收的學生，不外乎店主，商人和較大的佃戶等的子弟。這級的教育，拉丁文或許是各家長所贊成的，可是希臘文便非他們之願了，他們所希望的功課，乃近代主要各科的充分智識。學生畢業後的志願，在軍隊，醫生，律師，工程師等等。在另一方面，這級的教育其所以要十六歲結束的原故，無非是因爲謀生的必要。商人們的兒子，並不進大學，故也不願他們學習文學，他們所需要的，是學習數學，化學，近代語和基本的物理科學。

第三級或最低級的中等教育，在十四年結束。他是屬於中等階級的最低級的。這種教育可以說是「書記式」的教育。他們所希望的不過是算學的智識和寫一筆好字的本事。他的目的不過在受點普通教育，以便將來受職業教育的預備。所以他在國家工業的一方面是十分重要的一種教育，也是十分缺乏的教育。

該委員會最有力的提議，便是主張所有三級的學校，都教授拉丁文，以便那因境遇壓迫不得不入最低級的兒童，遇有機會可以繼續的受高等教育。他認爲這乃是給窮而敏慧的子弟入大學的要道。並主張津貼受高級中等教育和大學教育的貧苦學生的膏火。

據該委員會的報告，最高級的寄宿公學極够用。第二級的，剛合式。通學的日校頗不少。可是有許多的不好的地方；既不願意棄丟古典文的研究；又不能充分的去對付他，且不能適應社會的需要。在英格蘭至少有三分之二的地方缺少小學以上的公學。其餘的三分之一的學校太小，殊不敷用，並且辦理亦不見佳。

因爲公立教育的機會缺少，私人便起來設立各校的學校。私立的學校未嘗不有些好的。可是大多數的私立學校都壞的不可言喻。最不好的情形，便是學生的父兄沒有方便報告學校的好醜，致使他們花了錢而得不到效果。

因此之故，該委員會便主張設立幾個機關，付以他們視察津貼學校之津貼是否用於較好的教育的權柄。並主張分給經費於幾個不甚好的學校，不如收束起來，維持一個好的學校。又按契約的規定，設在工業區域的學校也教以古典文學，可是他們子弟需要的乃英文和數學。這新設的機關，應有改造他們課程之權。總言之，這些機關能自由的改革津貼費，並用之以應近代教育的要求。該委員會又主張設立一個中央機關，而以地方機關輔助之。地方機關應授與提議改革其境內所轄津貼學校和管理他們的權衡。中央應設一中央教育參事會，訂定中等教育考試和視察的標準。私立學校亦應在這會裏面註册。並應受他的分等的支配。該會並且提議城市和鄉社應當給與收稅之權，以便將所收的稅去辦理他們自己所立的學校。

國會對於這些建議，祇在一八六九年通過了一個津貼學校案(Endowed School Act)，因此成立了一個津貼學校委員會，以負制定津貼學校較好的行政和管理的規程。此事允許用舊教育經費於較好的方面，可是不承認加多中等學校。

四、科學和藝術司(The Science and Art Department)——因工業革命後的需要，便有科學的數學的職業的等科的要求。較低的兩種中等教育的課程，便不得不受他的影響。在一八三二至一八六七年之一時期中，英國政府又有補助職業教育之舉。一八三六年國會規定以一千五百鎊，於商部指導之下，擬在倫敦設立師範學校。五年後可以一萬鎊補助製造發達的地方的師範學校。實際注重英國工人須受良好的職業教育，實自一八五一年倫敦開萬國博覽會的時候起。所以在一八五二年政府便設立了實用藝術司(Department of Practical Art)第二年該司的範圍擴充，又加了科學一課。故改名為科學藝術司。一八五六年教育司成立。科學藝術司又由商部移來和他聯合。可是彼此的行政仍然獨立，不相隸屬。一八五三年之後，已有補助各校科學教育和藝術教育的事。到一八五九年，這辦法才普遍到全國。因為那一年通過了一個議案，致各處都設立科學班，以教授幾何，用器畫，物理，化學及其他各科學。以期博得國庫的補助。補助費的給與有兩個根據：一是根據各校學生通過政府的考試的人數而定；一是根據其他事體。這是英國教育「按成績付款」的原案第一次的實行。一八六二年「組織的科學學校」(Organized Science School)受「司款」(Department aid)而成立。「一八七二年有九百四十八個這種學校，學生三萬六千七百八十三人，分為二千八百〇三班，按成績直接得到二萬五千二百〇一鎊。」這種補助職業教育的方法，直到一八八九年職業教育條例通過後才變更。

六、大學——到這個時期，牛津和劍橋兩大學仍然獨攬高等教育的實權，可是他們裏面已有一種改革的精神，正着手想法使他們的貢獻更大更能成其爲國家的機關。大學的推廣運動，實起於一八五〇年之中級考試。(The Middle Class Examinations) 凡是在職業學校低級中學校和工業學校 (Mechanic institute) 畢業的學生都可以去應這種考試，及格的即可以入大學讀書。一八五〇年委派了一個皇家委員會去調查牛津大學和他的學院的情形，訓練學科和經費等事。因此一八五四年在行政學科和章程方面乃有不少的改革。在那一年學士學位和膏火津貼的兩項，不論屬於任何宗派的學生，都有享受的可能。其後兩年碩士的給與也不受宗教的限制了。一八七一年變更更大，由法律規定，除少數的例外，所有各大學和學院都大大的開放。有的大學的推廣班，和講演的設立，雖在一八六七年以前，可是大部分的都在那時以後。

在一八三六設立的倫敦大學，起初不過是考試和給與學位的大學，並不是講學的大學。凡是在舊大學之外自行研究高深學問的，可以享受高等學位。一八六〇年該大學創設科學學士和科學博士學位，自此以後，新課程便引起各人大大的注意。

在這個時期，許多大工業城市中，都設立了高級職業學校。到十九世紀的末葉，各地大學合並成爲他的學院。所有高級的職業的中等的教育和大學各學校，自一八五〇年起，都棄去了他們專占的狹隘的性質，預備去享受一八六七年改革條例頒佈後的民治新潮。

第十二章　政治的民治精神和國家教育制度的成立（一八六七—一九〇五）

一、政治與社會之進一層的改造——前面已經說過，一八三二年的選擧改革，英國的政權入了中等階級的手中。尚有六分之五的人民沒有選擧代表的權利。在一八五〇年後，雖有不少的選擧權推廣案的提出，祇有一八六六年 Gladstone ——衆議院自由黨的領袖——提出的議案改變了從前的方針，而致力於各城市中工人階級的獲得代表。可是這選擧案就是自由黨總理失敗的原因。原來那時保守黨的 Disraeli，即新選擧後上台的保守黨內閣總理，也提出一個推廣選擧權案於國會，並且容納反對黨的修正，其結果反比 Gladstone 提出的更自由。這一八六七年的新改革條例規定凡是各市區的屋主，和居住一年而年納十鎊租金的租借人，都有選擧權。凡各郡區的產主，其年產值五鎊的，和年納十二鎊租金以上的租借人，都有選擧權。說者謂這項條例的通過，乃是此後英國政治的轉機。這次選擧人的增加，雖祇是三千一百萬人口中之二百五十萬人，可是將立法權交到城市工人階級的手裏，也即是此後男子普通選擧的發端。雖然勞動黨之參加國會，是以後很久的事。可是拓大選擧權的效果，不久即見。縱然自由黨失了勢，保守黨登台，仍繼續通過改進工人境狀各案。

Gladstone 所領袖的自由黨，在新改革案通過後之第一次的選擧，又得了大多數，因此他們制定了很多有益社會的法律。一八七一年的條例，乃是第一次置職工組合於穩固的法律之上的條例，並且允許組合有保持財產的權利。一八七二年採用奧大利亞投票制 (the Australian ballot) 選擧者得完全行使他選擧代表之權，不受他人的限制。國家的軍隊也廢除了募兵制，如果受競爭試驗及了格，任何英國人都可以做地方官。

保守黨政府在 Disraeli 領袖之下，於一八七八年通過了一個重要的工場和工廠條例 (Factory and

Workshop Act)這條例把一八〇二年Peel的條例以來七十餘年所有的工場法令，通通容納在一起。在這方面也比從前各條例有效力些。這條例對於以下各事特別注意：建築的衞生機器危險的防止，工作時間的限制——不特兒童與婦女，成人也在內——兒童的出席和失虞(audient)的報告。可惜童工最幼年齡的限制，仍爲十歲。一八九一年始改爲十一歲。

二、一八七〇年的初等教育條例(The Elementary Education Act)——選舉權拓充後，在各社會事業改革之中，最重要的當推政府之注重民衆教育。我們知道工人階級之爲其子弟謀教育，已非一朝一夕的事。現在他們既已在國會裏面得到了代表的席位。那教會和國家辦理教育的糾葛便迎刃而解了。上層階級也知道「教育他們的主人」之重要了。一八七〇年政府提出英格蘭威爾士公立初等教育案。樞密院的副院長Forster提出這案時說道：在去年一年之內，除教育公費視察費和師範補助費外，撥給小學教育的約計爲四十一萬五千鎊。這筆款所補助的學校，計日校一萬一千所，夜校二千所。學生一百四十五萬人。可是六歲至十歲的工人子弟，只有五分之二在這裏面，十歲至十二歲的只有三分之一在這裏面。明白的說：便是受政府補助的工人子弟六歲至十歲的，只有七十萬，尚有一百萬；向隅十歲至十二歲的受政府補助的，只有二十五萬，至少尚有五十萬。至於沒有得教育司補助和視察的學校，其情形當比這更壞。在不知如何的維持學校的大城市中，其情之壞，更無以復加。比如利物浦Liverpool八萬應受小學教育的兒童中，有二萬簡直沒有學校可進，有二萬雖入學校，而所受的教育實在不行。在孟却斯脫Manchester六萬五千兒童中，有一萬六千無學校可進。Leeds和Birmingham的情形也同樣的壞。

Forster 指出國家補助自由制所得的結果如下：「我們所得到的結果是什麼？不外乎許多不完滿的教育和愚暗；好的學校變爲不好的學校。兒童到校每週不過兩三天。每年不過幾星期。我們雖盡心竭力的補助慈善的人士辦理教育。然而一經補助，便置之不顧。以致最需國家補助而未得到補助。國家權力應該達到的處所反不見有國家權力。因此所補助的只是補助的，和使他人補助他自己的，那眞正最希望補助的反而沒有得到補助。因此國家花了大部分的錢，所得的結果是大部分的兒童受不良的教育，或無教育可受。這不外乎學校太少，而壞的學校太多。因此全國之爲父老的，莫說無力送子女讀書，卽有能力也不願送。」國會中的多數黨，便應聲的說道：因爲國內各地所要求的，是完全的國家教育制度。我以爲我們應馬上就考慮這要求的範圍。我又信得過全國的父老至少要我們做兩件事體，那兩件事呢？一是全國都有良好的學校；二便是爲父母的都送其子弟入這種學校。

三、學務局(The School Boards)——雖然尚要添設新機關，可是 Forster 的提案，仍使從前受國家補助和指導的機關有用。那補助私立機關的補助費，仍然存在。那些教育團體仍然努力維持，並且增加他們的活動。不過除他們的努力而外，各學區設立了教育局，司掌學校不充足的地方的初等教育的供給和監察的職務。

Forster 的提案，後來成爲一八七〇年的初等教育條例，這事乃是英國教育趨向於國家制的一重要步驟。可是他雖給與學務局免除無力兒童學費的職權，他並沒有使初等教育成爲免費教育的一回事。他雖給學務局以依法得要求五歲至十三歲兒童父母送其子女入學校，他並沒有規定強迫的教育。

英國因這條例設立了一種新機關，教育司劃定了教育行政的區劃。這區劃且不與普通的行政區劃相當。這種辦法我們可以說乃是創設新地方區劃和地方機關，以爲辦理社會事業的趨勢之表現。學務局的人員由市區有選舉權的人士和鄉社納稅員選舉。爲保持少數者的意見和使他們可以有代表列席於學務局起見，每個選舉人都有被選人那麼多的投票權。他可以將那所有的票選舉一人，也可以分選多人。學務局的人員，其數約在五人至十五不等。

這學務局管轄的學區內所有的初等小學都不夠用。教育司乃限定自由團體（或私人團體）在六個月內努力補充這種缺憾。在短期的時候，雖沒有做到，到了一八七六年，英格蘭威爾士兩地在七年之內便增加了一倍。其中三分之二完全是自由團體設立的。其後五年，又增加了一半。

四、宗教教育的暫時辦法——糾紛已久的宗教困難，乃是 Fosstes 提案的一難關。其後終至允許自由學校(Voluntary school)（私人學校或宗派學校）仍得支領政府補助，和依辦學人的意思可以教授宗教。不過不可違背下面兩條規程：（1）不得以宗教情況實施於任何兒童；（2）教授宗教教育只可在課前課後，以便在此時期兒童的父母可以叫其子女回家而不曠正課。在寄宿學校內不得教授任何宗派的宗教問答和書籍。可是就是在寄宿學校裏面，該提案尚允許讀不加解釋的耶教聖經。

五、強迫教育的進行——一八七〇年的條例的缺點，就在沒有規定強迫教育。一八七六年的初等教育條例，才對於這事加以修正，規定『各個兒童的父母都有充分使他們的兒童受充分的讀寫算的初等教育的義務。』

該條例又規定凡十歲以下的兒童，除非經過教育司規定的第四級標準，或到校五年每年出席有二百五十次的，不得雇用。有學務局的地方，由學務局管理出席的事宜；無學務局的地方，由另設的學校出席委員會管理。這委員會的組織，在市區由市區區會指派，在鄉社由「恤貧鄉聯」的監護人指派。一八八〇年的初等教育條例，通常稱爲Mundolla's條例，爲使強迫教育通行全國起見，特准地方教育當局依法有強迫教育兒童入校的職權。設地方當局不盡職，教育司可以依法強迫兒童出席。該條例又規定十歲至十三歲的兒童必須在校內得到某程度的憑照，然後可以受半日的雇用。至於學校的程度之規定，則由地方當局主持。

一八七六年的條例，對免費的初等教育的辦法也擴充了些。規定凡爲父母者——非窮人——不能供給子女初等學校的學費，可以將情形訴之於該區的貧窮監護人。監護人應替他繳學費。據該條例說：這種幫助並不是像恤貧律那樣的幫助窮人。可是在實際方面，這種繳納學費的辦法，終覺得有不體面，有許多父母終以爲難以爲情，不肯接收這種利益。

六、第三次的改革條例和地方政府的改組——一八八四年Gladstone的自由黨政府，又有第三次的改革條例。我們知道一八六七年的條例，已使大部分的城市勞動人民，有了國會議員的選舉權。可是這一次的條例，卻更爲澈底。凡是國內各鄉村和田野的工人，都有選舉權。說者謂：這是英國男女普選的成功。

一八八二年的市法團條例，已將一八三五年以來市區行政和權限總括在一起。一八八八年郡區行政，又有一個根本的改造。有擬設立與中央有關係而各自分離的地方機關之趨勢。直至一八七二年沒有什麽阻礙其原因無非是只圖適應各地特殊的需要，而沒有感覺有普通需要的原故。一八七〇年的條例規定的學務局便是一個好例。到了一八七二年便認爲有通行全國的衞生標準的必要了。那時並沒有設立實行衞生律的新地方機關，只得就已有的機關多加一種職務罷了。可是這地方機關非常複雜，一國之內分爲郡區，鄉聯（Union）和鄉社。這裏面又有市區，大路，衞生，改進條例，學校和其他區域。除鄉社和鄉聯之外，旁的區劃都沒有必要的關係。並且各區有各區的機關，彼此行政完全獨立，不相溝通。就是地方行政人員的選舉也自有他們的特別方法。因爲這複雜的地方行政，使中央政府的負擔日益加重，才知道要改革地方行政，須在最小的區劃和國家政府之中間創設一種負責的地方機關。一八八八年的條例，才把古時的郡區政府取消，由君主任命的保安官在此時也廢除了。另設由人民選舉的區會代理。保安官的職權和隸屬於他的新職務都轉到了郡區會手裏。據這條例的規定，凡是上了五萬人口的市區，便叫做郡市區(countys boroughs)他的行政可以與郡區分離；他的行政方式也同郡區一樣。

這紛亂的地方政府的改造到一八九四年在完全成功。因這條例，那郡區縣區鄉社的疆界都從新改造過。小的區劃都隸屬於郡區政府之下。郡區會對於隸屬其下的地方機關的權限，有極清楚的規定。差不多正在郡區成立之後，便通過了職科教育條例（Technical Instruction Act），准許他們有權在其管轄境內有徵收小稅以供職業教育和手工教育之用。一八九〇年又通過了地方稅條例（Local Taxation Act）這條例給與郡區會不少的收稅權。可是地方教育行政的改造的成功，卻在一九〇二年的教育條例通過之後。

七、Cross 委員會的報告——一八八六年對於自一八七〇年初等教育條例頒布的教育大實驗，有實行調查之舉。這乃是件很可慶幸的事。負這項調查責任的，便是 Cross 委員會，他那在一八八八年出版的成册成卷的大報告，說道：過去十八年的努力，使全國各處都佈滿了學校，並且能夠依法的強迫所有的兒童照常到校。在政府視察之下的學校，也由五千幾乎增至二萬，學生也由百萬增到了五百萬。學務局在十六年內所增的新學生，已比自由團體的多。可是後者的學生，仍有前者的一倍那麼多。

八、Cross 委員會和「按成績付款」——這委員會的報告，大部是學校辦理的內容和學校內部的經費，此處因限於討論教育行政的問題，所以對於此事只得從略的說說。政府視察學校，以按成績付款為基礎的辦法，本未仔細的考慮過。可是這委員會不禁異口同聲的，認為這個制度行的太過太板，應當改正放鬆，使學生教員和教育的本身三方面都能兼顧便好了，否則不可繼續下去。他們又以為政府的補助費，設完全沒有這制做根據，其弊或許更大，所以不能不有點保障，使教育效果與款項有相當的關係。

可是為什麼「按成績付款制」既經人認為有缺點，還能夠支持那麼久呢？這無非是英國不良的地方教育行政長久沒廢的原故。就學務局說，祇有偶一用可以勝任的書計，當然在這種的景況之下，可以成立眞正的視察制，可是就一般的說，那學務局和自由學校辦學人員所領區域太狹，責任和權力大小，實不能得視察和辦理學務專門人才，既然沒有專門人才辦理地方學務，所以中央總不願放棄他的國家考試和按成績付款的兩種政策。

該委員會對於修正「按成績付款」制的建議，不久即為教育部采納。那加斯體倫標準制（The castiron system of standards）和他連帶的狹隘課程與注入教授法，都由新部令加以改革了。到一八九〇年，新規程頒佈之後，這制的全部都廢除了。這新規程爲顧及實際的兒童教育起見，乃根據二大原理造成的：第一，是以興趣的智慧的發展，和眞實的智識去替代那空洞的教材和只圖通過年考和得錢的教法。其次便是教育兒童不在一時的強記無益的智識，乃在其出校後尙能保持其品行以爲良好的公民。

九、贊成已有的並行制（divided system）——該委員會對於當時的學校的並行制很滿意。所謂並行制，便是一部分學校由地方機關辦理，一部分由自由團體辦理。並贊成所有自由團體的學校都應受國庫的補助，又贊成自由團體依一八七〇年條例，有補充學校不够用的機會，卽是有設立學校於需要學校的地方的機會。他又覺得自由學校不能支用地方稅之可怪。

十、初等學校中的中等教材——Cross 委員會對於小學校中教授中學教材的傾向，亦有很重要的主張。他以爲高等小學校當然可以實行這種辦法，惟於原理方面不可不顧及。因爲這種辦法，於現行的中小學校教育都有妨害，以這兩者在法律上都有一定的界限呢。

十一、初等學校的免費——該委員會又宣稱贊成有能力供給子弟的父母納學費於學校。可是往日主張小學校免費的趨勢，到當時已很有力，所以在一八九一年通過的條例，卽規定爲父母的可以得到由政府補助的免費教育；同時國庫津貼學校未收學費的損失。因此有許多公立小學校實行免費，卽收費的學校也以學費太大，大行減低。

十二、初等教育的推廣——一八九三年通過一條條例，特設盲啞小學校。一八九九年又通過一條條例，規定地方教育機關有辦理殘廢教育的義務。一八九三年規定兒童上了十一歲才能離校。一八九九年增至十二歲。一八九八年的條例，小學校的教員可得退息年金，這種年金半由教員薪金中扣出，半由政府津貼。

新社會的和經濟的境況中之中等教育

自Taunton的中等教育委員會報告後（一八六七）之二十五年間，乃英國民治長足進步的時期。往日貴族政治的政權，實際上已歸入一般平貧男子之手。並且不獨他的政治成爲民治的，即他的社會也直轉急下的成爲民治的了。當然設使把他同美國比較，決不及美國人民那樣的平等。個人地位增進的機會，仍然有限。由下層階級跑上上層的事體總比較的少。中上階級仍然在上居重要的地位，確是明顯的事體，可是設和Victoria初年的情形比較，社會的運動的確進步不少。工商界的人，因爲那時候經濟組織的發達，可以得到較好的位置和工資的原故，個人未始不有上進的可能，並且社會方面爲應這種變動的環境起見，特努力的供給教育機會，以促個性的發展和應事業的需要。

一、中等學校不够用——我們對於Taunton委員會報告後之立法方面的結果，業已論及。現在且就實際方面總括的說一句。他的結果不過只限於設立一個津貼學校委員會。設立一個有權爲受津貼的文法學校擬定良好的行政和管理的章程的委員會。一八七四年這委員會與慈善委員會（Board of Charity Commissioner）合併。一八九五年這會爲九百零二個津貼學校制定了改組章程。不好的學校行政既然改革，則學校的功課和性質自然增進。可是慈善委員會所做的事體，總不外在改良已有的狀況，並不能增設學校以應當時英國社會急切的要求。

二、科學藝術司的工作——正是那時候，有許多團體努力的謀增加小學以外的教育機會。其中一個，便是科學藝術司。此事在上章已經提到過。他雖沒有長久的繼續活動，可是他們的發展卻不小。他補助日夜的科學藝術學校和科學藝術班的開辦和維持費。他在實際上雖管轄學校，可是他藉地方機關以實行他的工作，並且帮助他的努力。這種地方機關當然包括地方委員會、郡區會、學務局或管理津貼學校的團體。他的津貼的用途分爲兩種：一種即是交給地方機關維持科學藝術等學校和班級之用，一是津貼免費的學生。到了一八九四年，該司的津貼便只限定給與及格的學生。法定的地方團體可以設立學校，惟須教授三年的科學，並須遵照該規定的課程，每週應有十五小時教授司定的教材。照一八九四年的規程，看來科學學校已不爲按成績付款制所拘束。對於非技術的學科亦許其容納在內，即音樂、經濟和教授學及教授法，都認爲是技術科學而給以津貼。由科學藝術司津貼的科學藝術班，及高等小學，受津貼的文法學校，技工學校，及其他各學校內都有。

三、小學課程之擴充——教育司與第三級的中等教育的關係一年一年的密切。而一八七〇年的初等教育條例規定初等學校爲教授初等教育的主要部分。如果夜學即非教授的主要部分的夜學，是初等的，亦可以分潤津貼。那時的夜學已大大的教授中學的教材。日校也正圖擴充他的課程到中學的範圍裏面去。日校中之教授中學教材的，稱爲高等小學校。學務局亦着手推廣初等教育。教育司亦於原定的標準之外，又設立第七級。可是這新添的一級，還是不能滿新環境的要求。所以又有的工務局再添設特別班(exstandard classes)即是在司定的班級之外所特設的班次。上述的高等小學，所教的功課，是歷史，文法，法文，數學和科學。私立學校管理會(Boards of Management of Voluntary School)也有這設立特別班和開辦高等小學的趨勢。尤其在一八九一年，免費的初等教育條例公佈之後。凡此種的擴充運動，給於第三級的中等教育實不少的幫助。在一八九四年有六十九所高等小學，三十九所科學學校。

四、郡區會的教育事業——上面已經說過，一八八九年和一八九○年的條例，郡區和郡市區已有辦理中等教育的權限。據一八八九年的條例區會爲維持技術和手工學校起見得在地方徵收每鎊不得不過一便士的稅。少數的區會固有收稅而不辦教育的事體，可是一八九○年的條例公佈之後，其效則頗不爲少。他給與地方一種酒稅權，可以用此稅的一部或全部去辦技術教育。在此條例公佈後的四年內，各區會收得的酒稅，共有一百六十八萬鎊。並且這一筆大款，都用去辦理技術教育，並未撥作他用。各區會除補助技術學校特別職業班及其他之技術學校而外，尙支出一筆款項，去補助中等學校，設立中學校免費生額，維持補習夜班，津貼教授夜學的初等學校教師之訓練之用。

五、大學之推廣——一八九○年，英國教育上最大的變動，當莫過於高等教育之開放。高等教育之開放，本起一八七三年。各舊大學於全國各城設立地方講演和以後的資格考試，都是大學的推廣事業。倫敦的地方大學，和大學學院，即是做這類事體的。在一八九三年至四年一年度內，全國各處受大學推廣課的，有六萬餘人。

因各大學和地方機關合作的原故，已組成了高等教育中有系統的課程。可是就普通說來，大學推廣運動會在替中等階級供給大部分的高級中等教育。

大學對於中等教育另外尚有一種重要的帮助，便是他通行全國的考試，給了中等學校的一個標準。較早的大學在各地舉行男女生的考試共分三等有及格證書和榮譽證書之給與。最高級的程度實際和第二級中等教育相當。在某種條件之下凡是通過了醫藥總會土木工程師會(Institute of Wood Engineers)和其他的技術或職業團體的考試的可以不必應大學會的考試(University Board examinations)又有一部分的學校以倫敦大學的入學考試爲其畢業考試的標準的。

七、大學學院和地方大學——嚴格的說，大學學院和地方大學並不是中等教育之一部。可是他們之教授中等教育，和他們與中等教育的關係，在此地須略略的交代一下。前面已經說過倫敦大學之起，是由於舊大學之狹隘。按在一八六八年，英國祇有三個大學，到一八九一年，才增至十一個他們的校址都在大工業城市中。如Leeds, Liverpool, Birmingham, 和Manchester等處。並且多是私人捐設的大學院乃是講學院(Teaching Institution)惟不能給與學位。一八八〇年，維多利亞大學之歐文學院的高等教育之最上級，才有給與學位之權。那時候Manchester的歐文學院，是惟一的與大學相聯的學院。到一八八四年，才有Liverpool的大學學院。一八八七年，才有Leeds的Yorkshire學院。一八九八年，倫敦大學成爲講學大學的時候。有不少的附屬大學和職業學校。這種大學教育之地方機關的長足發展，已將大學課程通俗化。使許多人費少許的金錢，得享受大學的教育。

八、大學院中的通學訓練學院——當一八九〇年教育司設立通學訓練學院以訓練教員之後，大學學院便與中等教育乃至初等教育發生密切的關係。一八九四年至五年一年度內與大學及大學學院相聯的有十二個通學訓練學校。這種使小學教師訓練與高等教育機關的聯接實在是英國教育民治的發展之表徵而那時候的德法兩國的小學教師的訓練情形，則恰與他相反。在其他各國中小學校的教育乃是嚴格的劃開的。惟有英國，這兩種教育是共進的。英國的各級中學之無特別界限，正如中學教師之訓練無特殊的標準一樣。高級中學的教員，都是曾在大公學受了中學教育而在舊大學畢業的畢業生。在另一方面，小學中的優良教師常自然的升為高等小學的教師，也即是第三級的中學教師。至於在此兩級中的教師，除自由團體外，大都有相當的機關擔負分他們的等級和注册的責任。

九、Bryce委員之中等教育報告——一八九四年指派了一個中等教育委員會(Royal Commission on Secondary Education)委員長是Bryce君。他們所負的責任是籌劃建設良好的中等教育。他們注意的是當時中等教育不够的情形和教育經費的來源問題。並於調查後根據調查所得，提出建議。他們的報告在一八九五年發表。關於中等教育情形的報告已在前面說過，此處不再贅述。現在所當提及的，是他們對於當時情形的批評和主張。

第一級的學校，即是預備入牛津和劍橋二大學的學校，很够用。至少在男生方面是够用的。至於第二第三兩級的學校，便大大的缺乏。高等小學校雖代替他們的責任不少，可是有許多地方——尤其是鄉村，總不免大大的缺乏。市鎮中需要第二級中學最急，尤以較小的市鎮為甚。

該委員會並沒有中等教育免費的提議。但這也難怪他們因爲初等教育的免費不過四年之久的事情。他們雖沒主張免費，他們卻主張拓充中等學校中的免費學額，使小學及高等小學的男女畢業生得享受高級中等教育的機會。比如Bradford文法學校津貼不少的小學生。同時他們又在牛津劍橋二大學裏獲得免費。這種對於貧窮子弟的門戶開放辦法，乃英國教育所希望達到的理想的目的。

十、中等教育各機關缺少聯絡——Bryce 委員會認爲當時的境況中之最顯著的缺乏，乃是各中等教育的主管機關缺少聯絡。如中央的慈善委員會，科學藝術司，科學教育司三者的界限極嚴，且無聯絡。他們在某範圍內，本可以合作，可是他們偏彼此獨立而不相下。如一個文法學校可以在慈善委員會所定的章程下進行，如果附有科學學校且可以受科學藝術司的支配和津貼。也可以收容由教育司主管的小學校來的學生。

地方機關方面的情形，也不見得比中央的好。郡區和市郡區可以在一八八九年技術教育的條例和一八九〇年的地方稅條例的名義之下，津貼中等教育。學務局，自由學校管理局，(boards of managers of Voluntary Schools)私產學校委員會(Committee of proprietary School)捐助學校的管理團體(Governing bodies of endowed schools)和其他機關，他們雖同辦中等教育，卻彼此都沒有關係，也不同中央聯絡以圖他們的事業之合作。

該委員會以爲要解決這個問題，當爲如何設立一個單一的中央機關，以監察全英的中等教育的問題；當爲如何設立各地方機關的問題。這機關對於其地方的利益能普遍的顧到，其行事有較大的自由的，與中央統一制一致，而能適應其地方的需要的。

該委員會之更為重要的主張，便是在國家政府裏面設立一個管理各級教育的中央機關，和在各郡區及郡市區內由區會指派地方機關以管理其一區內的教育。

十一、教育部之設立——一八九九年乃是使紛亂的教育入於軌範的第一步。也即是Bryce委員會的主張實行的第一反應。因為在那一年裏通過了教育部條例(Board of Education Act)，政府的教育機關，都集中到了一部裏面，從前的教育司科學藝術司，和慈善委員會或農部(Board of Agriculture)中屬於教育方面的事業，一共歸並到教育部之下。因此他的權力亦較教育司為大，因為他有權力去視察任何中等學校。教育部有一個諮詢會(Consultative Committee)，諮詢人員並無定數，但至少有三分之二的人員是代表大學和其他教育團體的意見的。該會的職務，就是在應教育部的諮詢。至於教育司的實行事體，本由任常的司長和其屬員辦理。新設的教育部，亦不外此。總之在事實上已設了一個單一的機關，他不特與小學教育科學藝術班有關，即中等教育亦在視察之內。雖然在他成立的數年之內，於中等教育沒有舉動，可是至少是他的職務之一。

十二、自由學校之特別補助——正在那時候，自由學校的困難問題，一天大似一天。因為官立學校(Board school)有地方稅的津貼，所以自由學校實難和他並駕齊驅。加之因為有了地方稅的原故，那些私人便不願再捐錢給學校。他們的捐款，從前本是可以捐助各種學校的。當時他們所納的租稅既已用之於維持官立初等學校，更不願再有所捐助。所以有的人以為自由學校和官立學校在社會上的貢獻同是一樣，何以不同樣的用公款來維持自由學校？於是教會差不多就是保守黨，便起來爭平均分配地方稅。此事雖到一九〇二年的時候才有正當的解決，可是在政府沒有採行以租稅補助自由學校的政策時，國會在一八九七年已通過了一種臨時的辦法，這種辦法是由政府於國庫裏面撥出一筆特別費，以補助之。補助的方法，按學校的學生人數而定，每生不得越過五仙令。並且准許自由團體的校產不納地方稅。

十三、Cockerton 的判決——前面我們曾提到學務局和自由學校的辦事人員都正在從事添設特別班高等小學即最低級的中等教育。Cockerton 君——地方行政部的查賬員 (an auditon of the Local Government Board)，不認承倫敦學務局用款項去供給日夜的科學藝術班。他的理由是：地方的稅收不能給與小學用。因爲從前未有以此款用之於初等教育的意思。因此這事遂提交上訴院(Court of Appeal) 去處理。其判詞大意說：學務局的權限，是在供給兒童的教育。該局用錢去津貼成人教育，是不合法的。可是這個判決，仍然沒有解決初等教育之組織的糾紛。即是教育司和各教育條例，也沒有劃淸初等教育的界限。所以教育局位置仍和從前一般，沒有確定。而使許多供給高等小學的，即以稅收供給低級的中等教育的學務局地位不穩固。國會有見及此，乃即刻（即一九〇一）通過一條例，爲學務局而解除困難。其辦法即是准該局等在一年辦理特別班爲合法，一九〇二年又將這條例修改。

一九〇二年的教育條例

自由團體無地方稅之供給致他們維持學校日加困難；和學務局對於高等小學的地位之糾紛的問題不易

解決這兩件事便是使保守黨政府提出一九〇二教育案的原因這案也可說是使Bryce委員會的建議更爲完成的議案簡單的說這案有兩種主張一是使自由學校與官立學校平均的享受地方稅一是設立一種地方教育機關使他對於中等教育有充分的權力這案頗引起自由黨大大的反對因爲他們是反對用一般人的金錢去辦理宗教教育的學校的所以國會內外對於這案的情感都很憤激但終歸因政府黨的大多數把這案通過了。

一、新的地方教育機關——郡區會和市郡區會特設立一主持其境高等初等教育的機關一萬人以上市區和二萬人以上的城鎭地方祇可設立主持初等教育的機關機關中的執行人爲教育委員會委員會中的大部分人員爲區會人員其餘的人員則在有教育經驗及熟悉地方教育情形的人士中舉出除收稅及借錢之外按條例區會可以給委員會各種權力換一句話說便是教育委員會祇負事務的責任不負經濟的責任從前英國的地方教育行政差不多都在委員會的書記及其同事的手裏這個條例才規定須用教育專門家爲教育主任。

郡區會和郡市區會所管轄的地方頗爲不小並且有辦理中等和高等教育的才力在一九〇二年的條例之下地方機關得考慮一地方教育之需要在教育部同意之後有供給或補助初等以外的各教育和促進各教育合作之權他們依一八九〇年的地方稅條例可以支配補助費而現在又可以徵收一種不超過每鎊二便士或將近值百抽一的稅以供中等和高等教育之用因此各區會增加不少的中等學校以補中等教育之不足此外這新條例又給與地方和中央機關有參與中等教育的教材之權在技術教育條例和科學藝術教育之下技術科學各功課可以分潤公款有的卽藉此以補助除古文科以外的各科可是就是如此普通教育的各科仍然未受到多少利

益，好在新教育機關頗致力於供給中等的普通教育。

這條例又把學務局和出席教促會取消，將其權限轉給新地方機關。官立學校是由地方機關直轄的，所以稱爲直轄學校（provided school）和他對待的自由學校，便叫做非直轄學校（non provided school）後者由管理局主持管理人員中之三分之二的人，是自由團體的代表；三分之一的人，是地方機關的委員。兩種學校都能享受地方稅和國家的津貼，並且還特別規定貧苦的地方機關，得由國庫特別支助。

二、宗教困難的處置——地方機關，對於兩種學校的普通教育都有管轄的權。他們可以視察兩種學校，教科，教法和教員的資格。直轄學校可以依照 Cowper-Temple 例教授宗教。非直轄學校，可以教授其創辦團體所信的宗教。可是他們須依照一八七〇年的初等教育條例，須在一定的時間之內，教授宗教，且不得因宗教之故甄別學生。

三、本條例之不滿人意——非國教派和自由黨人對於這條例的通過，十分不滿。他們以爲這條例使國教占了很大的便宜。把維持教會學校的負擔加到公款上面。雖說因此非直轄學校的管理人已將學校置之於地方機關之下，而地方機關又有代表在地方管理局（the local board of managers）可是這種辦法不無偏倚，以公款之支用於教會學校的太多了，所以有許多人拒絕納稅，甚且將財產賣去或寧可坐牢而不納稅，這種對於一九〇二年教育條例不滿的情形，即是一九〇五年保守黨政府下台的一重要原因。

四、三十年來之進步——自一八六七年之第二改革條例通過後，英國的公立教育政策有很多重要的改革。

一八七〇年的初等教育條例，國家已決定政府的職務，不但去補助初等教育，並且要使這種教育普及。其後且強迫出席初等教育免費，又因新社會的要求對於中等教育亦頗注意，地方政府直接負設立中等教育的責任，國家的教育施設，從來沒有中央機關從中主持，在這時期內中央機關也設立了，一九〇二年以後之數年內，教育行政並沒有多大的變更，但頗致力於現成的機關的改進；與教育機會的擴充。

第十三章　新自由主義和斐雪條例（一九〇六——一九一八）

一、新的政治聯合——一八九五年Gladstone領袖的自由黨因愛爾蘭問題下台，保守黨得勢。可是不滿意保守黨政策的人實爲不少。所以在一九〇六年的選擧便決定撤他的台了。按那時地主的制度，仍沿襲中世紀的情形，還沒有變，且於佃戶大爲不利，並阻止「農工」階級的希望及權利。一九〇一勞動組合又因爲貴族院處置Toffvole案不得法，頗引起工人的憤慨。因爲該院判決以職工組合的財產作該會會員行動之賠償費呢。此外還有一事，卽南非戰爭（Boer war）——英人與南非荷蘭農民之戰——頗爲一般民衆所反對。自由黨和非國教派——就大體說來乃是二而一的團體——引起了一九〇二年教育條例不公平之舊憾，而南非戰爭兵士的入伍檢查，又發現工業城市中人民體格之不行。有大部分靑年男子，體高體重都不及格。並且姿勢不佳，疾病繁多。考其所以致此的原因，不外遺傳不良，居處惡劣，飲食不足，和行爲不正等等。凡此等等，皆有使人要求政府采取嚴重的社會立法的必要。

當時的自由黨已成爲一社會的改革黨他宣言反對一切的窮困罪惡和疾病。工人們亦得了生命，在議會中居然占了五十四席。這五十四席可認爲直接代表工人階級參與工業的和社會的立法者。所以這一九〇六年的選舉，可說是重要勞動團體加入國會之第一次。自由黨與愛爾蘭國家主義者及勞動團體聯合，因此在衆議院中占了大多數此種情形直至歐戰爆發時才變更。當自由黨長期的當政的時候，通過了許多重要的社會的，經濟的，政治的法律。所以這一種立法精神有時逕呼爲新自由主義(new liberalism)可是我們又千萬不可忘記英國乃是一個年老的國家，他有他堅定的沿革與習俗。新自由主義不能急進只得在這裏面緩慢的進行他的主張。然而在過去的五十年中，英國的法律所付與的民治政府的觀念，確實日漸豐富而充足。下面即述他在立法方面的大致情形。

二、一九〇六年以來之社會立法——一九〇六年工人在工作時間內受傷的賠償辦法已拓充到各種工業之內。一九〇八年通過老年贍養條例(Old Age Pension Act)凡在七十歲以上，每年所得在二十一「梗宜」(guineas)之下者，每星期得領五仙令的贍養費。凡在八十六歲以上的英格蘭威爾士的人民，都可以要求贍養費。

爲供給這大批的費用起見，政府乃於一九〇九年的預算案內，規定徵收累進的所得稅，遺產稅，奢侈稅，和地價稅，因此富人的納稅比中產之家的重的多了。

一九〇九年的勞工介紹條例(The Labor Enchange Act)規定各處設立勞工介紹所，介紹失業的工人到有工作的地方去。其用意是在圖免除失業困苦。一九一一年又通過國辦保險條例(The National Insurance Act)爲進一步保護失業的辦法，這種辦法是由工人每星期存出一筆小款，再由僱主和國家補助一分。於是他們在失業的時候，每星期便可支用六仙令或七仙令的費用。此外又規定工人每星期存出一點小款，僱主和工人再補助他們一點以爲不時之需，並且規定工人就醫不要錢，住醫院可免費。

自一九〇六年的職工爭議條例(The Trade Deputes Act)通過後，法庭不能用職工組合的存款作罷工的賠償費，並且允許罷工時得用糾察方法和平的阻止工友上工。一九〇九年的職工局條例(Trade Board Act)規定職工局的設立，在以工人和僱主兩方面相等的人數議定「血汗工業」下按時付資的最低限度。一九一二年的最低工職條例，又將這最低限度的工資原則拓廣到礦工裏面。

一九〇九年的「造屋及市城計畫條例」(housing and town planing)其目的在改正大城市中住屋不良的狀況，准許地方機關拆毀不衛生的住宅和購買新地建築合於衛生的房屋。

一九〇七年的小管業及分地條例(the small holdings and allatment)乃是「政治聯合」對於廢除大地主的「均地」惡習，而使所有的勞動者有地以供其生產之用的第一次的美舉。

三、政治上的變更——在政治方面有很多重要變更，自一九一一年以來國會議員已有年俸。此事對於工人階級的影響最大，因爲從前議員爲義務職，所以只有上層階級的闊老才能由自己錢袋裏拿出錢來供議員時代的使用。工人要直接舉出他們的人來作議員，對於這一筆費用，被舉者實負擔不起。這樣辦法之後，工人們自己出馬充當議員便容易了。同年對於貴族院的否決權，又加以大大的打擊。因爲這個由貴族和教會主教所組成的團體，在上述各時期內他們對於英國社會的改進幾乎無不加以阻止，其於普通教育亦然。因此一九一一年的國會條例規定：凡是衆議院通過的金錢案件，貴族院不得懸留。其他的案件，凡經衆議院三次的通過，不問貴族否決與否，卽成爲法律。貴族院之阻礙社會立法的權，雖還存留不少，可是公衆對於他的縛束，已不能耐此事於選擧人的意志之表現上，大可以看出。

四、一九〇五年以後的教育立法——上述之英國政府的新精神之表現，於立法中者，其反映於公立教育方面卻是很慢。一九〇六年得勢的「政治聯合」頗努力於公立學校中之俗教分離的法律之制定。自由黨認爲用國帑去津貼宗教教育，乃是不對的，所以他們主張分開教，其費用應完全由設立自由學校的團體供給。可是貴族院否決，及至現在國帑補助宗教教育的辦法還未革除。

但是有大批教育立法將社會福利的精神拓充於學校的兒童生活中去了。這些法律和上面各條例同一重要。同爲有改進貧苦階級生活狀況的動機。

一九〇六年的教育條例（供膳），規定由地方機關支用公款供給在校的貧苦學生的膳食。一九一四年，通過的法律，又將這條例的範圍拓充。一九〇七年的行政設施條例(Administrative Provisions Act)規定地方機關有設立及維持業餘學校，業餘班和爲公學之兒童設立娛樂處之權。這條例同時規定地方機關須檢查初等學校兒童之身體，並負救濟其生理上的缺點和增進其健康的責任。地方機關除上述的醫治和防衛兒童的疾病之外，尙須設立母親學校教授嬰兒的母親和育嬰學校收養三歲以下不能在家教育的嬰兒。對於心靈不健全的兒童教育亦通過了比一八九三年的條例更爲有力的法令。一九〇八年的兒童條例，本不是專對教育而發的，但是他與教育有關。所以在此地連帶提一句因爲這條對於學生出席和青年改過教育兩事，都規定爲地方機關的責任的緣故。

五、一九一八年的改革條例——在英國的教育史上，凡是民治教育政策的采用，必與選舉權的拓充有密切的關係。一九一八年改革條例，雖在教育條例之後通過，可是實足可以表示這種關係。這一次的改革條例，規定：凡是年在二十一歲以上，居住一地在六個月以上之男子，皆有選舉權。凡三十歲以上或係一地方政府的選舉人或係一有選舉權者之妻的婦女，皆有選舉權。選舉者在大選的時候，有兩票的選舉權。各處的開票日子同是一樣。選舉也在一天以內舉行。同時衆議院的人數多，席次變更。

一九一八年教育條例——即斐雪條例

如有人不滿意英國教育制度，最好是看了斐雪條例再發表他最後的意見。因爲英國公立教育的教育行政，進步很慢，可是他的結果，卻表示：對於個人自由的尊敬與制度進步的和諧，很平安的使國家教育政策得以發展。又自維持地方與中央的權限方面，經濟方面和個人對於其子弟教育的選擇與國家對於兒童教育的要求方面之平衡的標準（即是自健全的教育政策之主要條件）看來，就說本斐雪條例實施的制度爲近代各國中最滿人意的教育政策亦不爲過。

斐雪條例並沒有什麼新奇的主張，不過是就日常的實施和原理加以拓充而已。就是對於極平常的事業，在其實施的範圍方面亦有改革。比如教育機關的責任從前已付與的，到此刻更加以強迫。他們的職務在從前已分配的，此次更加以重分。還有許多條款，不外乎一九〇二年以來的教育條例的集合。可是就他的全體看來，實是英國教育行政上之重大的革新，精神上之澈底的改革。

一、教育機關——一九一八年的教育機關，仍與一九〇二年條例中的一樣。他們的主要機關，仍是教育部和他的諮詢委員會及其常駐的職員。郡區和市區會仍是主持初等高等教育的地方機關。非郡市區和鎮區仍是主持初等教育的地方機關。地方機關可以聯合起來，辦理其需要的教育和執行本條例規定的職責。這種辦法使經濟不充足的地方得舉辦教師訓學院和其他的高等教育。

二、中央和地方機關權限的平衡——所有郡區和市郡區區會，實際都是隸屬於教育部之下。他們必須將關於企圖其區內教育的組織和進步的權力與責任的計畫提交教育部。主持初等教育的機關，也須在條例之下提出其職權計畫書於教育部。國帑之是否發給，便看教育部是否接收他們的計畫而定。如果接收，地方機關便當負全責使他們的計畫實現。如果不接收，或中央與地方的意見不能一致，則交國會解決。

地方學校仍歸教育部視察。設使視察後認為情形不合，則減削其補助費。這新條例，又廢除了許多法定的補助費，而集中所有支款成為直接補助費(Substantive grant)以代之。這種補助費的支付法，非常複雜。現在略述於下。每一個「平均出席」給三十六仙令。所謂平均的出席，即是以學校上課的次數去除所有的學生出席次數的結果再在這筆數上，加教員薪水之五分三，特殊開支之一半（特殊開支，即是身體檢查，供膳，學校特殊班，體育，晚間游戲場，和嬰兒學校等開支）和其餘的經費之五分一。可是各地方機關必須收得每鎊取七便士的稅，然後國家方與以補助。其實依這種辦法，地方所出的教育經費至多不過三分之二，至少不能至二分之一。設使太貧苦的區域，不能徵收到二分之一的學款時，國家即用補充費（deficiency grant）津貼之。又對於收稅多的地方亦有增加補助費的規定。

斐雪條例對於地方與中央機關之權限和職務的分配，極爲得當。他給與地方機關辦理其地方特殊需要的教育極大的自由權，並鼓勵他們謀地方教育之改進。同時給與中央機關視察全國學校及指導鼓勵之權。遇必要時且可加以強制。國帑分配的方法極合於行政的目的，一方面鼓勵地方向上；一方面幫助弱小的社會；一方面增加國家對校款的負擔；一方面又以國款鼓勵地方對於條例規定以內各事努力的改進。

三、強迫教育的規定——斐雪條例在大戰終了之後，已將強迫教育的年齡提高到十四歲，並許各地方有提高到十五歲的權。同時又將公立初等學校所有各費一概免除。且進一層規定行半課制之補習學校的兒童須強迫受教育到十八歲。不過此事完全的實現，非到大戰後七年不可。（即一九二八年）凡通過任何大的入學考試或通過教育部認承與這相等的考試，青年可以免除他的強迫教育。又在教育部認可的學校受教育至十八歲的，也同樣的免除。強迫僱主在早上八點鐘至晚上七點鐘以內劃出青年入補習學校的時刻出來。凡是在十二歲以下的兒童，不許僱用。在十二歲以上的，雖許僱用，但嚴格的限制，不許妨礙入學的時間。凡以上所述各事，都交地方教育機關執行。

四、健康教育——斐雪條例又將一九〇七年的初等學校衞生視察條例拓充。使地方教育機關舉行公立中等和補習學校兒童的衞生檢查。如其境內私立學校請求時，亦可代其舉行。設立母親學校以教授胎教和嬰兒養育的知識。地方機關准許設立假日和體育場遊戲場游泳池及其他便於社交的身體的訓練設備，以供人日夜享受之用。此外還有一種地方機關享受的權限，也與健康有關的，卽是設立養育二歲以下的育嬰學校和嬰班。

五、官廳和私立學校的關係益密切——自這條例通過後，私立學校的地位大大的變動，其受政府轄制的地方更多，所有私立學校多須依照教育部的特殊要求將其學校的校名，校址校中的各種事體，呈報該部。否則科以金錢的處罰。在私立學校上課的，亦可認爲是強迫的出席。不過其私立學校須受教育部或地方教育機關之視察，然後可以。在中等學校的上課，亦可認爲代替補習學校的出席。可是要經過大學或教育部的視察然後可以。任何私立學校都可請教育部視察，惟不必受教育部的津貼。這種視察所得的好處便是引起私立學校的主管團體，和校長對於教育部有最普通的請求。

六、中等學校中免費學額——斐雪條例並沒有規定中等學校爲義務的。可是他對於此事用自由的態度表示了一句極堅決的話。他說『在本條例之下，當設法使兒童及青年不得因其不能納費便不能受任何的教育。』所以這條例是更進步一層的。不特使教育機關給高等和中等學校的學費，並且使他們維持各種的津貼。

斐雪條例有許多條款尙值得我們注意的，現在此地爲篇幅所限，卻不再述了。本來戰爭的時候，於這條例的實施有所妨礙。即戰後因經濟的困難，於他的實行上不無阻滯。可是這條例大可以證明英國第一次眞正的國家教育之廣大而深遠的基礎之建設，也可以表現一種承認培養健康的智慧的負責的國民，是教育上之新的民治精神。

七、最近英國的政治和社會的概要——以上所述的近代英國教育之歷史的觀察，已可見從前堅定的貴族組織已由工業革命而改變。在一千八百年之際，大地主和城市的貴族在國內各方面占極重要的位置。工人們在政府方面沒有一個代表。因此只有治者階級受教育。至於貧寒子弟不過是受點道德的和宗教的教訓，以免其在社會中搗亂而已。治者階級受教育的地方，是公學是良好的文法學校，是劍橋和牛津二大學。貧寒子弟受教育的地方呢？就是那偶然的和不完全的善堂教育或女教師學校。至於今日英國則與以前不同了。他旣實行普選，其政府便成爲民有的民用的民享的政府了。教育亦成爲培養社會上各個人去完成政治的經濟作用的工具了。

由政治方面看來，今日之英國除尙保存貴族院國立教會的特權和皇室外，已是極民治的國家。因爲他的政府組織，對於人民的關係，比美國的還要密切。其選舉亦最平等。可是由社會方面看來，英國卻表現一個貴族的和民治的複雜狀態。比如工人階級，因爲得了政權，享受了工人立法的權利，已獲得權力與勢力。可是他們尙希望得到顯者階級的教化。國會中雖有他們的代表，可是他們的大部分尙希望由自己個人的地位和財富以達到這種的地位。社會的運動，總算是自由。可是他們尙承認社會的階級。眞正的英國統治者還是由公學和劍牛二大學出身的人物。中等階級之參與政治，比較的容易，可是他們也要從事多年的事業，然後可以至於那大部分的民衆，仍爲政治的被治者。其經濟的社會的地位，仍然不好。上層階級的人，他覺得他是上層階級的，下層階級的人也覺得他是下層階級的。這兩種極端之間，有一個不斷的變動的地位和不少的社會的經濟的等級。這便是說英國是一個由財富世襲地位組成的貴族社會。而同時又是個迅速的轉變到自由的社會。民治的國家之所以成功，是由於能應工業化的社會之要求，徐徐以圖政治之改造。所以尚有許多貴族社會的遺風和習俗保存在今日社會的裏面。

八、英國的學制——英國貴族社會之存在，頗有影響於教育的制度。在初等學校中中等階級的子弟，從沒有與工人子弟並坐一凳的事情。工人的子弟，雖然亦有因免費的機會升入中等和大學的人。可是最初所入的學校，總不外義務的初等學校。反之，上級社會的子弟，未有不在家庭受教育或預備學校受教育的。等到他們可以入中學的時候，便直接送往中學校，決不入什麼初等小學。

初中兩等教育，並不互相銜接，不是平行，便是相錯。從沒有以初等學校爲中等學校的預備的。設使初等學校的學生，在十二歲以前，通過了一個競爭的試驗，那麼，他可以轉到中學校裏去。但這並不是由初小升入中學。因爲要入中等學校，其預備功夫，不在家庭另請教師教授，便是入預備學校中學習。而這種預備學校，並不屬於初等學校範圍之內，而是中等學校之一部。入這種學校是要收費的。

至於工人，做手藝的或低級的中等階級的子弟，都是入免費的初等學校。如果他有志於升學，他可以在中等學校裏得到免費的機會。因爲有許多中等學校，在斐雪條例以前，即得到教育部的補助，並且規定要收容初等學校的學生和至少要維持其全體學生百分之二十五的免費學額。這新條例的精神，至少也要維持這種比例，或與以增加。據說在今日的狀況之下，祇要他有志願有天資，任何兒童都可以擔保他受免費的中等教育。一旦中等學校畢了業，若是還有天資的肯努力的又可以入大學校。此外又有補習學校，凡初等學校畢業生之不願入中等學校的，可以一面作工，一面在這等學校裏補習。直到十六歲或十八歲，他裏面的功課比較初等小學爲廣，並且可以學習工作以爲日後謀生之用。

在前面我們曾經提到過高等小學的事體，這種學校是由地方教育機關設立的。其位置屬於初等教育系統之內。其功課比初等學校高深而豐富。在斐雪條例內仍然存在。不過其組織和名稱不同罷了。在起初稱爲高等小學，今則稱爲中央或中間學校。其課程頗似法國的高等小學和美國的中學。其目的在實施工商業的陶冶。教師通常都比好的初等學校的爲高明。其所做的功夫，質量方面又頗與中等學校相近，其學生都是由初等學校挑選而來的。

中等教育的系統，最爲複雜，好在我們已略知他的起源。現在再清理一下，便清楚了：（一）第一級的公學——多是寄宿的；（二）第一級的學校——公立的或捐助的都有，但多是通學的；（三）第二級的捐助學校；（四）女子中學；（五）郡立或郡市立的中學。除這等有一定形式之學校外，尚有許多私人的中學校。至於預備學校，則已經說過，是爲預備入中等學校而設的。

九、第一級的公學——這一級的學校約有六十所，都是爲上層階級和財富階級而設的學校，所以他裏面的學生不是貴族的子弟，便是聰慧的青年。他們來到這裏面，一方受優良的校風之感化，一方與由公學而大學畢業的學者和自信此種制度十二分好的人物日相接觸，自然感受一種特別的風味。凡新生入學，必定置之於學生自治之下，使他知道「儀節」(good form)實踐「儀節」，信仰「儀節」，而成爲一種高尚的舉止。又須練習說話，以爲其在過公學讀書之表示。他們的說話可說是英國的一種標準語言。編輯字典時的讀音，即依照他們說話而定。他們又極注意戶外運動。雖然近來近代科學已爲他們注目，可是古典科目仍占極重要的位置。學生自治現在仍繼續存在，並且是這種學校唯一的特色。

十、其他的中等學校——公立的和捐助的通學，普通叫做文法學校。他們要比寄宿的公學要便宜些。比他們要開放些。他們的功課也比較的合於社會需要些。由這裏面出身的學生，入普通大學的固不少，入劍橋牛津的也不乏人。

在一九〇二年以後，這種學校由郡區和郡市區設立的極爲發達。在一九一四年得教育部承認的，有四百三十三個實行男女同學。其學生都是下級的中等階級和有志氣而聰慧的工人子女。各校的教員都是各地大學的畢業生。這種學校乃是英國教育的民治的精神賴以發展的學校。由他們的現狀及公共機關對於他們的關切看來，他們將來的數量上和影響上的發展一定很快。

十一、老大學——目前劍橋牛津兩大學仍是英國的最高學府，並擔負培植政治人才的重大責任。可是他們同時又是研究學術的祕府。對於近代科學專業研究，已有相當的容納。對於社會方面他們有中學升學的考試，和學校的視察，其推廣的事業於英國各階級都有貢獻。

十二、各地大學和大學學院——老大學漸漸的已不能獨占高等教育的地位他們雖欲維持其至高無上之位置，可是至高無上的教育貢獻亦頗有限。所以各地的大學和學院便相繼而起，與他並駕齊驅了。現在除兩個老大學而外，已有十一個大學。這十一所大學頗著重在專業的技術的研究。同時亦供給普通的高等教育。這種大學頗與美國的大學相當。由社會的意義說來，他們沒有獨占的意思。除上級社會的子弟之外，他們是供給所有人民受高等教育的機關。因此中等階級和下層階級之享免費特權者，都在這等高等學府裏面求學。

十三、學校和社會的機會——英國的教育和他普通的社會狀況實相一致。舊貴族所受的教育就是公學和老大學的教育。自普選和為社會福利的新精神發生後，乃有普及的義務初等學校之設備，和他裏面的各種善舉；乃有為有能力有志向的貧苦兒童在中等教育裏面設免費額的事體。至於處在這兩端之間的社會，又有各種的中等學校和各地的大學以滿足他們的教育的需要。

十四、英國教育中之國家主義——自表面上觀之，英國並沒有利用學校為國家的宣傳工具之事。在這一點上，他是和德法兩國處於極端相反的地位的。可是我們不可忘記，那使德法兩國的學校成為愛國的搖籃的境況，在英國可說是沒有的。在德國還是一個地理上的名詞時候，英國已立國數百年了。十九世紀的初葉，英國早已具有普魯士理想中的地位了。英國的國家之統一至少也在伊利沙伯的時代，德國國家統一思想之發端，不過在Jena之役和 Tilsit 條約之後。普魯士因政治上的必要，所以他於創始的時候便含着國家的動機。在歷史上固教授愛國的地理文學和其他科學，只要一有機會，即貫輸這種思想。

至於英國對於他的民衆，也給與了他們國家的統一和愛國的心情。可是他在學校方面，只是謀兒童們道德的進步，學問的提高，而從沒有把學校當作培養愛國心之用。你儘可以說，英國學校中之教課似乎簡單不知道有其他國家。他們既不研究他過去的歷史，也不研究做公民應知的社會問題。到了一八九〇年，他的小學校尙在按成績付款的鐵律之下，學習讀寫算狹隘的課程。什麼史地文學和粗淺的科學，幾乎沒有教，就是教也不過死死的練習實用的事實。只是在改革考試制度後之一短時間，小學校的科目擴充了些。教法改良了些。可是舊習慣卻仍然繼續的保存着不少的勢力。

英國的行政制度，也很難由中央政府規定愛國的課程。即許說中央政府想實用這種辦法，他能否行得通，尙是一個問題。何況英國教育的習尙和他人民的性情，幾乎是反對以學校爲愛國的宣傳的。凡表示熱烈的感情和愛國的熱誠，都視爲與「好儀節」相反，是不應該的。所以公學中的兒童，認表示愛國的熱誠爲粗莽，而寧願戰死在沙場的。他的初等歷史中所記載的是：「眞正大不列顚的精神」，或英國勇敢的海員所應具之德行。而很少有或竟沒有愛國熱誠的記載，更須有顚倒歷史的事實，以滿足愛國的目的。

在原理上，英國是不以學校作國家的宣傳的工具的。而他已有了一個由演進得來的國家學制的結果。卻是實際在戰後，英國對於公民的和國家的教育如何辦法，則尙有待。此刻不能冒昧的決定。不過已有人主張此後對於這種教育應當比從前要多所注意。德國的實施，固屬太過，英國卻太不及。可是英國乃是一個國際的帝國，就是有所變更，在公立學校中亦決不致有意的採用狹隘的狂熱的公民教育事體。

第四編　美國

第十四章　新聯邦和舊政治的經過(一七八九—一八二八)

一、十三州之政治聯合的程度——當十三區殖民地和祖國脫離政治的關係的時候，他們之自視不僅是對英爲獨立，卽是他們彼此也是互爲獨立。在他們中間並沒有政治聯合的情感。他們不過是一羣的美州共和國，並沒有單一的和統一的國家之意思。其所以至此的原因不外那時沒有便利的交通機關，以致殖民地間沒有商業的往來。印刷品的交換很少，以致各地的居民情意很少溝通。又因爲和英國的商務與智識的交換之關係，不能解除，以致各殖民地反和英國較爲親密。加之他們彼此之間沒有共同的文化可襲，在某範圍內，反因宿有的成見，和經濟社會的情形之不同而互相猜忌，不能融洽。

可是在另一方面卻不能說各州之間完全沒有視爲政治一體之感覺。當各州對大不列顛獨立時所宣佈的獨立宣言，便是十三州的代表在大陸議會裏面(Continental Congress)之聯合的行動。那時對抗共同的敵人所發生的熱情，就是各州一致的表示。同時因爲協同動作的原故，卽刻組織了一個權力有限而可以裁判全國的政府。不過他們內部還是不能一致，所以有以武力行使政權以期解除這種困難之強有力的提議。

二、聯盟約章下之泛泛的聯合——一七七六年至一七八九年之間十三州所組織的聯邦政府，其性質之不定，卽是聯盟約章（Articles of Confederation）所給與大陸議會的權力之明白的表現。該政府的組織在一七七八年除Mary land之外已爲所有各州所承認。自此以後，直到一七八九年，北美合衆國憲法批准後才改組。依照約章的規定，議會有取決外交和軍事的權柄。議會中各種的決定由各代表投票定之。凡肯定決定，必須得九票以上之同意。可是議會議決其有效與否，全視各州之服從和便於實施與否而定。議會又有議決招募兵隊，分派駐紮之權。不過實際的招募事體，仍由各州辦理。議會又有徵收款項，以供其費用之權，和與外國談判條約之權。如對於英國討論獨立戰爭之賠款問題，卽其實例。但是他的行政和立法，須得各州政府之同意，方能行使者，多遭各州拒絕。

在獨立戰爭未了結的時候，各州尚能因實際的利害，勉強的互相容忍，彼此合作，議會亦能行使其所負托的責任。可是一到戰爭結果之後，外交和軍事二者便不甚重要，在內政方面，議會又無權力可以行使。各州爲滿足他的經濟的困難起見，最好的方法，便是直接收稅。那知他們各自設立關稅，以反抗其隣封，以至引起無窮的凶險的仇視。土地的爭執——如本詩文尼亞州之飛狐鳴谷（Wyoming valley）之所有權之爭——幾乎引起戰爭。而最可怕還是要推經濟的紊亂，各州大發無擔保的紙幣，幾至國將不國。海外信用已破壞，錢幣已不見流通，債務者和債權者兩者之戰爭，已急在燃眉。

三、合衆國之憲法——到一七八六年各州的商務狀況已非常危急，所以才有在安納波泥市（Annapolis）

召集會議以圖改進之舉。此次會議到的人數極少，所以沒有什麼成就。所可幸者便是爲一七八七年的斐城(Philadelphia)會議作了個預備。斐城會議的責任是在製定足以解除當時各州聯合的困難之聯邦政府的憲法。所以合衆國的憲法，是由這個團體精心的製成的。

憲法會議中最重大的困難莫過於有幾州不肯放棄其絲毫的獨立主權。狹小的數州，固然怕大的數州侵占他們，而他們又共同的懼怕強有力的中央政府行使其權力，來壓迫他們。可是他們都認爲當時的紛亂情形，有設法使之消滅的必要。此中彼此的利害如何消除，其情形非常複雜，恐不能一一敘述，總括言之，便是最後所決定交各州批准的政府，是一個聯邦政府。這政府有辦理外交的一切權柄。凡是對外的事情，各州均能一致的行動，而把締結條約，管理海軍陸軍的權都交給聯邦政府。至於戰後經濟的商業的困難，中央政府有鑄錢及課稅的權柄。但以中央武力強迫各州的問題，仍沒解決。

兩院制的設立，解除了大小州的困難。參議院由各州同數的代表組織。衆議院的代表則按各州人口的多寡分配。行政的領袖是大總統。大總統由參衆兩院同等的人數之選舉院(electoral College)選舉之。副總統在大總統死亡或不能視事時代行大總統職權。行政分爲內務(department of state)，財政，軍事和檢舉(attorney generalship)四部。司法權由最高法院主持。其他各級的法院由國會視地方的情形隨時設立。最高法院的地位的職權，在根本大法內沒有明白的規定。因此聯邦政府在司法一方面於憲法公佈後之三十年中，得有重要而有力的發展，卒成爲發展強有力的聯邦政府之極有影響的機關之一。

四、聯邦政府權力的問題——在公布新憲法的時候，所規定的是單一的國家政府抑是各州保有不少的主權之泛聯邦。都不能說定。因為贊助他的人物有主張設立強有力的國家政府和各州極大的自主權兩派的原故。這對立的兩派都認為這憲法是一種包含他們自己的政治理想之大法。這種國家的主權和各州權限問題，在美國早年的歷史中時爭執起直到南北戰爭時把南方打敗了的時候才解決。

概括的說來這新國家政府是一個列舉權的政府，在理論上他所有的權力就是憲法中特許他的權力。為注意這點起見在一七九一年修改憲法的時候，特別的伸述說是：凡憲法未授與合衆國的各權力或未經憲法禁止各州具有的各權力，概應分別的屬諸各州或人民。當時有兩大黨，第一次握權的政黨，是聯邦黨，主張凡屬施行公共政策所必要的權力，憲法應該規定給與國家政府。可是到了一八〇〇年，共和黨繼任之後，他們的信條是聯邦政府所需要權力應當有限。幸而在實際上他們兩黨於行使聯邦主權的時候，相差並不很大。不過在共和黨傑夫遜當政的時候，其聯邦政府之活動是以各州為前提的。

五、國家統一之阻礙——可是在早年的時候，憲法給與新國之統一，並不能安然的實現。如一七九八年扶勤尼亞和鏗塔基(Virginia, Kentuchy)兩州的議決案宣稱應固定各州的權力，而取消聯邦政府在列舉權之外有侵犯根本自由的各種立法。一八一二年之戰，就是新英倫各州反抗國家政府的明白的表示。一八一四年由新英倫各地的代表所組織的哈特火特會議(Hartford Convention)即是討論脫離合衆問題的。這會議或許就是戰爭結束後惟一消除困難的方法。但無論如何，這聯邦政府的地位總算站穩了。

六、聯邦憲法和民治主義——倘是民治主義，便是代表政治，那麽這新憲法的確十二分的民治的了。所有政府的權力都是選舉者所授與。倘是民治主義的解釋是「成人選舉」和政府對於民意的直接負責。那麽，合衆的新政府很難說是民治的。因爲憲法會議中之各州代表，差不多無一個不是代表財富階級和贊成組織強有力的政府，以保障有財產的人物。在憲法會議正在進行的時候，債權者和債務者雙方的爭擾尚未停息，以至使在獨立戰爭初年所經驗過的極端之民治主義之熱誠，爲之銳減。至民衆主權之贊助者已不信任無財產權者之政權的行使。

所以我們對於當時的憲法之阻遏民權，亦不足怪。選舉總統既另組織選舉院選舉之，以保選舉之安全。選舉人之產生又不得違背各州之規定手續。在一八〇〇年十六州之中只有四州的選舉人是直接由人民選出來的。在其他各州，不由州議會便是由旁的法團產出。憲法規定參議院的議員由各州議會選舉。其用意不外想至少使一院不直接由人民操縱。參議員任期之長，和權力之大，也不外想防止民衆急躁的要求。據憲法會議的記事錄所載，其代表主張以不動產來限制衆議院的選舉之意念極爲強硬。好在爲要求各州人民之批准新政府法規起見，不得不採取各州之選舉法爲產生國民代表的基礎。因此聯邦憲法中之選舉權最大的公道，就是各邦選舉規約中之公道。所以如果要明瞭當時政治性質，最好是察看州憲法的選舉條文。

七、各州的選舉法——在公布聯邦憲法的時候十三州中只有紐亨夏(New Hamshire)，本詩文尼亞(Pennsylvania)，戴頼桓(Delaware)，北加祿林那(North Carolina)四州沒有規定以不動產爲選舉的資格。可是他們仍有納稅者才能選擧之限制。這種政權行使的限制原則，不特在美國是如此，即在一八四八年以前的法國，一八八四年以前的英國，也是如此。當然在那時候的政治史中，沒有政治代表，須以成人選擧的基礎的原理，即在實際上，也普遍的承認凡無土地者，非納稅者和在政府方面無財產之憑證者，都不宜於參與法律的製定，和政權的行使。據統計所得，在一七八四年，美國全國有選擧權者，不過占全成年白人人口之五分一。

大多數的州裏，既以財產爲獲得選擧權的資格，那麼被選擧權之獲得，更須有財產，已不待言了。官位愈高財產的資格也愈高，也不待言了。此外則居住長久的一個條件，較通常的選擧更爲注重。宗教在一七八九年以前，已不認其爲選擧資格之一，可是在被選資格方面仍視爲重要，以爲是公共服務之安全的保障。所以幾乎全國各州，仍保留爲選擧參議員和行政官資格之一。

在一七八九年，各州都有以議會爲政府中心之普遍的趨勢。各州行政長官並沒有人人都具有否決權。有的幾州，其行政長官且由議會選擧，法官亦由議會指派。如無法外行動，終生不解其職守。由以上各種規定看來，都有表示避除民衆掌理政府和縮減民衆的權力之趨勢。

總之，這一班製定聯邦憲法和臨時州憲法的先生們，對於政治代表的限制，雖然比較歐陸爲寬泛，但始終不免染有他們的積習。美洲政治的實施和理論，到了一八二八年因經濟的社會的情況大大的變更，所以也跟着變更。政治之須根據經濟和社會的情況，在製定憲法時雖已有了，但實際是在此時才眞正感覺。我們要知道美國當時之民治主義，是低價的土地的產兒。所以我們要明瞭他的起源，當先考察美國的邊地情形。

八、邊地和民治主義——這「邊地」(frontier) 兩個字的意思，一半是指在舊地和極發達的殖民地之外的便宜土地或簡直不要錢買的土地。一半是指居住文化已開發之外的男女們所具有的進取耐勞和平等的精神。

一八〇〇年的時候，合衆國有三分之二有奇的人口居住在沿海五十英里以內，其餘的人口，則散居在內地各大森林左右。浮茫(Vermont)東部南部，和紐亨夏的一大部分，都是新英倫的移民。曼恩 (Maine) 的大部分，紐約州的西部，完全是無人烟的曠野。在西南一方面則沿阿利根尼山經鑒塔基鄧乃西和渥海烏河流域一帶又另是一枝移民。就是在這等地方，他們都是非常分散，中間常隔着曠無人烟的土地，後面都是一望無涯的荒野。

九、先驅者(pioneers)——深入內地荒野，爲其自身及其子女尋覓居住的人。同時並負有增進其生活的希望。那便宜的土地和自立的想望使得他棄掉了比較舒服的生活，而去幹他們的篳路襤褸的事業。凡是在東方失意的商人，不能得到自己的田地耕種的佃戶，和不滿意工作狀況和報酬的工人和其他旁的人，都被迫的向西方遷徙。那裏不特可以得這種較好的生活，就是那自立的味況，亦足以使他們醉心。邊地的生活，雖甚簡單，然亦多辛苦。可是他們決沒有社會的階級。每家都在他自己的土地上建築房屋，每家都能使用和享受他自己的生產。勤勞，勇敢，忠誠，友愛，都是他們極可稱道的德性。沒有什麼門而地位的分別。在東方各地，頗有選舉權的運動，因爲那時的美國的公民幾乎只限於有產者和納稅者。並且舊區域內視爲掌握所有政權的人，反落了後，因爲這新社會的先驅者，已組織地方行政機關，以滿足其自身之需要。在這種組織的社會裏，大家都可以參與政治生活。

十、成人選舉乃是邊地產物之一——前面已時常提到，舊有各州的內地與阿利根尼山後之新開諸地無異。總而言之，便都是邊地的情況。他們有同樣的經濟的社會的環境，所以也有同樣的政治趨向之活動。所不同者，他們因為與守舊的東方各州有關，政制組織的變動便不及新興各地的變得那樣快。但無論如何，基於成人選舉的民治是邊地產生的。如一七七二年 Watauga 移民地採行協約 (Articles of Association) 的時候就規定了成人選舉和宗教自由的了。一七九一年浮茫加入合衆國的時候，也採行同樣的選舉法。一七八〇年 Cumberland 移民地採行的社會契約，就是由各成年男子簽定的，同時亦規定成人的選舉。一七九二年的鏗塔基也有同樣的規定。一七九六年鄧乃西雖然尚保存財產資格，但並不是特殊價值的財產，而在該處隨時可以獲得的財產，所以雖有這樣的規定也和無限制的相等。渥海烏到一八〇三年，盧易斯那在一八一二年的時候，尚保有凡公民納稅而後有選舉權之規定。惟渥海烏在其加入合衆國之次年便廢除了。這種規定在一八一二年之後，除密士塞必外，凡是加入合衆國的各州，都在他的初次憲法中規定了成人選舉。

十一、政府對民意負責——與選舉權同一重要的規定，便是新興各州的憲法規定了。行政須直接對民意負責。在舊有的各州之內，州議會就是政府的中心。大多數都有選舉州行政長官和其他主要的官員。新興的各州裏面，行政長官是人民選舉的，他有否決議決案的權柄。各官員由選舉舉出的大大的增加，就是法官在特別的審判之下，也是由人民公舉的。他們以為執官的政權和選舉權是一樣的重要的。做官的特殊資格業已廢除。官員輪任已成為極有價值的政治原理。

十二、舊有各州的民治改革——所可慶幸的，這舊有的各州已感到了邊地政治的影響，在某種經濟情形之下，他們對於邊地有直接的競爭。自革命以後而尤其是一八〇〇年以後有大批的人民移入新英倫和紐約州內地。據說竟有全村的人民，連牧師和教師通通遷移進去的事體。因此舊社會便感覺到他們的人口之喪失，而新地的人口之大大的增加。不特使他們經濟退減，卽在聯邦方面的政治代表也失掉了。當然，新英倫和中部各州(Middle state)選舉改革最重要的動機之一，還是在想使他們的政治狀況一如新興各州的自由。

一七九〇年，舊有各州中第一個解除選舉限制的，便是紐亨夏一七九二年戴賴桓解除了財產的資格，而保留納稅的規定。一八四九年馬尼倫廢除了財產和納稅的資格，次年南加祿林那也有同一的舉動。一八一八年康奈克的克脫採行新憲法，規定納稅或當兵有與小財產主交換選舉的規定。一八二一年，紐約州舉行憲法會議，廢除財產資格而保存納稅的條件。一八二六年，連這點小小的限制都廢除去了。一八二〇年麻塞邱塞解除了不動產的資格，仍保留納稅的限制。在北方各州，只有羅特島尙保守殖民時代的憲法中選舉的限制，一直到十九世紀中葉才改變。除上列各州外，南部各州的選舉改革實在傑克遜政治革命之後。

總之，一八二八年之後，在扶勒尼亞以北各州，除羅特島而外，不是已成立了成人的選舉，便是減少了選舉的限制，凡居住其境內的白色成人，都有選舉權。南部各州在一八一〇年以後，因植棉的發展，須用多數的奴隸，便成爲一種限制民權的地方。至於極有影響的社會狀況和經濟情形，將在下節討論。

十三、美國早年生活的簡單——由聯邦憲法施行的時候，一直到一八二八年，合衆國的生活完全是鄉村的。

一七九〇年，八千人或八千人以上的城鎮，僅占全國人口百分之三又三分之一。一八二〇年，約有百分之五。一八三〇年，約有百分之六又四分之三居在這種城市。新英倫各州在十九世紀初葉之一二十年內，紡織業已略有發展。至於各州工業革命的大發展，則在一八二〇年以後。據說一八二七年，斐城的職工協會之組織，是美州勞動運動之眞正的發軔。在這個時候，製造的手續和工具都和殖民地時代一樣。農業占最重要的位置。除內河小汽船的行駛擴充外，其他的交通機關和革命時期差不多。至於消費和生產差不多。凡農產品幾乎都在當地消耗。凡消耗的幾乎都不外家庭和農產品。最重要的出口貨，當推南方的煙和棉。在封鎖港口和一八一二年戰爭的時候，新英倫南部與西部各州的商業有不少的發展。

那時的生活，普通說來，總不外簡單二字。就是沿海一帶的郊外生活，都是很粗野而辛苦的。地方上的公共事業的進行，簡直和州政府無關。應付那種生活的境況，也用不着讀好多的書。手工業都是墨守成規，不知更改。家事和農事一如英國之伊利沙伯時代。並且這兩種事業，占人民職業的大部分。一般男女，即不讀書，亦不感覺什麼不便，更不以爲是可恥之事。所有的事體，都是靠一雙手的多。在閒暇的時候，只有很少的書可讀。至定期出版物，可說是沒曾有。欲備這種東西作消遣之資和自修之用，往往是難乎其難。

在人口集中的地方，因爲商業的需要，乃有較高的和普遍的教育之要求。至專門職業的訓練，則又有高等學校和專門學校的要求。選舉權之擴充和做官的特殊資格之取消，已大開有能力而勤苦的寒士爲政之門。他們既得政權，即努力於有志的青年教育之設備。

十四、美洲之民治和歐洲已有之民治不同——我們試看歐州各國政治制度之發展，即知道英法兩國政治之改革都跟着工業制度中工人自覺之發展而來的。就是普魯士他的工業總算發展得遲，可是成人選舉之事，多半都由工人活動鬧出來的。設使在沿海一帶之一百英里以內有一道不可踰越的界線，使一般人民不能西遷，而人口又有加無減，致一般民力拘束於工廠制度之下，那麽合衆國的北部各州少不了要和他們走入同一的道路。於是那種境狀，早年殖民社會的階級境狀，必繼續存在，必更爲緊急。而上中下三等的社會也必會明白的劃分。什麽社會的地位，經濟的地位之改進和變更的機會，也只有一個虚名。如果想要得民治的進步，非藉工人有組織有効力的力量去奮鬬不可。就是奮鬬成了功，使政治得以改革，社會的成見和階級的區分也不能免。正如今日的歐州各國，雖有成人選舉和普通的教育，決不能免除社會的成見和階級的區分一樣。

美國的政治情形，自來便受便宜的經濟情形的影響。同時又影響到社會中人的升降。貧寒子弟，只要他的稟賦不錯，立志堅定，他的事業必定成功。或可以得到的專門職業與乎政治的生活。因爲美人有這種機會的意識和實現這種機會的經驗，使他們輕視社會的和財富的地位所享的權利。這種社會的經濟的機會，在美國早年的歷史中進行毫無阻障，與那時廣大的邊地關係極爲重要。所以早年美國的民治，不是立法上的民治，乃是經濟的社會的。在這已有的經濟和社會利益之使新政治形成以前，民治的成功幾乎沒有用過爭執。

十五、民治和公共教育——這種社會要素和公共教育在合衆國裏面的關係非常密切。可是英法之選舉權的拓充，與學校的供給之關係，恰與他相反。他們之所以供給共公教育，其目的在預防普泛的選舉所生之不良的政治。至於在美國則成年白人男子之得有選舉權，卻在要求供給免費所立學校之先。公立學校之普及和教育之改進，實有待於大部分人之政治的教育之獲得。因為這大部分的人並未進過學校，不知道他們自已比進過學校的差得許多，或是即許進過學校，也不知道另設較好的學校供他們的子女享受。所以教育的進步便很散慢。縱有進步，也不過在各小地方散見而已。這都是由於社會上開明的進步的分子，努力使得其鄉黨有心改良之結果。可是各地方的改革，要成為一州的實施，非有立法機關之許可不可。因此各地方的成功，便是造成強迫的法律之初步。這法律是要使全個的政治單位，都要遵照辦理的。但各地方的情形不一，要他們一體遵照辦理，便使他們感覺法律的進步太快了，致下屆立法人員又有修改學務法令以期適合於大多數公民的事體。

所以合衆國各州之教育的立法情況，不亞於行船之遇逆風，處處受着阻礙。比如說，進行太急，便不得不有廢除或修改不適當的法律的事體。但是經過公共教育施行一時期之後，改進教育的人物又有製定法律以補救過去十年之失的舉動。總之，這長期的改革便是公共教育的進步，不過教育的進步又須賴有選舉權者之贊成改良學校。

聯邦政府和教育

合衆國的憲法，對於教育一事，是沈默不言的。制憲的人物，並沒有想到國家政府設立管理教育的機關是否可行，是否有益。一七九一年的第十條的修改，覺得到了辦理中等教育的特權。

可是在憲法沒有施行以前，在聯盟約章下的大陸會議，到反有一種的規定，使聯邦政府與各州的教育有重要關係。有好幾州曾經要求佔有渥海烏密希干兩河與三大湖之間的一帶空地。自一七八〇年至一七八五年，他們曾經放棄了這種要求，所以這塊土地便由大陸會議管理，名爲西北區域。

一、一七八五年的法令——差不多正在獨立戰爭之後，有一班新英倫的軍人領袖，向會議要求在西北區域內給他們一塊大地方，以便他們移居，並且建設新州。後來這種軍人移植的計畫既停止，而「會議」因爲要這塊土地便於發賣，乃在一七八五年，通過了一個測量新區域的法令。定六英方里爲一「鎮地」(township)，每一「鎮地」又分爲三十六段。並且規定以第十六段撥歸爲住在「鎮地」的人民辦學之用。這種辦法，便是後來「撥地」的發軔。所謂「撥地」(land endowment)便是在國家領土內新興的各州，由國家政府手裏獲得的土地。至於教育乃是直接的受新英倫移民的影響，「會議」之所以寬大，亦不外想吸引教育先進的人民移植於新地罷了。

二、渥海烏公司——一七八六年三月一日，在波斯頓召集會議，組織了一個渥海烏公司。這一個公司，是新英倫人民組織的。他們想在西北區域買一塊大地，並且推舉幹事與「會議」交涉買賣的事情。「會議」在這次交易以後，爲新區域設立了一個政府的雛形。這事正在進行的期中，渥海烏公司的代表Manassch Cultor 在斐城與制法諸人頗爲接近，所以這法令的內容受了新英倫諸人意志的影響不少，是可以斷言的。

三、一七八七年的西北令——這西北令規定「新州」必須自西北區域產生出來，並漸次發展地方政府的權力。又承認「新州」與舊有各州平等，而爲合衆國之分子，有自己設立憲法和政府的權柄。這就是美利堅國能夠橫行大陸的原故。現在我們對於新地的立法方面，不得不略徵提及一下。他們的選舉權是以有土地爲基礎的。凡有土地在五十英畝的，便有選舉權。較這漸次加多的呢，便有被選爲代議士參議員行政官的權。此外又有六條，是關於信教自由，個人自由和禁制蓄奴的。在他的第三條中說道：『宗教，道德，知識是好政府和康樂的人類所必要的；學校和其他教育的工具應當極力提倡。』

在西北令通過後只有六天之久，那賣與渥海烏公司的一百五萬英畝的契約便訂就了。按照一七八五年的法令，第十六段是撥「鎮地」作辦學之用的。可是Culter以爲這種撥給尙不十分滿足，便更要求將等二十九段撥作宗教事業之用，和貼近中央的兩鎮地請會議指作州議會擬辦的文化機關之用。「會議」對於這事，遲疑了幾天，因爲怕Culter在各州威迫的買地，所以終歸答應了他的要求。

這事完了之後，同一年內又有John Clark Symmes和財政部的交易。在這交易的契約上規定每一「鎮地」之內，以一段作辦學之用，一段作宗教之用，而以一個全鎮地保存爲學術之用。

四、國會給地政策之確定——一八〇二年承認渥海烏爲一州的時候，已承認給地與渥海烏辦理高等教育。而第十六段作爲辦理普通教育之用的辦法亦已通行全州。西北區域之其他四州，則以十六段辦普通教育，兩鎮地以上辦高等教育。一八〇三年國會通過一案，拓充撥地辦教育的政策，到了密士悉必區域和南邊鄧乃西及海灣一帶的地方。一八二六，盧易祥那也施行同樣的政策。一八一八年國會對於意利諾州特別通過一個議案，規定以賣出的公地總數百分之五之五分三作爲教育之用。這種政策在一八四五年以前，沒有那一州仿行過。

五、給地的眞義——聯邦政府撥給各州內之公地不特以之興辦教育，並且也撥他築路，和其他內務之用。撥給的動機，就是聯邦的利益和邊地各州各區的權利兩種之和。所以就大體說，撥給土地與辦教育，是政府的寬容大度，但就小處說，政府之與各州居住的交易多少是帶有想把土地容易賣掉，吸引他人前來居住的意味。最初規定撥給公地辦學的辦法，便是爲應新英倫移民的要求而起的。因爲他們打算在這荒僻的地方來建設學校的政府，也以爲如果能引逗人民，去買邊疆一帶的土地，都是一個償還國債的方法。他之所以採納撥地辦學的主張，實在是以爲至少可以大大的消售土地，使移民極快的增加，無代價撥充辦學用的「鎮地」，其結果實不亞於每賣一地所得到的百分之三的紅利。

一般用自己的財力在荒僻的地方建設新州的先驅們，頗有助於國家，換言之，便是大家都受了這少數克苦耐勞者之賜。因此爲發展東部的利益而幇助先驅者，不特是一種好事業，並且是一種善事。這事可由承認渥海烏及其他地方爲州的法令中看出。明言之，便是以賣該州內之公地的總價之百分之三，歸還該州，作爲築路及其他內政之用。又如意利諾特定此百分之五的內政費之一部，與辦教育，視教育爲內政之一事，不特因爲他有利於一州，且因爲他有益於一國。

我們又可以由舊有各州因未得撥地辦學的利益，而向政府要求的一事，以窺見政府對於早年撥地辦學的態度。一八二一年，馬尼倫議會議決，認合衆國各州對於公地的利益，有平等參與權。要是國會不給土地，與他們辦教育，他們也應當照新與各州所得土地的特權的比例，給與他們一種特權。這事有四州是依照馬尼倫的議決案通過的。麻塞邱塞和紐約二州是反對的。

同時參議院公地委員會，對於這事剛剛有一個可幸的報告。報告上說：就委員會的意見看來，在各州按照公地辦學的時候，當顧及下面的兩種利益：一是未賣的公地之改進，和人口的加多所得的土地「增加價」；一是契約已規定，凡合衆國的公地，在未賣去以前和賣去以後之五年內，不得收稅。他們並且又宣言，對於舊有各州不宜和新興各州一樣的捐撥土地給其辦學，祇可以在發售公地所得價錢中之某範圍內，以百分之幾給他們。同時且主張如果要采行這種政策，凡新興各州內新地的發售，就當由國土局於發售後即徵稅。

這一八二一年，參議院的議決案，在國會中並沒有通過。即在一八二六年，衆議會也沒有同樣的議決。但在社會上，因爲舊有各州之要求撥地辦學的爭執，已成爲一個聯邦政府與各州對於公地一事之權限問題了。那主張仔細解釋聯邦政府權限的政黨，卻因此失敗。

在一七八九年至一八二八年之間，聯邦政府對於教育毫無設施。卽就經費方面說，除撥公地辦理普通學校及高等學術機關外，也無他事可舉。

州政府和教育

當傑克遜初選爲總統的時候，合衆國已有二十四州。自合衆國成立之後，浮茫和曼恩卽加入新英倫各州之內。渥海烏印地安那意利諾三州自西北區域産出後，已承認其有州的權限。鄧乃西和鏗塔基也離他東方的祖邦而獨立，成爲和他幷肩的兄弟之邦。盧易祥那密士悉必和亞拉拔毛已經成爲重要的農業區域，並且在一八一〇

年之後，也都成爲州了。一八二一年，米梭利也成爲密士瑟必河右岸之最初的一州，

一、新英倫公立學校的淵源——這新興的合衆國，只有新英倫各州的加入——羅特烏除外——是帶了他們公共教育的淵源來的，帶了他們的學制來的。比如麻塞邱塞州的教育權限，他的州議會是最初規定的。在一六四二年的法律，即認爲父母的或爲保護人的須對於兒童的教育負責，而使他們能讀書能明了宗教原理和本州的重要法律。到一六四七年更規定各鎮官廳有指派教員和設立學校之權，凡在五十家以上的鎮，必須設立一所學校，以教授讀寫，一百家以上的鎮，必須設立拉丁文法學校一所，否則按法律罰金。但對於學校經費的來源，則沒有以法律規定，惟通常都是徵收一種財產稅充之。在麻塞邱塞州第一次制定州憲法的時候，即特別的規定立法和行政兩方辦理各級教育的責任。

及至一六七九年，還是麻塞邱塞之一部的紐亨夏，也是本着麻塞邱塞的法律及相沿的習慣辦理教育的。康奈克的克脫殖民地，一六五〇年之最初的法律，也是仿效麻塞邱塞一六四七的法律的辦法的。及至一六六五年紐海横和康奈克的克脫合并之後，仍然採用康奈克的克脫的法律。一七七七浮茫宣佈自成一州的時候，其憲法中已規定每鎮必須設立學校或一校以上。每郡必須設立文法學校，州政府必須設立一大學。一七八二年之普通的學務會規定地方官須設置學校。曼恩在一八二〇年以前還是麻塞邱塞的一部，所以他第一次的憲法，其普通的教育規定，就是本着麻塞邱塞一七八〇年的憲法的。他一八二一年的第一次州學務法，就規定全州各地遍設學校。至於魯特島，前面已經說過是例外，他並不像其他新英倫各部的熱心教育。

二、州政府參與教育之根本性質——現在我們應有一個問題，就是問在這開國的時候，新英倫各州的州學制，究竟到了一個什麽程度？我們所能回答的，是已由法律規定各鎮設立學校，在郡設立文法學校，教育法令和其他的法令已一同爲法庭所重視。可是州政府是否設立了特殊的教育行政機關？是否對於地方機關有經濟的補助？則須待我考究的了。

對於第一問題，我們只是答道：「沒有。」一八一〇年，康奈克的克脫雖有學款委員會之設，但他的職務完全是經濟的。一八二七年，浮茫以州長爲當然的學務官，而規定各鎮均須向他報告學務的統計。同年又設立公立學校委員局，以審查教本和草擬教育法令，以供州議會的採納。結果大大的失敗。一八三三年竟公然的由法令取消了委員局。除此之外在這個時期，新英倫各州實在沒有州行政教育機關。

至於州政府對於地方機關的經濟的帮助，其情形較爲複雜。紐亨夏在一七八九年，徵收一種教育稅。其數量之比，爲各鎮學稅五分之一。可是以後這一種的比例量就減少了。一八二一年，他又創設一種文化基金。其來源是一種銀行稅，其用途在一八二八年是分給各鎮辦理普通學校。這種基金，不可與普通學款混淆。麻塞邱塞在一八三九年以前，並無學款，也沒有徵收過學務稅。曼恩和魯特島到一八二八年，才收學務稅。康奈克的克脫在一七九五年以賣地所得之款作爲永久的學款，此款總共將近有一百七十餘萬。一八一〇年至一八二五年平均共計支出此款利息五萬美金作爲各地辦學之用。

現在我們總括來說。新英倫各州除魯特島之外，都已用法律規定各地方興學，但還沒有特別設立監視法律之是否施行和促進教育發展的機關。除紐亨夏徵收少數的稅，供給辦學和成立文化基金之外，其餘各州，並無以經常費補助地方辦學之事。只有康奈克的克脫在早年的時候，成立了一種永久的學款，以供地方之辦學。

三、紐約州的教育行政——在開國的初年，只有紐約州在州教育行政方面有不少的進步。一七八四年，他的議會設立了一個紐約州大學管理局，以管理高等和中等教育。該局在一七八七年，雖然改組，可是他的職權仍是與一七八四年一樣。此次改組結果，是委員二十一人，有完全管理高等和中等教育之權。

一八一二年，紐約州創立普通學校的州視察機關，以與管理局對立，而專司初等教育一切事務。紐約州這一種的劃分教育行政的辦法，一直繼續到十九世紀。一八二一年普通學校的州視察才廢除，而以州長兼理之。

四、喬治和密希干二州不完全的州教育制度——喬治和密希干的州行政制度，有許多地方是和紐約州一樣的。喬治州一七七七年的憲法，就規定依州議會特許，設立三個「亞卡狄美」（academios）並撥以土地，同時又規定其餘各郡，亦得撥地辦理亞卡狄美一類的免費學校。兩年後，這郡立的亞卡狄美，都歸州立大學評議會管理。可惜的是這大學進行遲慢，對於州內各校並未有十分盡其管理的責任。

一八一七年，密希干設立的密希干大學學術而兼行政的機關。大學的教職員會具有管理全州各級學校的職權。該大學在一八二一年，其組織雖有多少改革，但其學術部始終在一八三七年才得成立。可是在一八二七年已通過一個新學務會，使普通學校不屬大學管轄。

因爲這兩州的教育行政制度發育的不完全，所以可以說惟有早年的紐約州，已有一個趨向完滿的有力的州公共教育制的始基。

其餘各州，我們所可知道的在一八二六年，馬尼倫創立了一個一州公共學務監察機關。一八一五年，扶勒尼亞設立了一個管理學款局。

五、用州經費補助教育——州教育行政機關雖然缺如，但是州政府並未完全無教育的設施和注意。在十九世紀第三十年以前，舊有各州實際上已有永久的文化基金和學款以津貼地方教育之用。這種基金多半是由賣州有土地而來的，其餘的一部分，就是罰款，特別稅，沒收的財產等等積成的。有的幾州，又發行一種教育劵，以充永久的教育費。自一七九五年起，紐約州每年有十萬美金分配各鎮辦學。這種辦法雖然只有五年卽行停止。可是在一八一二年，該州又有用州學款利息補助各地方辦學的辦法。本詩文尼亞在這個時期，也曾有補助學院和亞卡狄美和津貼貧苦學童的辦法。馬尼倫亦拓充州補助費於高等教育，在一個短時期內該州只資助兩個學院，五個亞卡狄美，而後才擴開去補助各郡的亞卡狄美。南加祿林那自一八一一年起，津貼各區的貧兒教育，喬治一州除金錢的資助之外，又以未賣的土地供給亞卡得美，並分給各郡辦理學校。這種撥地的辦法，鏗塔基也一度的採用。盧易祥那自一八一一年起，撥款建築校舍，並助各區各創立一亞卡狄美。該州在一八二七年，又將這辦法拓充。每月津貼區學學生二・六二又二分之一的美金。同時各區亦免除貧苦學生的學費，不過與後來的情形比較，這種州經費的補助實在不多。

六、沒有認州爲教育行政的單位的思想——沒有這種思想的實情，可以由國會捐助公地與學一事看出。以第十六段劃作各「鎮地」辦學用一事一直到一八一八年承認意利諾的時候，尚不是給與各州，而是給與各「鎮地」的居民的。自承認意利諾之後，才變爲給與州的。至於撥地給亞拉拔毛的時候，是依照撥給米梭利的法辦理的。亞赓依照意利諾的辦法辦理的。由這些事體的議案文字上看來，均是以教育爲地方的事業的。聯邦政府之撥給土地，不是直接與州政府，而是直接交與各鎮地的人民。聯邦政府認每一鎮地對其第十六段有特別的權利，可以由他完全支配。

地方教育機關

一、新英倫的實況——早年麻塞邱塞和新英倫各州，管理學校的權柄，大底都持在各鎮的手中。在最初的時候，這種管理權操在鎮內會議手裏，並沒有特別設立教育機關。地方官有規定教員資格的權柄。至於負有特殊職務的學務機關的形成，卻極爲緩慢。並且形成的情形，也各有不同。在鎮內人民會議之後，管理教育的，是該會推選出來的代表。其後是一種委員會。其職在指派教員，視察學校，劃分學區，及其他職務。但據記載上看來，這種辦法在麻塞邱塞各鎮中實不劃一，而且時時變動，不過我們可以說的是在一七八九年的時候，麻塞邱塞各鎮中已有許多不是鎮會議選出來的代表主持學務，而是學務委員主持的了。

二、區制(district system)的演進——麻塞邱塞一七八九年之法律，不特承認學務委員會爲特殊的機關，並且有以學務爲地方分權的趨勢。曾經說過，麻塞邱塞最初主持學務的地方機關是鎮。每鎮都有教堂和學校做一鎮的生活中心。可是後來的居民漸漸的向原來的村鎮外面發展的時候，便把這團結一致的鎮生活弄亂，並且終至消滅了。那一般遠在鎭外的居民，不易來教堂禮拜，子女也不便來學校求學。一鎭的教堂和學校都是全鎭的人民供給設立的現在遠在鎭外的人，既不能享受，自然有分化的事體發生。其結果，便是把鎭分爲許多區，而每區又各分擔從前鎭所有的職務。比如一鎭公有的學校就由一鎭的各地方輪流擔任常年經費之一部，以符共享共營之實。

還有一個趨勢，以鎭中的學校爲中心，其開課的時間是全年的。各區的學校，其開課的時間則較短。一七八九年的法律，規定鎭中各區爲學區。每區必須有一區學。一八〇〇年，普通的法律許學區內的居民舉行學區會，以定校舍的大小並許他們徵收學稅，以爲建築學校和維持學校之用。一八一七年，各區被認爲法定的團體。對於法律有充分的義務和權限。一八二七年的法律，規定凡已分爲各區的各鎭，須各爲本區選舉一個委員會，以負各區學款和選擇教員指派教員的責任。

三、學區是人口的反應——麻塞邱塞由鎭的教育單位，變爲學區單位的一事，是美國教育史一重要的發展。也就是人口向內地遷移的社會和政治組織的結果。以具有公共教育的沿革和想有學校的民衆的欲望，在其鄰近人口稀少的地方，自然有想自己管理自己學務的趨勢。學區乃是辦理學務最小的政治單位。凡指派人員和一切的施設，都直接受送子弟入學的私人意思的影響。這幾種小小的居留地，因爲他的需要和習尙相融洽，所以能够自成一區，而與辦教育。他雖然不富足，可是他們也不再等着郡區與他們組合，才有教授他的子女寫讀算的欲望。麻塞邱塞這種教育行政區的演化，是與人口向該州各鎭的地方及偏僻地方的擴張共進的。在這個時期人口的遷徙，不特麻塞邱塞如此，就是新英倫各州也是一樣。新英倫各州的人口先向紐約州進展，繼則分布於西北區中。同時帶着他們原有的地方學制往新闢各地去因此這區學制，幾乎佈滿了人口希少的西方各州。

四、其他新英倫各州的區學制——一八二九年，紐亨夏規訂區學制給與區學務董事的充分教育權。一七六六年，康奈克的克脫的法律，鎮和教區有分劃學區之權。一七九四年的法律，各學區有在其本區內收稅建築校舍之權，一七九八年的法律承認「學校社會」爲學區。及到一八三九年，康州的區學制已發達到可以完全管理一區學校的地步了。一七八二年，浮茫的法律也承認學區制。一八二七年，雖有保存鎮以爲辦學單位的法律，可是一八三三年又廢除了。在這一方面自此二十年後並沒有什麼進展。一八二一年，曼恩通過了一個法律授區團體以收稅之權。可是該州以鎮管理學務一事始終沒有完全停止。

五、地方機關和撥地的關係——那些受了聯邦撥地的恩惠的各州其地方教育機關的發展，頗受了撥地的影響。渥海烏在一八〇六年和一八一〇年承認有二十票選權的「鎮地」的學務團體爲合法。每鎮地選出三個董事，一個會計，管理該鎮地學地。同時各鎮地又分爲若干學區，各學區有直接領取學款之權。到一八三一年，又有一法律命令鎮地董事在鎮地內組織學區。一八三一年承認學區人員爲一法團。此外如印地安那，意利諾，密希干和威士康新都跟着渥海烏一路進行，無稍分歧。就是盧易祥那，密士瑟必米梭利和亞康四州大體也可以歸於這一類。

六、紐約州的地方機關——該州在一七九五年以前，是沒有地方教育機關的，在是年才設立鎮學務委員會，監視各學校，並分配州款。同時又將鎮分爲各學區，並設二三個董事，以董其事。一七九五年的法律，規定鎮學務委員非認學區內所辦的教育爲滿意時，不發給州款，可是學區如不願受州款時，亦可竟與鎮委員會獨立。一八一二年，和一八一四年的法律，更擴充了學區的組織。同時亦建設了視察學校和檢定教員的鎮教育機關。由此可見紐約州對於學區的分權辦法，在早年的時候，是中正的。

七、其他各州的地方機關——其餘各州，在開國的時候，有的地方機關並未有負教育的職務。有的地方機關，只有一種貧兒教育的普通職務。有的地方機關——至少有兩州——則特別設立了監視貧兒的教育機關。

八、總結——現在可以總括的說，在合衆國開國的時候，新英倫各州除魯特島外，其公共教育，都有長久的沿革，老實的說，那時候的教育性質，非常不行。各人對於教育的興趣也不高，可是公共維持教育的政策，卻已根深蒂固，且經過多少的變遷而不改。紐約一州，在早年時，對於公共教育已入於良好的境況。本詩文尼亞，紐鴆塞，戴賴桓，馬尼倫，扶勒泥亞，喬治和南加祿林那，在原有各州中，已有以公款津貼私立學校中貧兒教育之事，卻沒有一州強迫地方機關或較小的政治單位，維持學校的事體。只在實際上，他們對於教育多少總能關心，故有以州款津貼中小學校的事。

至於新興各州，則受移民入境的影響不小，如居住在鄧乃西和鑾塔基二州的人民，便由扶勒泥亞和北加祿林那二州移來的，因此他們便具有由他們母州攜來的學務政策，渥海島，印地安那和意利諾三州的人民，大部分是由舊南方各州，鑾塔基和鄧乃西移來的。到了十九世紀的第三四十年，才有大部分新英倫人遷入。在十九世紀之二十年以後的移民數目加增，又加之生於南方人民之移入米梭利，及其他邊地蓄奴各州，於是大多數的人採取新英倫的分權政策。足見渥海烏印地安那和意利諾各州的教育的進步，與人口的增加是有密切的關係的。至於那些政府對於教育沒有動作的各州，在普及公共教育方面，卻沒有什麼發展。就有所變更也在開國時期以後。南方各州，在此時期教育上無甚進展。其原因不外兩種：一是地方情況不適於辦理教育，二是他們移入的人民，其母州沒有普通學校的沿革。

九、初等教育——在開國時期，初等教育的目的在在使兒童能讀能寫和能運用算學以應日常的需要。殖民時代的教材，宗教占重要的地位，而革命後不久即行改革。一七八三年 Webster 的藍皮拼字書第一次出版，即取從前通行的教科書新英倫讀本而代之。而其他的文學選文也大大的通行。同時算學一科，也在初等學校中占重要的位置。一八二一年 Lolburn 的算學初級課程發行後，算學在學校中的位置更穩固，而心算尤為穩固。因此寫讀算三者便成為早年美國人智識營養的主要食物了。到了開國時期的末葉，辦較好的初等學校——有高級的——才規定文法為標準的課程。地理在那時候也已經教授。書法亦認為正課。城市的學校且教簿記。女子都習針黹。歷史則尚難成為初等學校的教材。

設使我們去檢閱一下早年的教材，當覺得他的教材之普遍性很重。其中只有幾本是反應當時美人的感情的。重要的當推 Noah Webster 的「第二部文法的結構」，可是大體看來並沒有含有狹義的國家主義的性質。Webster 在這書裏說他編這書的目的，是在激起對於美國政治的興趣。因此他選了些革命戰爭的演說。這些演說，都是對於英國表示一種反對的感情的。但是那時候的讀本，則和英國無異。不特英國，就是其他用英語的國家都可適用。所選的材料，都是注重普遍性的道德的。凡關於政治的自由和公正及良好的個人德行的文字，無論是古文或英美的作品，皆在推崇之列。我們若披閱這些書，卽可知道美國的早年文化與英國的文化關係十分的密切。Burke, Pitt, Johnson, Addison and Goldsmith 諸人對於美國文化的重要，實不亞於 Patrick Henry, John Adams, Fisher Ames, Benjamin Franklin, 和 Washington.

在開國的時候，並沒借學校爲培養政治的文化的教育觀念。在實施上也沒有這種舉動，也沒有完成這樣目的教育機關。至於各地的努力，全在教育兒童的讀寫算。他們所拼的字和做的算習，都是普遍的，而且那一種的普遍，是非國家的，而是國際的。乃是州政治發展的反應，所以沒曾具有強烈的國家意識。

何況那時候的初等教育非常簡陋，校舍和設備都是粗劣的，不安舒的，不衞生的，不適用的。這種情形在鄉村鄙野的地方，固然如此，就在城市也是一樣。

至於教員呢，在國家尙沒以教育爲培養公民的工具以前，他們是跟着西方各國的教育依樣畫葫蘆的。他們只是以有限的知識傳給學生，並不知道良好的教授法。他們教授兒童，只是個別的教授。教了之後，就教兒童去自修。他們又好用嚴酷的訓練方法，致使學生成爲被動的人。

十、鎭文法學校的衰微——在殖民時代，新英倫的鎭文法學校，是政府承認的機關。一六四七年，有一個命令。命令麻塞邱塞境，凡在一百戶人家以上的鎭，須辦理一文法學校。教授古典文學。康奈克的克脫也有同樣的法律。

可是到了十八世紀前期的印地安戰事及他戰事，和後期的革命戰爭的結果，使他們的經濟大感困難。加之區學制的發達，把鎮內維持中等學校的財源分了去。所以在一七八九年麻塞邱塞有一個命令，使大半負有設立這種學校的義務之鎮，解除了義務。到一八二〇年，除去七個商業的市鎮之外，所有在一七八九年以後尚負有設立這類學校的義務之鎮，都完全解除了負擔。

十一、拉丁文法學校課程之變更——此外還有一事或許比此事更爲有意義的，便是文法學校的課程的改變。把從前只注意古典的課程改爲適於商業及其他職業的課程。一八二七年，波士頓的拉丁文法學校，除拉丁希臘文之外，還有讀文文法，地理，算學，代數，幾何，合衆國的憲法，歷史，作文，宣言，議會法，紀年學和三角。這是由殖民時代預備作官和升哈佛學院的狹隘的古典課程，一變而爲適應維持這種學校和不願其子弟爲學問生活者之要求的課程。到了開國時候的末年，新英倫拉丁文法學校之與新中等學校——亞卡狄美——之不同之處，只在公款維持的一點上了。

十二、亞卡狄美——亞卡狄美在立國後七十五年中，是合衆國一種重要的中等學校。這種學校是最適宜於稀少的人口，不甚充裕的經費，和那時不嚴緊的政治的組織的。凡是有希望其子弟受點較高等的教育的地方，即有亞卡狄美之出現，其設立的人和動機都不一定，或是以投機爲目的的人，或是以傳教爲目的的教會，或是負責的團體都不等。許多亞卡狄美是應地方需要的而設的。有幾所其所供應的地方很寬，幾乎通合衆國都有人去學。又亞卡狄美之另一重要工作，便是供給女子教育。

亞卡狄美的組織和課程，是極端自由的。他的教員有的只有一個。他的學生，只要他喜歡，就可以入學。他的課程或許是專門教古文的，也或許是完全教英文和實用科學的。他並不是一種光是預備升學的學校，而是一種終了的高級教育。比如一八二四年的Leicester亞卡狄美，除相沿的拉丁希臘文之外，尙有文法，地理，算學，代數，幾何，歷史，論理學，修辭學，測量，天文，文學批評，心理和哲學。一八二八年又加入法文。由這種課程看來，亞卡狄美實在是自由的近代的學院。長期在裏面研究的學生，實可成爲一個有學問的人。

我們曾經說過，亞卡狄美有自由的課程和組織，所以能適合早年的情境。他的發展，因之很快的普遍了全國。南北自新英倫一直到墨西哥灣，東西自斐城至西方的邊地各州。在那有些人知道高等教育的需要，而又不信各州有供給教育機關的義務的時候，亞卡狄美是常受公款津貼的。有的州且明白規定至少每郡須設立一所，而以州款補助之。又有公私教育在政治上尙沒有明白劃分的時候，公款是常用來津貼私立的亞卡狄美的，甚至津貼教會所辦的亞卡狄美。在教育經費困難的時候，政府是歡迎任何增進教育的機關的。

十三、高等教育——在殖民時代的學院之中Harvard，William and Mary，和Yale是由殖民政府設立的。一七八〇年的麻塞邱塞的憲法，規定州政府對Harvard學院是要繼續維持的。而後組織渥海烏公司的新英倫人，要求國會給以辦理大學的土地。這種以兩個「鎭地」辦理大學的辦法，以後新興各州旣接踵仿效，有的舊州，在開國時期，也設立了州立大學。

可是高等教育在合衆國裏，並非州專有之機關。許多在殖民和革命以前的時代，由宗教熱誠而設立的學校，在一八一九年的 Dartmouth 學院案判詞裏面，已決定保障他的權利而不許會議的法律去侵犯他們。這種智識自由的判決之重要實值得我們注意。可說是在他最高的源頭上保障了民意的獨立。所以州政府決不干預大學和學院中師生的政治和經濟的思想，州政府亦不能強迫私人不送其子弟入他視爲教授不當的學說之學校。可是這並不是說任何學校的教員，都可以自由教授其信仰。因爲在美國的各學院都有他自己的標準的原故。因此這種「教與學之自由」，就美國說，便全靠各種目的的不同，信仰不同的教育基礎而存在。比如在教會學校，因反對教義而驅出的人，同時州立大學或專門學校因其智識豐富而歡迎之。在州立大學因教授不爲政府歡迎之政治或經濟而被逐，同時可以受私立機關的竭誠的歡迎。所以就全國看來，乃得有智識的獨立與自由的結果。此事在科學發展上，和公衆生活的充裕上，其價值是不可衡量的。

十四、教會和教育——說到美國教育中的教會，那是很不規則的。因爲就全國而言，在美國的歷史，從來沒有一個統一的宗教組織。在早年的時候，新英倫殖民地除魯特島之外，是信奉修道會的，而在他們之間，州與教會是有密切的關係的。如「州教會」「教會州」(Church state)可以互相換用來形容他的。有七個殖民地是以英國教會爲州教會的。馬尼倫信天主教，實際信教仍是自由。本詩文尼亞也容納各教的信徒的。到了殖民時代的末葉，就是新英倫宗教的統一，也被獨立派打的粉碎。到了開國時期的末年，教會與州的關係已經解散了。(一八三三) 扶勤尼亞在一七七九年因 Thomas Jefferson 的努力，已建設了宗教自由的原則。由此可知各州的信仰的紛歧，因而免除了宗教的限制，而使政教得以分離。那麼由他們聯合起來的聯邦，當然更不能不願設立國家的教會了。因此聯邦憲法便明白規定，反對聯邦政府帶任何宗教的意味，保障宗教的自由，並反對國會設立國教。

在新英倫幾乎到了 Horace Mann 時代，政府之管理教育，尙等於修道會管理教育一樣。並且地方教主具有不小的勢力。其他各州教會團體組織了不少的私人機關，去辦理教育。在各團體中，尤以慈善團體爲最。在此時期他們在東方沿海一帶的大城，設立了很多的學校。

當早年的時候，宗教問題在教育上還沒有十分明顯。各州常常捐助宗教團體所辦的學校，並且那時政府因爲要使一般貧寒子弟受免費教育的原故，每每代入這種學校的貧寒子弟繳學費。所教的聖經是州立學校普遍的讀物，雖然各派的學說互有出入，可是沒有人起來反對用 King James 譯的新舊約做他們傳道用的聖書。

十五、慈善學校的團體——開國的初年，是慈善團體辦理美國教育最盛的時期。他們的動機和方法，都跟着當時英法兩國來的。在革命戰爭以前，英國的慈善團體，在殖民地辦理教育，及到宣佈獨立的時候，在有的情形之下，才由本地團體出來接辦。日耀學校運動，在合衆國發展很早。這種運動正在各城市組織自由團體辦理貧兒的免費教育之後。其組織頗與英國的英外學校聯合會相似。慈善團體用年捐的辦法，在東方各商業城市中辦理無告兒童的教育。此種兒童設使他們不出來教授，便無受教育的機會。他們的教授方法，也同英國一樣，採取導生制。此法可以教授多數的兒童，而費用又少。新英倫以外各州（魯特島除外）這種組織非常通行，在有的情形之下，他們且受州政府的帮助。

這種團體，在美國教育史中的重要，是因爲他們的工作完全是濟貧的。他們之所以產生，是應社會的情形而起，擔負社會的公益的。設使在當初的時候，這種事業不是他們負擔，而由私人所組織的教育會社出來擔任，未始不認爲是一種公共事業。經過他們多年繼續的努力，已成爲一種維持公共的習慣，和使所有的兒童都要受教育的自然趨勢了。所以這種自由團體的活動，是由私人辦教育轉入公家辦教育的一個樞紐，而在公立學校制度的進化上，占重要的地位。

十六、美國開國後最初三十年的教育——在這結束一八三〇年以前的教育的時候，我們可以說合衆國尚沒把設立學校當做公家的責任。只有新英倫各州法律規定設立學校，可是他們的學校並無生氣。至於其他的各州，兒童的教育完全是爲父母的教會的或慈善團體的事體。在一個相當的範圍以內，公家已承認有供給爲公務，而無少送子弟入學的父母之子女的初淺教育的責任。而那類似公家設立的學校，其經費的負擔，仍在兒童父母的身上。州政府雖已用嘗試的方法來補助地方教育，可是其數很少，而全在救濟那時教育的貧苦。在大城市中，慈善學務團體應用導生制，到很供給了不少的兒童之初等的教育。且開了承認公家應負普及教育的責任之端。至於學校的管理權，則完全屬諸地方政府。每一地方有他由自己不充足的經驗所想像出來的，和自己的經費維持的學校。總之那時候——傑克遜做第一任總統的時候——一般的人尚未有想到用公共教育做創造國家文化或培養民治國家國民的工具。

第十五章　地方主義和民治精神（一八二八—一八六一）

一、地方主義之昌盛——由傑克遜到林肯的時期中，無限的選舉之爭執，與那時的各地方利害的衝突有密切的關係。舉凡關稅，國家銀行，畜奴，土地的擴充，內政的改良，公地的政策，都是因爲東方和南方或西方的利害衝突而起。原來這三方雖在一個旗幟之下，共奉一個根本大法，可是實際上不啻三個國度。設使我們知道東南兩方利害之如此衝突，和這兩方之於西方又復不和，那麽對於地方政治之分化，和一八六一年戰事之爆發，決不以爲是希奇的事。

二、東方——新英倫和中部各邦的工業，在十九世紀之頭二十年內發展十分緩慢。可是過此以後便長足的進步了。我們知道合衆國是在一七八九年，方在魯特島的 Pawtucket 地方建設第一個棉花工廠。一八〇三年全國這樣的工廠才有四個。一八〇八年才只有十五個。自鎖港令通過，外貨的入口旣已截斷，國內的工業，不特棉花和羊毛業大爲發展，就是從前專靠外人供給的工業，自此也大大的發展了。棉花工廠的錠數在一八〇五年爲四千五百，到了一八一五年，便增加到一百三十萬了。那時的棉花工業進步的快，固在各種工業之上。可是其餘的工業之發展，亦未嘗不快。到了十九世紀的前二十年及三十年，便是各種工業昌盛的時候，就中尤以棉花工業爲最。在這時期的末年，新英倫與中部各州市鎭疊興，而各鄉的人口，復大大聚集市鎭之下，以加入勞工隊伍之中。第三十年後，以至今日，八千人口以下的市鎭，或鄉村的人口，始終不斷地加入城市中去。在一八六〇年，八千人口以上的城市有一百四十一個。這種工業城市，多在新英倫，紐約州，紐鳩塞，及本詩文尼亞。全國各處都零星的設有工廠，而尤以中西部和環湖一帶爲甚。但工業中區仍在東北各州。

東部各州，又是商業門戶，紐約裴城波士頓包爾梯毛的商人實操合衆國與國外貨物交換之權。同時這等城市，又是資本的中心，全國的銀行根源都積聚於此。東方的商業家，銀行家，製造家高據在這商業要衝的城市，操縱歐洲對於合衆國西南兩方商品的交換權。而在這等地方作工的工人，又和其主雇的利益一致。因爲主雇的產業發達，就是他們工作和工銀穩固的保障，因此工業區域便自然的主張製造品入口稅的增高，以爲其出品之保護，免受外貨競爭的影響。

三、南方——在這時候，南方是極大的農業區域，而農業之中，尤以纖維原料出產最多。棉花一物，可稱爲此等出產之王。其他的製造品，便須仰給於東方式外國，食品及其他食料，則須仰給於西方。

這種特殊的經濟狀況，其發展的歷史之重要，實不亞於東方。在一七九三年軋花機器沒有發明以前，只有長纖維的棉花或海島棉適用。其產生亦只限於南部沿海一帶。可是自軋棉機器發明以後，短纖維的棉花亦容易軋去其實。於是短纖維的棉花便大有用處。而南方沿海各州的上部的植棉事業亦如飛的發展了。在沒有大批棉花出產之先，南方各州憲法也和北方一樣，認爲蓄奴爲不對，而有逐漸禁止的趨勢。可是自棉花農產大事擴充以來，蓄奴工作是最有利的。所以其結果，植棉事業幾乎盡是奴隸勞工在裏面操作。南方的人民，既見其財產均在奴隸身上，於是他們對於蓄奴的態度，乃根本的改變了。

棉花的出產，其發展實爲可驚。在一七九○年，全國共產一百五十萬磅，到了一八○七年，增加到八千萬磅。在這時候，南加祿林那喬治兩州爲產棉主要區域。自一九一○年以後，鄧乃西和海灣各州，又繼續興起。亞拉拔毛盧易祥那和密士瑟必都變爲產棉要區。自一八一〇年到一八四〇年，這幾州的人口居然由一十一萬七千，增到一百三十萬。一七八〇年，棉花出產額爲八千萬磅，到了一八三〇年，便有三萬五千萬磅。一八四〇年使用奴工種植棉花的工業，極有勢力。其地域自扶勤尼亞和鄴乃西兩州的南邊起，一直到南邊的墨西哥灣和西邊的韃克塞斯。

當東方變爲工業區域和其社會因爲工業革命而變動的時候，南方亦因使用奴工成爲種植的重要區域。棉花因爲種植品之王，就是煙草穀物和甘蔗的種植，其規模亦非常宏大。且使「奴工」山居的小農的財產，已爲沿海的大種植家所兼幷。扶勤尼亞的奴主，且有鬻賣過剩的農奴與新興的植棉各州以獲餘利的事體。而農奴在植棉的國土內已視爲經濟的財產的基礎，和那種社會的政治的組織之需要物了。從此以後南方的人已不反對蓄奴的制度，也不視之爲經濟上一時的便宜行爲了。且認這種特殊的制度爲合乎天道，準乎人情的要政了。他們講學的教授，傳教的牧師，都建造袒護黑奴的理論，反對東西兩方視蓄奴爲人道的汚點，容許蓄奴的憲法爲罪惡的源泉的理論。於是南方在一八四五年，遂自成一個經濟的文化的平位。

凡在新英倫各州的製造家，視爲必要的關稅，在南方的種植家便深惡痛絕。他們希望的是生貨的自由貿易，製造品和彼等所需要農產品的便宜的價值。就政治而言，南方各州的進步，實不及新英倫和西方沿海一帶富厚的種植家一直到南北戰爭臨了的時候，都把持政權，而不顧及普通選擧的事體。這種家長式的治者階級，對於普及教育的理論雖不甚知道，可是在此時期之末，南方已有許多州對於公共教育一事，似乎已到了着手的時期了。

四、西方——西方的主要事業，是另一種農業和家畜業。他們所需要的是較好的市場和大路運河及鐵路。他們也極關心政府的土地政策，他們希望有不要錢買的土地，或最便宜的土地。並希望政府頒佈一種「預買的法律」(preëmption law)爲無權而擅居空地者的保護。他們又是熱烈的拓地主義家。他們希望合衆國把土地拓充到太平洋濱，並且也會無意的希望美州土人消滅於世界。

五、東方和南方的轇轕——自傑克遜第一次選舉之後，一直到南北戰爭的暴發之一長時期中，東方和南方時常糾葛不清。推其原因不外他們的經濟利益的互相衝突，就是關稅一個問題便發生了南加祿林那一八三二年之脫離案(nullification set)並且幾乎發生了戰爭。韃克塞斯加入合衆國的爭論，根源就是因爲南方想加入一個大的蓄奴的和種植的區域，以爲他們的帮助。東方不特是反對韃克塞斯的加入，並且反對墨西哥戰爭的計畫和全西班牙西南的土地加入合衆國之帝國主義的辦法。西方之所以贊助南方的墨西哥政策，其原因不外希望南方贊助他掠奪渥利岡全境。所有韃克塞斯，都是持「非北緯五十四度四十分，則戰」(fifty-four forty or fight)主張的。在這時候，南方人很想從西班牙手裏得古巴，西方人和東方人又想得着巴拿馬以抗英國。可是這一種熱烈的帝國主義，其內容實不脫地方主義的色彩。南方之要求韃克塞斯的，並不是爲得要擴充國家的土地，增加全國的福利，實在是想多一個蓄奴的州加入，俾首都得決定蓄奴的政策。西方之希望渥利岡，甚至不惜與英開戰，其目的不在爲國，而在擴充己身之地盤，和滿足己身之權利。

在這一時期，東南兩方的嫌隙，只有加增而無減少。西方之能日與東方接近，其原因則在轉運機關之發達，和經濟利益的搆通。惟獨南方仍然分離如故。從前西南方政治危急，和邊地的利害二事，維持了西南方的團結，可是當合衆國是否全國通通蓄奴，抑通通放奴的爭執發生後，西方已知道他與東方站在一邊，而應該反對南方。南方因爲有這種搖動他的經濟利益的新結合，所以宣佈與合衆國脫離，而另結新的聯盟，以實行其特殊制度。

六、聯邦政府對於教育事業之參加並沒進展——因爲東西南三面沒有共同的關係，故由傑克遜至林肯的一時期，國家的觀念還沒有眞正發展。那時候所表見的，無外乎東南兩種不同的文化，無外乎保障各州自身的權利，而約束中央的權力。從前 Gefferson 提倡的中央帮助各州改進內政之事，早已無形消滅，好在中央以公地捐給新與各州辦學一事，尙繼續存在。這是眞的各州發售公地後，其中之百分之五，仍留着各新州辦理公益事業和教育等辦法也尙存留沒廢。不特如此，一八三二年中央因國庫的盈餘，又有不用利息和折扣分給各州的事。可是凡這等等的事體，卻不能認爲是中央之寬宏和中央權限之擴大，而仍不外乎爲各州的利益。總之，自一八二八年至一八六一年聯邦政府對於教育與趣並沒有擴張，對於教育行政並沒有進展。

七、平民參與中樞之初步——前章已就自採行聯邦憲法迄傑克遜之第一次被選爲總統一時期中，因選舉改革所發生之各種變更。傑克遜之選舉雖發生於一八二八年，而選舉權之擴充，實遠在彼時之前。不過一八二八年之選舉，是一個新舊政治時期之轉機。這種新時代不特是各州選舉法之修改，而且是大多數的人民對於選舉總統之關心與參加政治之第一時代。這時候政治上的競爭，是 John Quiny Adams 代表的貴族政治和擁護傑克遜之東方低級經濟團體 (the lower economic groups) 與西方十四州全體民衆二者所主張的新民治主義的競爭。新民治主義的口號是：「讓民衆來管理。」他們所爭執的問題，可以見到的，就是政府是否應由成千成萬的平民意志來管理呢？還是一部分仍讓知道如何管理的文人學士來管理？這種競爭的熱誠之自身，已造成了政治的革命。因為這是大多數的人第一次獲得選舉權的原故。所以選舉的結果確足以代表平民的政治。自此以後，財產階級和學者階級已不再是天賦的主治者了。普通人民的權力已在政治上居最高的地方。凡是本着他們意志去行的政治領袖，便是政治的主持者。

美國政治史之後三十年的情形，與最初四十年的大不相同。從前的總統和政治家，都是出自扶勤尼亞麻塞邱塞二州。他們都有操縱平民能力，從前那種不因政變而變的良好的政制，已入於贊助選舉的人之手中了。以祿位分給同黨的政治，亦已開始實行。幾乎到十九世紀之末，尚未終止。跟着這等等所發生的結果，即是行政效力的減低，和公衆信仰的減少。

自傑克遜革命以後，政治上最顯著的特徵，便是登臺的人很少憑他的政策和計畫以為進身的工具，而大半是由他們的手段和人格。傑克遜兩次當選為總統，並沒有確定的政見和政策，其所以當選之故，不外是一般人民視他為他們的人而已。William Henry Harrison 和 Zachary Jaylor 之被選為總統候補人，乃是因為他的戰功，不是因為他的政策。他如 Franklin Pierce 和 James Buchanan 之得政治領袖，也是沒有堅強的政治信仰或明顯的政策。在這時候發生的由大黨會議的提名制度，是很利於有手段的政治領袖的。他們之推舉候補人及草擬政見，完全是以得票為標準的。他們所要求的候補者，是無政治劣跡的能指揮他的選舉者的。若他是貧苦出身的更好，有戰功的亦在歡迎之列。總之，這種黨派的提名辦法，是在防止真正的選舉競爭。他們的黨綱是求面面顧到。他們的候補者，和政策，都是求盡人皆悅。惟其如此，所以他得以成功。

上面所說的政治情形，在今日的合衆國仍是一種顯而易見的事體。不過在由傑克遜以後，一直到南北戰爭的時候，是一件新事體罷了。當傑克遜當選爲總統後大大的介紹其政治朋友到華盛頓去做官，所以從前在政治界中的一般人物，都認爲是國家之不幸。

州行政制度之發展

一、公共教育之改變——因爲要參加新政治的原故，一般人民當然要有受過較好教育使之成爲具有公共精神的國民。可是謀教育的改變，並非未受教育者要求的結果。比如因爲鄉村公共教育很壞致使一般人不知教育的好處，而免費的公立學校不能發達，而新興的工業城市，卻早已有公共教育未來市民的事體，已由公家補助的私人慈善教育，轉到由公家自行設立公共學校的趨勢了。主持這種運動的，乃是具有公共精神而以社會福利爲懷的個人。又十九世紀之第十年中勞動運動頗爲發展，城市的工人已有組織。他們對於慈善家的施設頗有幫助。可是他們尙有更進一層要求。他們不僅是要求私人慈善家所設的免費的公共教育，乃是由公款辦理由公家主持的公共教育。

各處具有公共精神的人們，都努力的聯合起來，求得社會的允許，在沒有公立學校的地方，設立學校。在有學校的地方，改良學校。這種熱心公共教育的組織，在那時已普遍全國。教育的定期刊物，在那時已經發軔。其目的在傳佈教育缺乏的消息。在喚起國人提倡公共教育的利益。在使一般人知道國內外優良學校的管理和教法。那時的教員們也聯合起來，謀他們自己的才能之進步，以便能辦理更好的學校。

二、學校改革的途徑——美國之州立免費學校的爭執也是政治組織的反應。一般人民都能參預公務和公款之事。他們最不願有人縛束他們個人的自由。他們自奉尚夠，可是都缺乏金錢，因此極端的反對加稅。他們視讀書爲不急之務，更不知其子弟受了他們所受之教育之外，尚須受教育。又加之那些自私的有錢人，只知道供給他自己的子弟的教育，而不肯納稅辦理教育以供其隣里兒童享受。

因此，熱心公立學校的朋友們對他們即加以攻擊。我們知道有貴族政治的國家，治者階級之供給公共教育，乃是以他爲一種自衞的方法。在美國便沒有以政權去供給公立學校爲市惠與保障社會事體。因信仰公共教育的人們不得不努力的使他人也有同一的信仰；所以他們舉行公共集會，發行報紙，組織教育團體，及其他各種運動以期國人一致起來注意教育。在第三十和第四十年的時期中，已產生結果，通常名之爲「公衆教育的復興」。

公衆教育的復興

新英倫各州除魯特島之外，已有法令規定設立公立學校。所以在此處他的運動目的，是改進已由法律規定設立的學校。在他處，他們的運動則在謀創設這種由法律強制的學校。在全國各處——新英倫也在內，至少是學校的維持費一部分出自學生的學費，其數目的多寡，由公衆決定。再由行政當局向人民徵集補足其餘之數。這種辦法叫作「家長稅制」(rate-bill system)，他們對於此事，主張全免學費，完全由公款維持。在他一方面，則主張設立州教育行政機關，改組地方機關。籌設小學以上的學校，培養師資，改良課程。這些事體，多與法律有關，所以各州進行的方式，各有不同。

一、歐化問題——在十九世紀的第三四十年的時候，一般教育家很想仿效外國的辦法，尤其是想學普魯士的教育行政。設立國家主管機關。同時有許多美國人往歐洲參觀，做了不少的報告，流傳國中。就中最要緊的一種，便是一八三九年 Caluin E. Stowe所作的。他是渥海烏州議會派往歐洲調查初等教育的人員。他所注重的，是普國的學校行政制度，教師的養成，和小學的課程。當時 Henry Barnard 在歐洲各州大大的參觀，到了第二個二十年，主辦定期刊物，介紹了不少的歐洲教育實際上情形給美國教育家。Horace Mann 當他做麻塞邱塞州的教育局長的時候，又把他一八四三年在歐洲各國所見的學校情形介紹出來。其文即在同年的第七次年報中發表。

我們知道在一八三三年，普法二國都採了以國家爲基礎的教育行政制度。兩國都設立師範學校，注意培養師資和擴充小學校中的課程。自然，一般人將以爲美國教育實施，必受這種行政制度的影響，而這種影響又在美國的教育書中累書不絕。可是這種影響事體，是直接的呢，還是有限制的呢？實在不是一件容易證明的事體，這事或許是歐洲各國的實施，尤其是普魯士的，曾給了合衆國的教育家一個普通的榜樣。若是硬要說是模仿普魯士或歐洲其他各國的設施，卻是與美國各州及地方之教育行政制度的發達及各種學校的演進的事實不合。

州教育行政

一、管理公共教育之州政府機關——早年雖有創設州行政機關管理公立學校的事，可是實際的發展，卻在一八二八年到一八六一年。一八一二年紐約州制定設立監督公衆學校的官員——即公共學校之監督——的法律。其職責在視察由法律規定所設之公衆學校，和分配一州所供給之補助費，據說第一任監督 Gideon Hawley 妄使權威，致民不悅，其結果在一八二一年便把這個機關取消了，而所有的職權，交給州長兼理。

二、早年州監督的主要責任——如剛才所舉的例子，那最高的州教育機關，其重要的職務，其所以設立之故，其重要原因之一，就在公正的分配州和地方機關的經費，所以主持該機關人員的責任，大半是簿記的工作，對於此事都有不少的證例。

一八三五年密希干加入合衆國的時候，從前以第「十六段」撥給鎮行政機關，其不良的結果，業已暴露。地方當局那種庸碌和貪婪的舉措，已不能負那補助公衆學校的責任。其結果致使大多數第十六段的地方散失，而毫無補於實際。惟密希干州的議會，有見及此，乃請求國會將國家之捐助完全交與州，由州撥給於全州各校。按密希干州在未加入成爲州以前，早已沒有一機關保管其境內的學地 (school lands)，並監督各公衆學校。一八三六年，其州政府組織完備，便把這官，立在全州學制之上，稱爲公共教育之監督。

密希干這種管理「學地」的方法，既已卓著成效，其後除福祿利達之外，所有新立各州，都將「學地」歸供全州學務之用。自密希干加入後，以至南北戰爭開始之時，舉凡愛渥窪、威士康新、加利福尼亞、明尼蘇達和康塞斯各州，在他們制定第一次的新憲的時候，都規定設立公共教育的監督。在這管理學地新方法創出及設立公立學校監督之二事之間，必有一密切之關聯。其關聯爲何？請看下文便知。

三、兼任的州監督——除新英倫而外，其他舊有各州，其州立最高學務機關之演進，幾乎沒有一州，不經過一個過渡辦法的。或以州祕書兼任或以其他州官兼任州學務監督。比如本詩文尼亞紐約州鄧乃西渥海烏盧易斛那米梭利亞康意利諾其學務監督都長久的或暫時的由州祕書兼任過。又在這時期鄴乃西和韃克塞斯由州會計兼任過。渥利岡由州長兼任過。福祿利達在一八五〇年，其公地登錄員會經兼理過學務監督。此外還有一事可以證明早年學務監督之責任，是有經費方面。如鑑塔基在一八四二年，把他的教育局和他的祕書廳通通廢去，在一八四五年，於一短時期內，加州學款委員以公立學校監督之職權與頭銜。

總之，在起初的時候，州公立學校監督的職權，多半是在經費和統計二事。因此之故，其職權既在分配經費，那大部分領導學校向上的活動，自然不見得有。可是，在南北戰爭以前，新與各州已將政府參與教育局職權範圍擴充，而不僅限於統計和分配二事以內了。因教育職權的擴大，所以在南北戰爭以前，有許多州數已將州公共教育監督官廳分別設立。

四、州教育董事會和州教育董事會祕書——恰當監督制在別州發展的時候，新英倫各州卻另出了一種制度。一八三七年，麻塞邱塞州議會，創設一個州教育董事會。該會的職權，除委任執行祕書之外，尙有搜集各鎮學務委員的報告，又將全州普通學校的情形，每年報告州議會一次，並指示公共教育之改良方法等事。至於祕書的職務，則在搜集公立學校和其他通俗教育機關之實況，將研究幼年教育實施，幼年教育之完善方法，介紹於各地，以便在學兒童，得受良好的教育。

不論教育局或執行祕書兩方都沒有負經濟的責任。因爲那時麻塞邱塞的州教育津貼，是由一八三四年所創立的州學款的分配的。其教育董事會，尤其是祕書，其職務完全限於教育以內。他們的責任，是在改進學校及其敎法，可是他們用甚麼方法實行這種職務咧？法律給了他們養成教員的標準嗎？給了他們選擇教科書的標準嗎？給了他們檢定教員的標準嗎？給了他們築建校舍和規定學期的長短的標準嗎？一點沒有。到了一八三七年才有這樣的辦法。總之，他們的目的，在用宣傳鼓吹和勸導的方法，使一般人民贊助良好的學校。所以這種機關，只可稱爲宣傳的，而不是行政的。

麻塞邱塞州教育董事會的第一任祕書 Horace Mann 在職一十二年，所做的事體，不外開導麻州的選舉人。他所用的方法，是向公民講演，發刊教育雜誌，組織教員會，編輯年報及其他宣傳辯論等事。他這種辦法，在他的任內，於麻州公立學校，確有不少的影響。其情形可在下文看出。

『統計告知我們，公立學校的經費已加了一倍。建築較好的校舍的費用，已超過兩百萬元。男教員的薪金已增加百分之六十二，女教員增加百分之五十。女教員的人數加了百分之五十四。各校修學時間，平均增加了一個月。私立學校與公立學校經費之比較，已由百分之七十五，減到百分之三十六。學務委員的酬金已規定必須給與。其視察也日漸普及和頻繁，並設立了三個師範，養成了數百個教員在州內各部服務。

『所有這種種的變遷，實在表見了一種新的公共精神，使一般自私的，麻木的民衆，對於公立學校生了欣賞，生了興趣。』

五、麻州較其他新英倫各州爲有進步——此後其他新英倫各州，卽跟着麻州進行。一八三九年，鏗塔基公立學校委員會，該會有委任祕書之權。祕書之職務，在攷察公衆學校之情況，增加公衆學校的利益，促進公衆學校的用處。不久，董事會和祕書處郎行裁撤。在一八四九年以州立師範學校的校長兼理公衆學校的監督職務。到了一八六五年，又復恢復一八三九年的制度。一八四三年，魯特島創設州學務所。一八四五年改稱公立學校州委員會。一八二七年，浮芒創公立學校州董事會，其職務在介紹好教科書於各校，和草擬教育法令。一八五六年，又改行麻塞邱塞制。一八四六年，紐亨夏設立州學務委員。由州長及州議會任命他的職務，就和麻州教育董事會的書記一樣。同年曼恩採行麻州制。可是到了一八五二年，又把他廢除。後二年設立州公共教育監督，由州長及州議會委任。

六、州董事會的職權多半在經費方面——在本節開始的時候，我們曾經論及教育監督的職務，多半是在搜集學校統計，分配各地方學款。因爲他的職務如此之狹小，所以許多州數都給人兼理。就是教育董事會的職責也多在經費一項。比如扶勤尼亞在一八一五年設立一保管學款的州董事會。一八三四年，鄧乃西設立州委員會監督州學款。其後二年，鏗塔基設立的州教育董事會亦不外此。一八三五年，米梭利之文化委員會，一八四三年亞康之州教育董事會，一八五四年韃克塞斯之州學務委員會，一八五一年印地安那和一八五九年康塞斯之州教育董事會，其目的總不外乎監督經費。

這種兼任的州教育董事會及其他純爲經費而設的州董事會，可以表示他們沒有以州去領袖教育責任的觀念。所以他們便沒有教育的作用。他們既不定各種辦學的標準，又不設法促進各地方的教育，既不規定較好的教育法令，又不制定教育系統。

七、紐約的進步——上面已將州教育機關的各種情形說了個大概。當時紐約一州，尙有值得注意的事體。原來紐約在各州之中，是第一個實行州教育行政制度的。他有管理各學校及地方稅的職權。其權力之大，且可及於地方財政。考他所以有這樣的權力，是因爲他能支配地方教育的經費，而州津貼的支付，又附有條件。一八三七年，開始實行用「積蓄基金」的所入，有條件的支給各地。其條件是：每學期至少不得短過四個月。一八四一年，制定一個例條，規定每郡設立一副監督，由郡長任命，其職權在根據州法令，檢定教員，視察學校。同年又創設州學務副祕書，其職權在監督公衆學校。後二年，才有給授全州教員憑照之權。一八五四年，州教育機關才設立公共教育的州監督。

中等學校的管轄權，那時尙在大學管理局之下。其所以歸他管理的原故，是因爲中等學校的經費，由他分配，而尤其是訓練教師的亞卡狄美。

八、南北戰爭時之州監督——在南北戰爭以前，東西各州已經特別設立了州公共教育的官員。麻塞邱塞康奈克脫和浮芒，仍以州教育董事會所委任的該會祕書，爲州教育的領袖。至於其他各州的教育長官，則各不相同。其產生一如其他官員，由人民選舉。其名稱有下列各種，如公共教育的州監督，公衆學校的州委員，或公衆學校的州監督，州學務官。由有保經費的職權，一直到新制度的時期中，有兼任州監督的辦法。新學務官，雖然也繼續經濟的職權，可是此等職權業已擴大，且增加了州款津貼地方教育的數目。同時他又是教育的宣傳者，到處宣傳良好學校的福音。他用他的權力，去謀公共教育之便宜，用他的口和筆，用他在各處成立的教育團體，和用優良學校運動的勇氣，去教育一般法律制定者，和人民，使他們擴大他們的教育眼光。

在南方各州，如北加祿林那盧易祥那鏗塔基亞拉拔毛及米梭利在南北戰爭以前，曾經設立了公共教育的州監督或類似行此的機關。其餘南方各州則未有特別分設這類的機關。如馬尼倫扶勦尼亞戴賴桓南加祿林那和喬治並沒有主要的州教育官。至鄰乃西密士瑟必亞康福祿利達和鏈克塞斯仍用其他職務的州官彙理。

九、州款補助——在開國的時候，本有補助地方機關辦理公立學校的辦法。那時的補助方法，是由州學務基金的所入支出，並沒有直接用經費開支。惟在緊接南北戰爭之前，州款補助之事，已大大增進。

一八三六年，合衆國的國庫大有溢餘。國會遂議決將這溢餘分給各州而不取利，惟得收回。次年即分出該款之三分。可是尚未到年終，發生了經濟的困難，以致國庫空虛。此次經濟恐慌發生的原因，是由於各事業借貸太多，和州政府改良內政借入過巨，以致支用之時，無錢應付。有的州政府，常以其溢餘基金之全部或一部，供給教育。其用途或在建築校舍，及臨時補助，或作爲學校永久的基金。在一八三七年經濟恐慌之後，有不少的常年溢餘，用以填補州庫的急需。就是從前那學務基金，也被挪用了。等到經濟狀況復了元狀，各州信用亦已恢復，可是從前供教育用的基金，已經挪用去了。所以各州當認他爲一種永久利息的債務，於是不得不恢復稅收，以供公立學校之用的辦法。

在這時候，各州用了好幾種的方法，來擴充教育的補助費。差不多各州各有他的特別辦法。或用「州稅」

(state tax)，或用州款不等。紐約州補助地方教育的方法，業已說過。康奈克的克脫在那時，由州積金的利息中，供應了一大批的教育經費。可是不幸，該州的各區或各鎮，反因有州的津貼，不願納稅以維持和改進他們的學校。魯特島紐鴿塞戴穎桓本詩文尼亞馬尼倫扶勤尼亞南加祿林那喬治和盧易祥那每年都按年用津貼的方法，和借津貼貧兒教育之名而實行補助初等或中等教育。紐亨夏其州稅對於地方稅之比例律，雖然逐年減少，但是用州稅補助公立學校的政策，仍然未改。一八五一年，紐約州實行抽州稅補助教育的政策。同年扶勤尼亞的新州憲法，規定抽白人的人頭稅以供小學和免費學校之用。鏗塔基湼海烏盧易祥那意利諾加利福尼亞湼利岡和康塞斯，在那時，也着手實行州稅津貼學校辦法。鏈克塞斯也以歲入十分之一補助教育。

地方教育機關

自一八二八年到一八六一年一個時期之間，地方教育行政起了不少的變動。在從前沒有地方學務組織的，於今已有組織了。已有組織的，其組織亦大大的改革了。

在開國的時候，各州注意設立公立學校，而學區就是辦理教育最高的地方，也就是辦理教育行政，籌措學校經費最小的單位。區學務委員會和區學務會有考核教師，規定課程，房屋設備，學期長短，和其他學校中實施的職責。

一、廢除區制的辦法——凡是實行區制的地方，其學務改進的歷史，都有州政府取消各區絕對的權力，以設立較他爲高的機關上法制。這較高的權力不能及的地方，才是各區努力之所。這專的成功，一半因爲州議會制定法令，強各區服從。可是最大的動力，還是在創立或恢復較大區域的地方機關，和得到較大的經費來源的原故。

二、麻州鎮學務委員會之新權力——麻州取消學區權力是起於一八二六年。那時通過一法律，規定各鎮選舉學務委員。該委員有視察和管理全鎮各校的權力，選定課本，檢定教員，也是他們的責任。可是自該律頒行以後，因習俗所阻，未能實行。Horace Mann 為州教育董事會祕書時有見如此，乃規定一法，供給各學務委員的薪俸。經過這樣的辦法之後，鎮學務委員會，才真正的成了地方的教育機關。當然，這時還談不到專家主持教育行政的事體，但是已脫離對教育毫無所知或無感情之手而歸於全鎮人民所舉之學務委員會辦理，所以一切學校各方面的事體都有趨向良好方面之勢。

三、其他新英倫各州恢復鎮制——除魯特島之外，其他新英倫各州，都跟着麻州次第的取消區制。一八五六年，康奈克的克脫廢除與麻州的學區相當的學社，而把他的權力和職務轉給與鎮。紐亨夏不久就合幷兩區或兩區以上，以為辦學的單位。一八二七年浮芒採行鎮制，檢定教員並規定監督委員由鎮選舉。可是六年之後，州議會又把他廢除了。及到一八五四年，浮芒又才恢復鎮學務管理制，並設立鎮學務監督。曼恩在一八二一年，即已創立鎮學務委員會。該會有檢定教員監察和視察學校之權。數年之後，劃一鎮中學校的事，亦已批准。到一八三四年，各鎮都有投票廢除學區之權，而將其境內公共教育統一於他之下。

四、南方各州的地方教育機關——在這時候，南方舊有各州，有許多已着手開辦公共教育，並且設立教育機關以管理之。郡是他們地方政府的單位，所以當辦理教育的時候，郡便是他們管理學務的單位。如戴賴桓扶勤尼亞北加祿林那喬治福祿利達和雞克塞斯都是這樣。南加祿林那他有他特別的區域——區——辦理教育。馬尼倫鑑塔基和鄧乃西在南北戰爭以前，卻沒有地方教育機關的制度。但他們已有以郡為單位的努力。可惜沒有成功罷了。不但他們三州是如此，就是連上述各州一齊算來，除北加祿林那外沒有一州能使他的地方機關，發生效力的。例如一八四六年，扶勤尼亞制定一法規定設立學務董事會，其董事為白人。設立免費小學校，學校的經費由州津貼和郡稅開支。可是這法律沒有強迫性，奉不奉行，任由各郡自擇，所以只得九郡有這種舉動。喬治州在南北戰爭的前二年，創設郡教育董事會。當然，戰爭一發就妨礙着他的行動了。北加祿林那很少南方的意味。所以他是一個特別的例外，而能在戰爭之前發展他的州公立學校制。一八三九年，通過一法律，規定由郡董事會選舉郡監督，以管理郡教育的事務。先用州稅加教育經費，隨即乃用州補助費。及到一八四六年，這法律的效力即遍及於全州各郡。一八五八年，全州各學校的學期，已有四個月之長。入學兒童已超過一十七萬個。

南方新興各州，是實行大段的種植制度的。也跟着舊有的南方各州以郡為教育行政的單位。雖然，有些地方因受了中央撥給十六段的影響，不無例外。在這戰爭以前，盧易祥那比較新興各州對於州制最有進步。一八四五年，新州憲法成立，已不以州款補助私立學校和教會學校，而注意於發展公立學校了。一八四七年通過一法律規定在各鄉（parish）（面積與郡相等）設立指導局（Board of director）使他們設立學校，免費的招收白人兒童。在戰爭以前，義務教育雖然沒有完全成功，可是一八六〇年，已有八分之一的校款是學費。

一八五三年，福祿利達所設立的兼任的郡學務董事會，除以州積金的入息，按年津貼百分之三十的學童之外，毫無事事。亞拉拔毛一八五四年以前，並沒創立地方機關。到這一年，才於郡設委員，於鎮地設保管人。可是一直到南北戰爭以前沒有眞正的公立學校制度。有之，也不過是以公款津貼私立學校而已。一八四六年，密士悉必通過一律，規定於各政區設立一學務委員會，使他管理第十六段的地，並且給他以檢定教員視察學校之權。可是這律之實行與否，由居民票決，所以有許多地方退縮不前。韃克塞斯在一八五四年，州學制才着手進行，在各郡設置地方機關。可是在內戰以前沒有什麼進步。亞康一州於郡設郡委員會，以爲教育機關。其公立學校制之進行卻很遲緩。

在舊時期（the old régime）之最後三十年內，南方許多州數特給城市大鎮和特別區以施行地方義務教育之權。有許多人口衆多的地方，特別舉辦地方稅，以維持公衆學校及白種兒童的免費教育也在設施之中。

五、其他各州實施的狀況——本詩文尼亞在一八三四年，規定里（ward）市和鎮爲學區。每區設一六人學務董事會。董事由人民選舉。紐鳩塞的實施和他很相似。至於西方各州中央撥地一事，於他們的以「鎮地」爲地方教育行政的區劃，頗有影響。就是直到南北戰爭的時候，還在那裏設立「鎮地」學校機關。區制辦的很好，且通行。因爲合於他的需要之故，有許多地方，常把「鎮地」再分爲學區，而實行他特別的區制。一八三一年，渥海烏認學區保管團體爲法定的。到了一八五三年，又把這種法定的權奪去。米梭利規定鎮地爲學區，而以學務管理權交給「鎮地」學務董事會。但他也把鎮地又復劃分爲小區。印地安那因爲以鎮地爲基礎，想設立鎮制，屢試不成。乃於一八三三年，實行以區爲地方教育單位，而付區保管人以全權。一八二五年，意利諾採行區制。可是在一八三五年，又通過一律，各地可以自由改行鎭制。每一鎭地設一保管會，付以全權，辦理學務，及核定教員。那知各區不願意隸屬於「鎭地」之下。該州也沒有什麼更進一層的辦法，故到了於今，仍是一半區制，一半鎭制的狀況。愛渥窪和密希干以「鎭地」爲地方學務行政的基礎，但復分小區。威士康新的學區的權很大，可是檢定教員的權，卻在鎭監督。明尼蘇達的制度也同他的一樣。不過以考試和應用教員的權歸之於鎭地保管人罷了。一八六〇年，鎭地保管人的職責，已移交於鎭地監督。渥利岡和康塞斯則完全採行區制。

七、紐約制——紐約州的地方學務機關，和他州學務機關，在當時都是各有各特別的色彩。在一七九五年的時候，鎭區合并辦法，卽已著手。鎭當局對於區立學校，有最後選擇教員之權。一八一二年，實行用積金的入息津貼教育，其津貼之法，以地方津貼爲準。同時且進行鎭區合并政策，而以平衡之權，交與鎭機關。又二年，設立視學，而以檢定教育之權，交與鎭學務人員之手。一八三九年，州對於公立學校之津貼，大大的增加。同時亦擴充其對於地方機關之權。一八三九年，制定委任郡義務視察員法。後二年，制定由郡視學委任副學監之法。該員依據州法令，檢定郡教員，並視察學校。又經過數次改革之後，於法定區設置學務委員，由人民選擧，負從前各郡副學監之職權。

八、郡監督之職責——上述紐約州之發展，在南北戰爭以前，已有許多州因爲州和區之間的間隔離開的太遠，已在其中立一居間的機關，以便促行學務法令和分配州津貼之用。那時各地方評定教員資格的標準，紛紜錯綜，莫衷一是。於是乃希望另外的機關，以負此劃一提高的責任。其結果遂有郡監督的要求。按初起郡監督的責任，幾乎全在經濟方面，這種攷試教員之事，或許是他唯一的專業職務——當然他尙須視察學校，證明受州津貼的學校是否存在——不過就普通一般情形而言，郡監督是一個統計與經濟的官員，而稍微連帶有點專業的職務罷了。在法律上看來，他是不需一點教育經驗的。在早年的時候，他簡直沒有半點的專業資格。有許多州其郡監督的選舉，也同普通的選舉一樣，是由黨選出的。

最早有的郡監督的地方，據著者所知，是一八二六年的戴賴桓州。其法律雖通過，但未甚實行。一八三九年，北加祿林那有郡監督會之設。可是其實情卻和郡董事會無二。其後制定一新法令，於郡監督會中選出一主席，然後這郡監督一名詞，如含有普通所用的意義。一八四一年，紐約州設立此職。這事已經在上面提到過。本詩文尼亞，愛渥窪，意利諾，加利福尼亞，渥利岡和康塞斯，都在第六十年內，設立此職。浮芒，渥海烏和盧易祥那，都設立過此職，但不久就廢除了。

九、城市學務監督——城市學務監督，是一種有名的美國制度。其發軔之期，實在南北戰爭以前。不過在那時候發展很慢罷了。據Cubberley說，在一八六一年，只有二十五城有學務監督機關。此事將在下章詳述。

公立學校之免費

一、南方對於免費公立學校的觀念——在地方教育一節內，已經指出南方各州，不論新舊，在內戰以前，除北加祿林那之外，沒有一州創設了全州的免費公立學校的制度。此外則盧易祥那，其教育經費，雖有一部分收之於學費，但也可以算是實行此制的。有的各州，對於此制十分贊成，且有着手從事進行的。有許多城市，對於白種兒童，已實行這種制度。卽鄉村也有零星的點綴。設使沒有內戰的發生，南方各州在一個短少時間裏面，或許可以實行此制。就在東西兩方，也是一樣。城市總比鄉村先着手。又東西兩方，——就是南方也是一樣——有許多州數，允許了城市和聯合區（union district）有自行抽收辦學稅之權。荒遠的鄉村，即遠不及他們了。我們知道，南方的生活，是農業的，其人民多聚集在鄉村方面，他的義務教育之進行，較旁的地方爲遲緩者，其原因並不全在其社會哲學之不同，其大部分的原因，還是在鄉村的保守主義，把持着公共事業。

二、義務教育發達的途徑——學校的免費和以公款維持教育二事，乃是合衆國教育方面最能表現其各地自立和自治精神的。比如如果有多數的選民贊成，即可以通過一律准各「鎮地」徵收維持教育稅。如果各區的人民對於維持教育有須創設特別區的同意，便可以創設之。又如果一州之中，已有大部分的人民主張義務教育。那麽，關於全州教育的法律，便可以強迫出之。如果此項法律業已產生，更可以強迫使他實現。

麻州是全州實行義務教育最早的一州。其關於此事的法律，是在一八二七年制定的。但他在此時期之多年以前，其以地方稅維持義務學校的辦法，殆已普及全州了。本詩文尼亞在一八三四年時，允許該州內任何學區有使其學校免費之權。並且以州款補助實行此律的學區。其不願遵守此法律之區，必須按其舊方法以行，且不得領受州款。一八四八年，該州一千二百四十九區中，已有一千一百〇五區接受了一八三四年免費學校的法律，所可以強迫全州實行免費學校制。一八四九年，紐約州會以學校是否應免費之一問題，詢問民衆，結果贊成免費的占大多數。次年又以同一問題提出，徵求民衆意見，乃贊成者之人數大減。州議會因此之故，乃一方允許用「比例（家長稅）制」（rate bills）維持學款，一方面增加對於地方機關之州補助費，以鼓勵其免除學費，同時且使各希望實行學校免費及改進學校之各獨立區聯合爲「聯合免費學校區」及到一八六七年州議會才廢除「家長稅」制，而強迫各地方機關使各學校完全免費。

在本詩文尼亞和紐約州漸次發展的免費學校的觀念，已發現於其他各州，及到南北戰爭的時候，東西各州實際已差不多完全實行免費學校制。一八五〇年，浮芒已不用「家長稅」，同年渥海島的新憲法，也有同一樣的規定。但法律的實施和法庭的判決，卻在一八六七年的時候才實現。意利諾於一八五六年實行學校免費。在南北戰爭開始的時候，東西兩方已幾乎完全實行了免費教育。在這次戰爭結局以後，未及數年，初等的免費教育業已普及施行。

初等以上的學校之擴張

本節內所要討論的，是普通所謂的中等教育或小學以上的學校。他特別注意之點，是在使人知道美國的中校不過是小學校向上的擴張，並不是和歐洲各國一樣中等學校與人民的學校分開（小學校）。他和小學校各有各的系統，各有各的生活途徑。入這種學校的人，必須有相當的財富和相當的地位，並且管理他的機關和法律都不相同。至於合衆國則不然，目前所稱道的中等教育，是由教授寫讀算三者普通學校發展而來的。他和普通的小學校受同一機關的統制，受同一財源的供給，招收學生，對於全國的兒童，一視同仁，毫無門第與貧富的區別。他是由貧民的小學校，一直到高等的學校的一個正當的途徑。

一、麻州早年的中學——美國中學的性質，可以從一八二七年麻州的學校法令中看出來。稱這次法令爲中學法令，在名稱上不免有幾分的錯誤，因爲他不僅對中學而不發的，同時包含有小學及高級小學。該法令重要的部分如下：

「兩院規定，凡國內各鎮區之有五十家者，須請品行良好的教員，教授兒童拼字，讀書，寫字，英文文法，地理，算學，和修身。其時期之長，當等於一學校一年之六個月。其在百家以上的鎮或區，其所延聘的教員，其時期之長當等於一學校一年之十八個月。其在五百家以上的城鎮或區，其所延聘的教員，其時期當等於一學校一年之二十四個月，且須請一品行良好的校長，除上述的科目而外，能教合衆國史，簿記，入門幾何，測量，代數更好，又在這樣的城鎮或區，校長須在方便的處所，輪流教授一般的居民。其時期當在三四月之間，其時期之長，除假期之外，至少須十個月。其在四千人口以上的城鎮區，須延請能教除上述各科以外的功課，如拉丁語，希臘語，歷史，修詞學和論理學的教員。

由這法令裏面看來，共有三級學校：（甲）普通的小學校，（乙）只有英文各科及普通日常課程的高級學校，（丙）爲比較更進一步的學校，除丙級學校所教的各科之外，尙有拉丁語，希臘語，歷史，修詞學和論理學。最低那一級學校，就和法國的小學校或德國的人民學校相當，第二級和法國一八三三設立的高等小學極相當。最高的一級，是預備入專門學校的，至少和歐洲的中等學校有些相似。所有這三種學校，都受同一的地方機關管轄，都是以同一的稅收維持，對於所有的居民，毫無歧視，一致容納，並且不收費。

一八二七年的法令，將地方設學的義務，加在一般人民的身上，因爲他們既有教育的需要，又有供給經費的能力。並強制各地方供給兒童的教育機會，以擴張其能力。凡是可以設立公衆學校的地方，便當設立公衆學校，可以設立古文學校的地方便設立古文學校。凡是供給充分教育機會的地方，其學生只要有能力能用功和不受生活的壓迫，大可以完成他們的學業。

小學校中班級之發展較之僅謀等第兒童制度的改進爲快。此種制度首先在城市施行，因爲與其使各校同程度的兒童分散各校，不如聚集在一校一班中教授之來得經濟。因此即容易過渡到班級制度來完成兒童的學校課業。

二、普通學校向上擴張的趨勢——在早年的時候，州當局對於各地方的課程，毫無過問之權。只有幾處地方，其教材曾由州法令規定的。可是就大體說來，那經過法令規定的教材，已爲優良學校所採用。並且各地方都不斷在學校中增加有教育價值和切於實用的科目的教授。此已成爲一定之趨勢。本詩文尼亞的公共教育州監督Thomas H. Burrame在一八六二年的時候，他主張應設立公衆學校，聚齊充分的學生，加以基本的訓練。如果爲境況所許可，以在這同一的學校分爲若干級，把最高的一級作爲預備實際生活或入專門學校之用。這一種主張，可是代表當時通行全國的小學及高級學校的關係之理論。

實際呢，中學不過是初等學校的擴張，此事可以由當時頒布的高級特殊的學校的法令中看出。最顯著的例，就是一八四七年渥海烏爲Akron城頒布的法令。據這法令，該地的學務指導員得設立分級的學校制，內中可以包括「一中央文法學校。」換言之，就是中學。一八四八年又通過一法律將給與Akron的權限擴充到其他的城鎮去。凡該州內的各城鎮，其選民有三分之二贊成設立這類的學制的，即可設立。一八四九年，愛渥窪通過一法律規定各校設立高級班。一八五七年又通過一新法，給各城鎮有設立「分級學校制」(grade school system)的權。在此制內的學校得教授除英文以外之其他語文。一八五三年，明尼蘇達通過一法律，規定各公立學校機關創設高級班或文法班。同年紐約州的聯合免費學校律，承認聯合免費學區設立與分級的初等學校相連的「中等部」。一八五四年，本詩文尼亞規定各區設立分級學校，並設立高級課程。

這樣的例子，實在舉不勝舉。即就上述各例證看來，已可以見到合衆國的中學乃是公立學制之一部；也即是公衆學校之一種擴張的行為。在這時候，中學這個名稱並沒有著實應用，因為他是日後才發生的名詞。不過那時候凡是在小學以上發出的教育，不問他的年限是一年二年或三年，也不問他的功課包含外國語或沒包含外國語，通通可以視他為中學。

在前章裏面曾提到亞卡狄美，是開國時期很重要的中等學校。就他的辦法和課程，由一八二八年到一八六一年之一時期，並沒有什麼變動，他的數目若與中學比較起來，也還是占第一位。

三、師資的訓練——在將近內戰爆發之一時期，師資訓練之一事，頗有進步，但也是此後師資訓練大發展的起頭。一八二三年Samuel R. Hall在浮芒的Concord開一私立學校，其動機即在訓練師資。該校的課程，還是亞卡狄美的課程。不過添有教授法的課程罷了。在當時的數年之內，新英倫各州也開辦了幾所這樣的私立學校。一八七九年，麻州設立了兩所，一八四〇年又添了三所，一八六〇年州立的有十二所，私立的有六所。

那時的師資訓練的進行，多與亞卡狄美相關。卽如紐約在一八二七年，特給亞卡狄美師資訓練之權。一八三〇年，以州款補助各法定區的一亞卡狄美訓練公衆學校的教員。一八四三年本詩文尼亞擴充九個專門學校，六十四個亞卡狄美，三十七個女師範。凡這等學校有注意師資訓練的便給以補助。由此可見亞卡狄美在當時實占師資訓練重要的地位。可是他的專業課，卻非常有限，教授方法也不甚注意。

新移民對於教育的影響

在美國發軔的時候，其人民大都是英國人蘇格蘭高原人和「蘇格蘭愛爾蘭人」在革命時代，他們占人口六分之一。此外有些法國新教徒和將近十萬的德國人。德國人大半住在本詩文尼亞之中部及東部，還有少數的荷蘭人瑞典人和其他各國人。在宣佈獨立後之三十年內除本詩文尼亞之德國人尙保存其語言及其多數的習俗而外，其餘的民衆業已化合成爲顯著的美國人民了。

在這三十年內，移民入境的已少，不過風起雲湧的外人入境以破壞和諧的美國民衆的事，又從此開始了。在內戰以前有大批的德國人，愛爾蘭人遷入。一八三〇年是愛爾蘭人入境最多的時期。此後日有增加，直至一八四五年方止。又自一八四二年至一八五五年，愛爾蘭地方因發生饑荒和反叛的事體，其人民又大大的移入美國，其數當在一百三十萬以上。大部分都住在東方沿海一帶，從事勞動生活。德國移民最高的時期，在一八四六年至一八五五年之十年之中，其數亦在一百萬以上。按一八五〇年的計算，合衆國的人口共有二千三百萬，外國產的有二百八十萬。一八六〇年人口共計三千一百萬，外國產的有五百四十萬。

一、宗教困難之發生——愛爾蘭人差不多都信舊教，其領袖人物常想其人民之子弟入教會所辦的學校，以便受舊教育。因此他們便大大的反對其子弟入公立學校。以公立學校不能有彼等所謂之正當的宗教訓練也。他們又反對學校中讀傑姆士王翻譯的聖經。以爲該書是另一宗派的。他們教會的領袖並且要求分潤公立學校之補助費，以補助其教會學校。其實這種要求在當時並不以爲希奇。因爲我們已經說過在開國的時候，公家確會以公款補助過私立的及教會的學校。

最初要求以公款津貼教會學校的衝突，是起於紐約市。先是一八二八年公立學校會得徵收地方稅辦理教育事業。該會舉辦學校，雖然沒有宗派的用意，可是有道德及宗教的教育。所以可視爲有宗派的學校。於是舊教及其他各宗派，遂羣起要求分潤。結果惟舊教得分，其餘各派都無望。自此以後便風潮大作，新教也要求和舊教一樣分潤公款。而其他的宗派又起而反對。及到一八四二年，議會才決定任何私立的或宗派的學校，不得分潤地方稅收。

不數年，麻州又發生反對公立學校政策的風潮。該州的宗教問題之發生，由來已久。當修道派（Congregational Church）分爲一神派和正教派以來，對於學校中教授宗教之一事，已大起爭執。原來麻州的公共事務，一向在修道派之手。所以對於學校教授宗教毫無問題。可是自他分爲兩派之後，便有取消宗教教授和免除黨派的趨勢。一八二七年，麻州已有禁止學校應用宗派書籍的法令。當初正教派反對此事不遺餘力，可是到舊教要分公款以補助其子弟所入的教會學校的時候，那由修道派分出來的兩派又復結合，反對此事。情勢洶洶，殊爲劇烈。及至一八五五年，才決定所有公款無論州的或地方的，都只能用於眞正公家所辦的學校。

這種分潤公款及讀新教聖書的爭論，卻不只一域，實普遍全國。在一八五五年選舉的時候，「無知黨」(The Know-Nothing Party)提出反對宗派學校的政策，其結果由州議會制定法律，禁止分潤公款以辦教會的教育。有幾州於內戰以前，且在其憲法中規定此事。故此種政策自那時候起，即已通行於全國。

二、外國語學校的問題——這時候語言問題，時常發生，因爲在那時候大家都認爲溶和外人，必須統一語言。故當時已有決定在各學校只許應用英語的事。一八三四年，本詩文尼亞的學務令已規定：凡各區要受州款補助的，必須使用英語教授。因爲這個原故，所以該州的德人會有長期的努力的反對通過此法的事體。西方新興各州，因爲有不少的外人，尤其是德人，所以語言問題時有發生。而州政府又因爲要貫澈他的公立學校政策的原故，少不了反對此事。有幾州，就是在美國加入歐洲大戰的時候，對於這問題還沒解決。

一八六一年的美國學制

自傑克遜第一次被選之後，以至大戰爆發時期，其間數十年，合衆國的教育方面頗有重大的發展。東西兩方都已認設立學校爲公共的義務。南方對於此事，雖沒有這樣的信念，可是其公立教育業已逐年的愈加穩固。他們幾乎都承認公立學校，對於所有的兒童，均應免費。在第六十年的時候，亦已決定反對教會學校。

至於教育行政，全國各州都已設立了地方機關。而那些人煙稀少和交通阻隔的地方，且幾乎盡將各區學交給地方學務局或委員會管轄。在州府行政方面，也增加經費，補助學校，並且已着手設立公共教育的州監督及州教育董事會以管理全州學務。郡監督對於州監督和區立機關，也漸漸的連結起來了。

在人口衆多經費充足的社會，已發展分設學校制。並在小學之上添設一年或一年以上的功課，以增加彼等子弟的教育。新興各州用其聯合之各「鎮地」的公地，由州政府管理，設立高等學校機關。不過那時的州議會，尙沒有以公款來辦理這種學校罷了。州大學頗似教會的及地方的專門學校和大學。因爲那時的高等教育，除州大學之外，仍然是不受任何官廳管轄的。

如果我們考究南北戰爭時，美國的教育通性，即刻使人感到的就是他的出處。因爲美國教育的實施，極與英格蘭相類似。縱然合衆國在一八六一年全國幾乎都通過了反對教會教育而建設無宗派的公立學校，完全由公款維持，由公家管理，且中央教育機關對於各地的設學沒有密切的監督和管轄權。至少在這一點上，美國是和早年的英國是一樣的。教會及私人團體以自由設立小學校，而不受州政府的任何干涉。就是強迫各地方維持公立學校的法律已經通過之後，地方機關仍然繼續的自由的來用他們自己的方法。教員的檢定，仍由小地方主持。州對於教材和教科書毫無干預的權限。各州所設的中央教育機關權限非常之小。其大部分的職務就在按照學生或人口分配州學款。他對於各地方機關，並沒有直接管轄的權限。除紐約一州外，更沒有制裁的權柄。而他的中等和高等學校之獨立，更和英國相似。在城市中，中等學校雖然成爲公立學校，可是其課程和教員始終不受州的管轄。除紐約州之外，所有的亞卡狄美，差不多是純粹的私立學校。至於高等教育除州大學之外，其他各種私立的和教會的與中等初等學校一般享盡了他們自由的風味。

英國的教育，不免帶有階級意味。比如由各種自由團體來實施貧兒教育，國會雖有所捐助，也不過是自由的性質。此外國家對於國民的教育，惟在勞動法和卹貧律方面注意到了工人子弟及貧苦兒童的教育。至於個人雖是中產之家，仍是自己教育其子弟，不願公家對於這事有所干預。可是合衆國在這一點，則和他相反，他在南北戰爭以前，就認公共教育是公家的職務，而不是一種恤貧的辦法。凡用稅收所辦的學校，即是人人的學校。其間毫無貧富界限之分。公立的初等學校之一名詞，乃是表示修學年限，及學生的學業。不是表示一種學生的家庭地位，和經濟情形。

至於中等教育，也是由公款維持。就是舊式的亞卡狄美，取費亦少。家境貧寒的子弟，也能在裏面求學。其後中學日日發達，彼即繼續地方亞卡狄美受公家的指揮。在十九世紀之第四五十年，因私立中學之發達，幾乎把中學的公共教育的運動，陷於絕境。幸而好些種趨勢，不久即行阻止。未大發展。美國的中等教育，也和初等教育一樣。完全是一種學業的段階，並不是像英吉利及其他歐洲各國，乃是一種特殊階級的產物。

普美兩國學校之比較——上面已經將英美兩國學校之異同比較了一番。此處卻用不着多費氣力，以作普美兩國之比較，但亦不可不略言之。普國已視教育爲社會制裁的工具，且已使之成爲社會制裁的工具。內閣對於教育極爲關心。幾乎所有大小的教育機關及職務，莫不受他的管轄。國家機關，對於各大學是直接管轄的。所以他保障清一色的政治的，社會的哲學。中等初等各教育，都要受內閣的干預。如課程的標準，和教員的應用，都是受內閣的指揮的。所以中央政府對於學校的舉措，無論巨細，無不涉及。而普美教育之最不同之一點，便是美國毫無階級的意味。在德國，人民學校就是普通一般人的學校。這種學校，也即是一般人民的子弟求學唯一的學校。他們是不能再求中等教育的。就是這種學校的教員也另在一階級。他們在其訓練學校畢業之後，是不能够進大學的。你看，這與美國的普通公立學校何等的不同呀。美國的教育，雖然取法於普的不少，可是不久即發現其不合美國的社會哲學及其政治組織。

第十六章　物質的發展和文化的統一（一八六一——一八九〇左右）

一個國家或一個社會的進化，要把他分爲若干時期，是不見得十分的正確的，這話已經一再給人說過的了。因爲一個另闢一新時代的大變動的發生，並不是一朝一夕之故。其所由來，必是許多不可知覺的細故堆積而成。所以把美國史在一八六一年至一八九〇年之間分爲一段，是不盡如人意的。因爲自南北戰爭以後，一切進行都很平常，沒有什麼特著的變動。

可是時期的盡分決不是神聖不可更改的事體。作史者以爲怎樣的分法，可達到其作史的目的，就可以怎樣的分法。由這一點看來，我們把內戰開始後之三十年定爲一個時期，未嘗不是方便。當然一八九〇年的時候，在社會上或教育上都沒有重大的事體發生，但那時卻是內戰後三十年及將來歐洲大戰前的三十年一個大關鍵。在後一時期，美國社會進到一個新天地。其經驗，其目標，固與以前不同，即政治的社會的制裁方法，亦大大的改變。經濟生活，因其特別的處理和調濟的問題，也大行改變。與他國的關係也日趨複雜和繁難。想不恃國際的政策而不可得。在教育方面，也是一樣，大家都見到公立學校的重要，且有許多教育機關都因適應這新社會的要求有所改變。

一、北方的經濟狀況——南北戰爭使北方的東西兩部經濟關係結合爲一。東方各工業城市，需要西方的穀物，及其農產物；而西方則需要東方的製造品。東方又因爲製造軍需品而使其工業進步更快；西方各州在那時，其農業亦有長足的進步。結果西方贊成東方的保護關稅，同時東方也贊成西方採用聯邦給地的政策（federal land policy）。當時以爲百多萬不能生產的戰爭的兵士，退伍回來加入農工隊裏，經濟的昌榮必將紛亂。那知竟不如是，又退伍回來的兵士，因有國家給與他們的宅場，竟把西方的曠野變成了豐厚的農田。那些沒有加入新興的農業裏面去的，就投入工業方面或在那時滿布全國的鐵路大工程中去服務。

二、移民的增加——那時的工業發達，農業振興，不特吸收了退伍回來的兵士毫無困難，並且替各年遷入的外國人安插了位置，如一八六一至一八七〇年移入的二百三十多萬的民衆，一八七一至一八八〇年移入二百八十多萬民衆，一八八一至一八九〇年的十年之中的五百二十四萬的民衆，其數目之大，眞可駭異，而這許許多多的移民的大部分都加入工場裏作工，其次便是修築鐵路，再次便是開礦或伐木，或在西方的自由田宅中耕作，移到南方的爲數極少。

三、交通的發達——合衆國在南北戰爭後之三十年中，其大變化之一，便是溝通東西南北的鐵路與電報。在一八六〇年之際，全國的鐵路不過三萬英哩，可是到了一八九〇年，其路線之長，便有一十六萬三千英里。最初管理各鐵路幹線的機關，比較狹小。後來逐漸擴充，互相聯絡，終歸到由一個大機關經理其事。中央和各州都早已見到鐵路對於新闢的地方有極重要的經濟關係，如給他們增加人口和開發農業等事。他們又知道鐵路對於工業的發展，亦有重要的關係。因此中央和地方都慷慨的以金錢幫助鐵路的建築。可是鐵路一經建築成功，即實行跋扈，不受拘束，操縱貨客，玩弄行旅。第八九十年之際，各州雖想設法以制裁之，但完全無效。因爲鐵路所在地，並非一州，今由各州單獨的去制止，當然無效。後來才知單獨的進行無效，乃於一八八七年由國會通過一案，設立聯邦商務委員以制裁之。

四、交通便利對於政治的影響——鐵路的建築和電報的發達，是平行並進的。自內戰以來，這兩種機關對於美國經濟各方面的發展，都有重大的影響。如工業出品之發達，又由出品之發達而發生的各種趨勢，如人口的增加，且集中於各大城市；農業則變爲商務的；農家的各種活動，亦與從前大異——這不過僅與鐵路電報交通之進步而發生的幾種直接的變遷。此外政治生活，受他們的影響也頗不小。試想要把那樣大的一個合衆國的文化和政治統而爲一，自然非把各方的民衆彼此溝通不可。要把密士悉必流域，落機山高原，太平洋沿岸，海灣平原，大西洋海邊的各種居民團結一氣，而組成一大國家，自非使彼等時時交換意見，不斷地討論共同的問題不可。美國自交通便利以來，New Orleans, Chicago, Denver, Seattle, Boston 各城人民每日可以讀載同一事件之報紙；可以吟詠同一的詩歌；可以知道國會的提議，總統的判決；可以評論各社論的優劣。在斐城或紐約的週報，可以在同一天之內，傳布到全國各地的定閱者。又如行旅，在交通大通以後，由紐約至舊金山所需之時間不及一八三

○年由紐約到Pittsburgh那樣之久。因爲這個原故，所以共同的文化得以發展，彼此一致的精神得以感覺。當然近代的文化，無不有賴於交通之迅速。可是沒有那一個國家有合衆國這樣的關係密切的，如果要維持一個如目前合衆國這樣廣大的疆域的國家，其交通之不便仍如從前制憲時代的一般，那麽無論如何是不可能。合衆國就是因爲在南北戰爭以後之三十年中交通日趨便利，各州人民的國家思想才有大大的發展，聯邦政府的權力與職務才得增加。

五、工業的發達——在南北戰爭的時候，合衆國工業發展已大有可觀。又加之實行增加入口稅，以增財源和保護國內的工業，其進步更快。在一八六○年的時候，製造品的總價值，尙不及一十九萬萬元美金，到了一八九四年，便有九十五萬萬元。一八六○年，銅鐵製造品的總價，是三千六百五十萬美金。一八九○年，爲四萬七千九百萬美金。在同一時期之內，紡織物的價值數目也增加了一倍。其他如麵粉，食物，材木，衣履等等的工業，亦大大的發達。

六、工業的發達大半基於天然的富源——在那時候，美國工業的昌榮，固然是由於機器的改良，出產品的增加，和大規模的管理方法之發明，可是工場有多量的出品，其根本的原因還是在原料的豐富。按自南北戰爭以至一八九○年，美國的基本工業，或粗造工業，非常發達。森林礦山和田地對於工業貢獻最大。

七、工業的合并——在第九十年之際，因各大工業競爭的過於浪費，使他們自然的趨於大規模的結合。有許多從前彼此競爭的公司，都把他們的財產和他們的專業歸并到一個共同的董事會之下，以便霸占商品，操縱市場。於是這樣組合的公司，乃有能力去破壞那未加入托拉斯的公司，何況托拉斯和與其相類的大組織，於職業的發展，頗有裨益。因爲有的工業若是在各個公司彼此競爭之下，其生產方法，必不經濟。可是連合在一個大組織之下，便無此弊。如鐵路連合之托拉斯等，常遍數州，因此各州議會便無法節制他，亦無能力管轄他。到一八九〇年，國會才通過塞門反對托拉斯案。此事即是處置工業連合之新紀元。

八、城市人口的增加及其對於社會的影響——由一八六〇年至一八九〇年，合衆國的人口，由三千一百五十萬，增至六千三百萬。一八六〇年在八千以上的城市中的人口，要占百分之二十九。我們於討論當時城市之所以發達如此之快的時候，千萬不可忘記那時有大批的移民到各大工業城市中從事工場及共公事業之低價的勞動生活。而他們對於工人的待遇之不當，也和西歐各國一樣，時間既長，工作又苦，對於失虞的事件，又無救濟。且對於婦女及兒童的雇用，又無取締。在一八九〇年以前，工人組合的勢力大有發展，這事可以由無數次的罷工中看出。有時他們並且成了功。又那時候他們已經着手去制定和緩殘酷的商業競爭的法律。一八六六年麻塞邱塞最先制定勞動法，限制童工每天不得作八小時以上的工作。一八六九年設立勞工統計局，一八八〇年以前，已設工廠視察，且規定婦女和十八歲以下的兒童每星期的工作，不得超過六十小時。

有許多工業州在一八九〇年以前，也跟着麻州制定限制雇用兒童法，可是能見諸實行，卻不容易。至於對於成人的勞動法，在那時尚未提及。

九、公德的低落——南北戰爭之後，據歷史家所述，乃是美國自有史以來公德最低下時代。考其所以至此的原由，則上述各事不無關係。因爲公地之給與，遂養成「宅場權」(homestead rights)之不正當行爲。因各州議會及國會之無限制的補助鐵路公司遂養成貪而無賴的立法者作僞國會議員乃至內閣閣員，不惜售賣他們的選舉票及權柄於鐵路機關。也沒有那個僕補總統者能完全免除這些關係而能當選。

在發展極速的各城市因爲各大鐵道爲爭捷逕和車站的原故可以使該城的官員爲貪婪而作僞。各州會議因爲限制各鐵路的定價及其他不正當的轉運情形，致使各鐵路大用金錢運動。所以那時有視各州議會爲某某等鐵路所有之譏。又各大鐵路對於當時不公平的減價制度，儼如黨派，其中的大聯合卽藉此獲得職業上的優越的利益，以與其他鐵道競爭。又那時的大托拉斯，可說是州立法的目的物，而他們恃他們有錢，亦樂得以金錢去收買那些好說話的議員們。

那時的城市發展的非常之快，所以大規模的公共事業，如街道，水管，蓄水池，公園，街中鐵軌，電燈等等，使包工者，如市政當局中飽不少。又那由外國而來的選民，他們不知不識，最易收買。所以當時的政治竟變爲一種有利的交易，政黨領袖以分發選舉票爲生活，大工業的組合——以鐵路爲最著——直接與政黨內部領袖交涉，政黨領袖又將所得的利益分配給黨中各分子。所以大小官吏之營私舞弊，已司空見慣，買賣選舉，視爲當然。下自一市小官的選舉，上至一國元首的競爭，其政策無非是分配地盤和保護有勢力的經濟事業。

十、社會能力的大部分用在物質的發展——西北兩方在南北戰爭以後之三十年中，其能力大半用在物質的發展上。如人口的增加，工業的發達，鐵路的敷設，農產品的增進，和城市的擴張等等，無一不表示這種現象。我們對此無以名之，名之曰「巨人的發展。」可惜這二十年的巨人，沒有遠大的眼光，和缺乏道德心。他把他祖宗的遺產浪費，並且種下不少的惡果。他在政治界和工業界常發生不正當的行爲。好在他未破壞他健康的發展，也沒阻止他自大的生機，所以不久他便能自修而日趨於善了。

十一、同一政府之下的兩個國家——東西兩方經濟的關係益形密切，自然能使兩方的各州之政治聯合，更爲密切。到了南北戰爭的時候，他們倆因反抗共同的敵人之故，所以更能團結一致。南北戰爭，乃美國史上使出其人民及其資財的各州，組織成國的第一次戰爭。當然，此次戰爭所鑄成的國家，不過是北美各州之一部，因爲南方又自成一個團結，致使南北兩方留下一道極寬的裂痕，非數十年不能塡補。所以我們如果要討論合衆國，在南北戰爭時及其戰後的發展，多少要把南方除外，然後才好說；否則，非把兩方的人士死了一大部分去，和南方的政治經濟情形從新改變，北美各州不能完全聯合。

到了南北戰爭爆發的時候，政治的政策和行政的原理，大都爲地方主義所左右。這種情形，其實蘊釀已久。所以一旦爆裂，幾成爲兩個國家——南和北。實則南北戰爭眞不啻是兩國的戰爭。因爲他們各有各的文化，和各有各的經濟的政治的生活。後來南方失敗，他至少要做北方眼中之屈服而不悔的敵人二十年。而南方之於北方，又視他爲一個自高而不知足的戰勝者。

聯邦政府之漸趨於中央化

要知道美國國性發展的線索，當知道華盛頓城政治的變遷。我們知道南北之役，極需要聯邦行政，並且幾乎使他成爲一個強有力的中央政府。因爲戰費需要由聯邦政府發行大批的債票，且創立國家銀行制。因爲需要兵士，所以有義務民兵制的計劃。卽憲法中所規定的個人權利，也暫行停止。又因爲軍事的必要，聯邦政府參加了許多在從前視爲只屬於各州的事體。此外合衆國補助貫通大陸的各鐵路之建築，乃爲國家重要事業之一。

一、Morrill 撥地條例——在內戰的時候，聯邦政府已經直接注意到教育方面。一八六二年 Morrill 撥地條例，已經通過。該條例規定按各州所派出的國會議員的人數，每出一人的，可得三萬英畝辦理農業專門和工藝專門學校。在一八五九年的時候，本有一個與此相同的提議，未曾通過。那時贊助這議案的，與政黨極有關係。民主黨便是顯然的反對這議案的。他的理由是這案有以聯邦政府侵犯各州權限之嫌。至提交總統 Buchanan 批准時，彼又否認。他否認的理由之一：是聯邦政府參與教育是不合憲法的。及到這議案到一八六一年重行提出國會時，才得大多數的通過。且經總統林肯批准，在五年之內，居然有二十三州奉行此案，或單獨或與大學連合設立農業和工藝專門。

二、聯邦政府設立農部——同年又設立聯邦的農部。這事可視爲聯邦政府權限的進一步的擴充。原有的七部，乃是憲法所規定的，所以農部之設，大家都尙以爲是各州之事。聯邦政府之設這部的理由，是國之富厚，實基於農業之昌榮。所以凡與國家之富厚有密切的關係的，都是國家的要政。那些贊成設立這部的朋友的宣言說：聯邦政府，並不是利用他去管轄各州的農業，不過是想培植和改進各州與國家間之農業的利益罷了。

三、聯邦政府設立教部——一八六七年，國會又設立教部，其目的在收集事實，制定統計，以表明各州和各特別區之教育的情形和進步。同時供給辦學和教授的知識與合衆國的人民，幫助他們設立良好的學校和改良教育。教育部設一委員，爲其主任，另以祕書輔助之。每年由委員將該部的情形報告國會。

教部也同農部一樣，不能直接管轄州政府。他沒有監督的職權，他沒有威權，他沒有錢給接收的條例的機關。他之所以能影響於人，全靠該機關的辦事公正，和委員個人的人格。所以他僅是一個學務情形及教育行政知識的交換所。

我們不要以爲這時的聯邦政府已經做到了從前不許他做的地步。其實撥地條例，和農部的設立，固沒有怎樣的擴充他的權力。就是教部的添設，也沒有增加若何的權限。仍許各州自己本自己的目標，設置農業和工藝的專門學校。其唯一的條件，便是接收了土地之後便須按照國會的規定的忠實進行。對於他們的課程和行政，且須詳加規定，所以在其設立之最初二十年內，與其他的普通大學無甚差異。

教部到了一八六九年降而爲內務部之一局，一直到現在還是一樣。他所做的事，就是收集合衆國的教育事實而統計之，調查國內外的教育情形而報告之。農部則比他所做的事體要多些。他的事業頗受一般人的贊許，他的財源和人員日有增進，他的作事機關也日日加多。他也和教部一樣，沒有管轄各州的權力，可是他以他獨立的發明，和中央的地位，可以做科學的農業的領袖，且可以和在各州政府管轄下之農業研究機關合作。

四、解放局（Freedmen's Bureau）——在這一時期的前半期，聯邦行政之重要的擴充之一，當推聯邦政府於南方聯盟各州的特別關係。在戰爭之最末一年，軍事部設立一解放局，掌理解放的民衆事宜。該局設一主任委員，南方各州各派一副委員以襄助之。其職務分兩種：一是供給無告的黑人之食住，一是施之以教育，使他得爲公民。這種教育的慈善事業，一直到一八七二年才停止。同時他又和北方關心黑人教育和道德的慈善團體合作。他們並且增加政府對於黑人學校的津貼。總共該局用了六百五十多萬美金，用之於教育的占大部分。

南方的改制

在戰事結束後多年以內，聯邦政府參與南方的事體尙有比解放局更爲切實的因爲戰敗的南方爲必要的原故，接收了第十三條的修正——釋奴——可是他們決定白人須繼續其管理權。在解放後的新經濟和新社會下，白人當有所保護。所以南方各州政府，即被總統承認，且通過許多關於黑人的法律，以圖消滅社會上的變動。那知這項法律，在北方的黨人中看來，又不啻把南方放在一新奴隸制度之下。於是他們修改第十三條以反對任何州制定剝奪任何公民的公民權利。所謂任何公民者，就是指生在合衆國或合衆國化的人民。那麼，黑人當然包括在內。凡是不遵守此次修正的，就依剝奪公民選舉權的限度之多寡，減少其在國家的代表權。可是南方各州，又不批准此次修正。於是國會中之占優勢者，便主張把南方改爲五省，每一省由合衆國派武官管轄之，以監督南方各省是否實行黑人選舉。不過在一八六七年通過強迫南方實行黑人選舉時，北方也只有六州給與了黑人以這種權利。所以南方要行這種政策，須要軍隊的保障，其結果便是一種政治的革命。可惜南方黑人的選舉，常爲一般政客操縱，成爲立憲政治的笑柄。

一、Hoar 議案——在這時候，又提出了不少的聯邦政府參與教育的議案。衆議員 Hoar 以爲南方在內戰之前，對於公共教育的普及不甚盡力。在一八七〇年，提議建設聯邦政府補助教育管理教育的制度。所以他的提議雖然是對於全美而發的，卻特別的注意南方各地。他的內容是要在華盛頓設一中央教育行政制，凡沒有使其境內六歲至十八歲的兒童學習讀書，習字綴字，算學地理和美國史的，都須在一定時期內切實實行，否則總統卽任命國家學務的州監督 (State superintendent of national school) 在監督之下，又設若干視學。由內務總長委任各學區國家學校的地方監督。此項人員也由內務總長任命。各學校所用的教科書，由州監督承國家教育委員的意旨規定，而各學校的行政與報告，都要按照國家委員的規定者進行。各區監督隸屬於視學，視學又隸屬於州監督，州監督又隸屬於國家教育委員之下。為辦此項教育起見，每年由各州直接徵收五千萬美金之稅，也可以由國家機關收集。

贊成這議案的，頗為不少，並且很有勢力。因為他們見到南方教育的不行，南方人對於教育不甚注意；南方沒有錢辦理公共的教育，和南方白人不願設立學校教授黑人。他們又見到無知的民衆所組織的政府之不當，他們又很想啓發黑人的智識。因此他們贊成這個提議，而希望由教育以得到眞正的民治政府。

一八七一年全國教育聯合會的學者頗反對Hoar所提的極端的集中制。他們很贊成 J. P. Wickersham 的話。他說我們國家之不願一半共和，一半專制，也和不願一半自由，一半奴隸一樣。他們為尊重地方自治權起見，主張由國家津貼南方辦理教育。此議後得通過，所以 Hoar 的提案失敗了。

二、南方白人復得政權——南方白人因為見到在黑人主政之下，沒有若何補救，他們便另想方法來謀政權的恢復。南方各州，既在黑人選民操縱之下，所以黑人較少的四州在一八七〇年之際，白人恢復了政權。同時北方的意見也有改變主張對南宜取和平的政策的。所以到了一八七〇年，只有三州在黑人地方和政客的手裏。軍事政府業已撤消，其後南方白人終歸復掌政權。且這樣一來，他們的主要政策，是要白人掌握政權，而尤其是民主黨的白人。到一八九〇年，黑人完全離了南方的政權。選舉的派別也入於正當的分派，南方的政治才得更新。

三、南方經濟的崩潰——戰後南方的經濟非常窘迫，其主要的富源——黑奴——已經非他們所有。所有的動產，如保險費，公積金，都已用於戰事。私人的產業因不可收拾，公家的積蓄也一空如洗。農村的住屋破壞，農具不全，卽用以耕作的牲口也大大的缺乏。其工人對於自由的環境又不能適應。再加之各州政府嚴徵重課，所以人民更不聊生。就是在白人恢復政權之後，其困苦情形仍未能免去。何況東方實行關稅律和優恤律（pension），南方每年要輸入北方的在數百萬以上。好在漸漸的勞工和小農的問題得以解決，資本亦漸次恢復。天然的利源如森林，礦山已能利用。又漸漸利用水力以作生產的事業。因此各處的經濟次第穩固，財富日有加增。到了一八九〇年，所謂新南方，似乎已經恢復了。

四、在總統改造下之教育——論到南方戰後教育情形，切不可忘記上述的政治和經濟狀況。在戰爭以前，大家的意見都是反對黑人受教育的。南方且有幾州用法律禁止教育黑人。我們在上面曾經提到過戰前辦理白人兒童的免費共公教育的事體，可是也只得北加祿林那和盧易斯那設立了這種制度。及到戰事終了，各州在總統改造（presidential reconstruction）之下，其新憲法中卻規定了完備的公立學校制，有的幾州也只限於白人子弟。此時我們也難怪他們不甚注意黑人的公共教育。因爲這正是他們通過黑人律的時候，不過那時候有一種普通的趨勢就是不論憲法中和法律中都規定設立一州教育董事會和公共教育的州監督以掌理一州教育的導宜，地方機關和州教育稅也有規定。

五、在黑人和急進者當權之下的教育——一八六七年，總統改造的失敗，同時繼之而起的便是國會改造(congressional reconstructive)，也即是新憲法會議的時代。在這些憲法會裏，黑人和急進的代表聯合起來，實占多數。新憲法中的教育條款，和他們很有關係。從前規定的州教育官地方機關和強迫稅，都繼續保存在新憲法及法律裏面，南加祿林那，和盧易祥那的憲法中都規定所有的公立學校均須開放給所有的兒童。不可分種族和顏色。有的幾州則沒有如此的規定，有的州數卻明白的規定黑白分授。這一種急進的憲法和法律，一直繼續到一八七六年。在學理上和紙上的免費學校制早已成立的了，可是實際上卻幾乎完全忽略。各州的經濟固不見充裕，白人的意見又不甚贊成。在那實行黑白同校的幾州；白人的子弟竟至不去上學，結果只是黑人到校。有的幾州，又怕實行這混合制。在白人看來，在這樣的狀況之下，決沒有好學的白人。對於黑人教育，既不甚贊成，所以不願納給辦理學校的稅。因此不問法律如何的進步，事實上卻毫無成就。幸好正在那時候，Peabody會產生了，該會於南方教育的經費很有幫助，且減少了一定要實行混合制的偏見。

一八七六年軍事的監護時期業已終止，各州的憲法又行變更。把黑人和急進的政府推倒。仍然大體的採行戰事以前的憲法規定。且命令黑白分校。可是尚有不少的白人，反對公共教育，且反對強制的納稅。因此不問普及教育的原理如何的受人歡迎，可是經濟困難，地方成見太深，這種並行的學制，當然進行遲緩。

六、津貼南方教育的提議——因爲見到南方的困難情形，遂有希望聯邦政府幫助南方教育，以便其日與北方聯合之必要。在職一十七年的教育委員 John Eaton 對於國會有如下的提議。有見於國中貧苦之區，大部分的兒童無知無識，又有見於是等地方辦理普及教育之困難，所以有此提議。我以爲應把發賣公地之所得的一部，或全部，作爲特別基金。每年把他的利息按各州各特別區和哥倫比亞區的人口分配，再由國會去規定數目，分配用途，和監督的方法。

七、Blair 的提議——在十九世紀的第八九十年的時候，聯邦津貼教育的問題，尤其是因爲南方教育的落後和不識學的人之多，所以全國教育聯合會裏的「監督組」裏時常有所討論。他們的決議，頗得大多數的人贊許。一八八一年，該組在紐約城開會，且以國家參與教育的原則得定爲議案。由參議院議員 Blair 於是年十一月提出於合衆國參議會。該提案主張：以七千七百萬的美金，按各州不識字的人數之多少分配於全國。照該議案的分配，南方各州所得之數較其他各州爲多。且有意幫助南方減輕擔負之意。由中央管理經費的趨勢，在 Hoar 提案中是很強的，而在此次提案中已暫消滅了。他不特不主張集中管理權，且差不多與各州自由分配其所得之國款的全數。該案在參議院中曾經繼續通過三次。可是終不得衆議院的贊同。不過我們要知道對於該案之贊成的分派，不是黨，也不是地方。在第四十八屆國會中，南方人贊成這案的，比反對他的爲多。

到了第五十屆的國會，該案始終失敗了。那班贊成以聯邦款項補助教育的朋友們，也把這種主張放棄了。一直到二十世紀的第二十年，才又復活。

州和地方的行政

一、本時期教育情形的大略——我們要是稍微留心下這時期（一八六一——一八九〇）公共教育發達的情形，便知道他的進步很慢。在內戰爆發時期所行的制度跟着人口的散佈而擴張。所以這個時期是聯合的時期，和擴張的時期，而又是一個革新和改進的時期。從前那極端的地方自治的見解仍然繼續的支配教育行政，那不知應用專門人才的習慣也依然的存在。教育官員仍由普通人選舉，由政黨支配。他們之視州和地方的教育行政，不過是自治範圍中之一小部分。地方教育機關，仍然是管理他的一小學區和一「鎮地」。州政府對於他們很少干與，而州政府的自身也不知他的責任和機會之所在，以盡其領袖及帮助之責。

二、州教育行政——在前章裏面我們曾提到過戰事以前，已有設立公共教育的州監督和董事會之事。這兩種機關在這一時期的教育思想中，更有明顯的需要。此事我們可以由下面各事實見之。凡在由一八六一年到一八九〇年之一時期中被承認的各新州，都設有公共教育的州監督。而這新與各州或在其憲法中或在其早年之法律中，都規定要設州教育董事會。南方各州在戰爭以後，其教育的改造，也是循這途徑而進的。

三、州監督的職務——一八八〇年，合衆國教育局曾把那時的州教育制度統計過。據此有二十一州的州監督，是由人民公選的；八州是由州長委任的；三州是由州議會選舉的；六州是由州董事會委派的。在一八八〇年之十年內，民選州教育行政官的趨勢極盛。就是新加入的各州，也是實行此制。可是那時教育界的見解已知道此種辦法不大妥當。一八八五年，國會教育會決定州教育長官由董事會選舉最好，並且所定的州監督的職權，要比從前所定的爲有意義。他視該長官，爲指揮教育的總司令，試看下文便知：

「各州都需要一機關監督州中的學校和學校基金及費用。需要一個能幹的監督，視察各地的學校；喚起教育的興趣；督促屬員及教員盡其職務；解釋教育法令；解決教育糾紛；報告立法機關注意學務情形；幷提示必要的改革，俾學校日趨於良好。」

眞的，該會的這種提議，頗得好幾州同意。而且各州教員希望州監督視察教育的情形。有十八州的監督，有分配學校經費與各區之權。十六州有解釋法令之權，有解決糾紛之權。七州有給教員憑證之權。六州有決定教科書或推薦教科書於全州各縣之權。一州有委派郡監督之權。

四、州教育董事會——一八八〇的時候，三十八州中有二十四州有州教育董事會。由這些董事會的組織上看來，他們的權限不僅在經濟方面。因爲組織該會的人員，多爲教員或其他與教育有密切關係的人物。可是尙有十一州，其州董事會，大部仍由州政府的人員組織之。

國家教育會，對於州董事會的職務有下列的主張：「州董事會，有給與具高深學問和專業能力的人終身憑照之權；也有督察州立高等教育機關，尤其是師範教育之權；有檢定教員之權；有指導檢定人員擬定被檢定者的資格之權；有參與擬定檢定試題之權。」州董事會的權限既然這樣的擴充，自然他的人選要在敎育界中找了。

全國教育會，有許多主張，已爲數州採用。在一八八〇年有十一州的州董事會，已有發給全州教員憑證之權。有的州數，尙另設檢定會以主持之。密希干和印地安那的州董事會，已希望有擬定郡檢定試題之權。有三州已有委任郡監督之權有二州已有委派郡董事會之權。有十州已有規定或推薦使全州採用劃一教科書之權。

五、州學務機關之重要的發展——上述州監督和州教育董事會的職權在第九十年的時候，不論實施或學說方面，都已趨向於擴充。較之從前完全隸屬於地方行政之下者，大不相同。可是那時候的中央機關的權限的擴充，卻很散蔓，很零星。那時的教育行政，本有集中中央的趨勢。可惜進步很緩慢，且被各州的監督或董事會分了他的職權。好在一般的社會，尚不滿意當時的教育。遂引思想家的注意，認為各州當徵教育稅，以辦理教育乃其不可旁貸的責任。並且已見到要完成此項目的，應規定課程標準，教員資格，學期的長短，及其他與地方教育有關係的各事。州教育的分掌機關，又應當有知道各地進行狀況，和推行其所定的標準，以策勵他們奉行的方法。要使上述各事見諸實行，必須增加中央機關之人數，和使其各分掌人員之職務，對於中央直接負責。可是此事並非當時新創，在一八九〇年以前，州政府對於教育之視察，早已具有端緒，卽如麻州在第六十年之際已在州董事會祕書之下，設立三個人員視察學務和管理學務。明尼蘇達在州監督之下，已設中學視學員。紐約州早已在州機關之下，設有地方視學官。南方有幾州，其郡監督卽直接對於中央機關負責。可是這些發展，也不過是本時期州教育機關權力的伸張的起點。此事在以後討論地方機關和其經濟關係時，更可以見得明白。

六、郡監督——在一八八〇年的時候，除新英倫各州之外，幾乎各州都沒有州監督。明言之，卽是三十八州中已有二十九州設有該項機關。其職員多由人民選舉，其在職年限為二年。有六州是州政府委任的；又六州是由教育官員委任或選舉的；有三州是由郡議會選舉的；有二十八州其郡監督或單獨負有考試一郡教員的職務，或是考試委員會中之一員而各州的郡監督幾乎都有視察學務之權。

至於監督的地位在那時並無明確的關係若就由人民選舉的看來，他就是一個地方官若就由州機關委任的看來，他就是一個州機關的分掌員而對州負責任由上述的全國教育會的決議看來，州機關和郡監督的關係更較當時的實際情形為密切其發給教員證書之權應歸州機關節制而他的資格應由州機關認為有教育經驗的人方才可以勝任。

新英倫各州，在一八九〇年，其鎭立各校已實行專家視察。一八八八年麻州以法律規定，使各鎭聯合共請一學務監督，並且用州款補助各市鎭，鼓勵他們去請此類的人員。一八七一年魯特島，一八八六年康奈克的克脫卻着手實行鎭視察制，其實這種辦法在前三十年內已經有了。

七、地方機關——一八八〇年，除城市之外，有三種明顯的地方機關。明言之，就是郡，鎭，區三者的董事會。學務指導員，市教育行政，以後再行詳細討論。

八、郡制——南方的郡教育行政制，最為發達。有幾州其郡教育董事會有極大的權限。有許多州，其郡董事會權限雖然有限，可是他們有檢定教員之權，而有幾州其郡董事的權限，卻可以完全主持一郡的教育。有四州董事會可以徵收地方稅。有三州有聘用全郡教員之權。有三州有規定教科用書之權。南方實行這種制度，確與教育發展有重要的關係。在第九十年不過還是一種趨勢，可是已經試驗成功，且為各地採用。所以他最初的發展，實值得我們的注意。

九、區制——到了第九十年，學區制仍然風行，有三十州在一八八〇年地方學校教員之選擇，尙由區指導員主持。有二十三州，此項人員對於學校之建築及其地位，須由其決定。有十四州，有徵收地方教育稅之權。

在內戰後之三十年中，新英倫各州有一種擴大學務管理區的運動。一八七〇年浮茫通過一法律，使各鎭有廢除區制更行鎭制之可能。一八八四年又通過一新法，強迫各鎭贊成鎭制。麻州在一八二六年之後，復使鎭爲重要的地方教育行政區。一八六九年通過的法令，允許各區聯合。康奈克的克脫的區制，仍然盛行。不過他在一八六五年曾通過一法，允許各學區得聯合隸屬於鎭之下。其後數年，該州又通過一法，使各區聯合成爲鎭制。可是他的進行，終歸太慢，到了一九〇九年，他才完全把區制廢棄。

十、鎭制——據一八八〇年第二號通告所載，有兩州的鎭學務指導員，有徵收地方教育稅之權。三州有處理校舍之權。五州有委任一鎭的教員之權。新英倫各州除浮茫之外，其鎭機關都有檢定教員之權。有八州所有一鎭的學務，都交該機關辦理。

大體的說，在戰後之二十五年內，地方機關的組織，並沒有什甚變更。即如新英倫各州，他們的區制，固然已向聯合方面努力，且應用專家視察學務。可是改革終屬有限。內戰以前，與第九十年內的學區機關權限之最大的區別，就在學區人員之有無檢定教員的權限之一點。在一八八〇年，三十一州把這種職務移到郡監督或郡考試會去了。有六州則移到鎭機關。有一州簡直移到州監督手中去了。此外如最小限度的課程，和學期的長短的規定，州機關已交地方機關執行。

十一、教育經費——在一八八〇年，三十八州之中有二十三州實行徵收州稅以辦全州的教育。有五州由州庫中提若干以辦教育。有十州只提用州的公積金去辦教育。南方各州用州款去辦理教育的數目比較的爲重。有四州有經費竟超過地方教育費之上。有三州則占其百分之七十五或七十五以上。南方在南北戰爭之後，因爲素不知公共教育之重要和無徵收地方稅以教育之習慣，所以要教育之易於普及，最好是多用州款。自此時以後，因爲新立法機關，允許並且鼓勵地方徵稅辦學，他們的教育才日有進步。

自一八六一年到一八九〇年之間，照通例用州積金去補助地方教育是看各區的學校和人口的多寡而定的。可是有的幾州，其接收州款的條件是由地方機關決定的，至少有十州，如果各區不遵守法定的學期之長短辦學，地方機關即行沒收其州補助金。又如魯特島和紐鳩塞等數州，其州補助之多寡，視地方所籌得之款的數目多少而定。一八七五年，威士康新每年津貼中學校的數目爲二萬五千美金。到了一八八五年，即增加一倍。一八七八年明尼蘇達着手實行這項教育的津貼。可是那時用州款補助之事，卻不易行，且不知其重要。

市教育行政

美國市教育行政的歷史，在本書尙未曾提到過。這是因爲這種歷史沒有一個重要的起點的原故。要研究此事，其困難頗爲不少。按市乃是州政府所設的。據各州法律中所表示的市行政原則和實施，卻彼此大不相同。有的幾州，其市法是用特殊的法律規定的。有的幾州則是一種市組織的普通條例。因此要研究地方教育機關，和他們對於市政府的關係之歷史，便不容易。

何況有許多學務行政的重要變更，並沒有根據任何法令。不過是各市教育董事會中一種記載而已。有許多州，由州議會規定市學務監督由市教育董事會委任。有的法庭決定，如一八七二年密希干的 Kalamazoo 是也。總之市監督的職權，始終沒有明定。多半是靠該員的人格和董事會中相沿的習慣。所以著者對於此時期的市教育所知道的極爲有限。可是總可以指出一個大略來。

一、市政府的發展——因人口的加多，原有的鎮行政的辦法，行之不通，合衆國乃另行採行一種地方的特殊行政制，辦理人口衆多的地方行政，必須設立有效力的行政機關和特殊的市憲法。在一八二五年的時候，鎮市行政是取法於州行政的。有一個市長，其職務與州長相當。有一個兩院議會，也和州議會相當。二者都由人民選舉。到了一八五〇年，城市成爲巳握強有力的政府，各政黨乃大爲從中操縱。於是市政府蜚聲載道，其結果乃引起改造的努力。所定的新憲章不特把市議會的行政權奪去，卽市長的權也奪去了。市行政的重要職權，由董事會主持。董事之委任，或由州長，或由市長，或由市長與市議會共同行之。有的時候，則由人民公舉。可是這樣一來，完全成了一個離心的政府，以至作惡舞弊，而不知罪在何人。所以在第七八十年的時候，市政的罪惡反而日有增加。後來爲謀補救這樣的流弊起見，乃行新制，使所有的權柄都歸市長，而對於所有的行政過失負責。紐約就是第一個采行市長制的大市。就是教育董事會的董事，都是由市長委任。

二、市教育董事會——在這不良的市政之下，及在其力謀改良時期中，教育事業仍爲獨立。那時的趨勢，是仍然保存從前的地方機關，作爲一特別的行政機關。其不繼續存在的，則設一董事會。董事會的選舉與市政人員的選舉分開。所以對於市行政多少有幾分獨立的意味。有的城市，尙保留從前的學區董事會，爲城區董事會。就是加入市中的鎭，其地方教育行政機關仍然在保留之列。比如，斐城和波士頓就是這樣。斐城在某一時期，竟有三十一個地方董事會。每個會的董事的人數，有十至二十那樣多。波士頓在一八七六年改組以前，其學務董事會的董事，有一百十六人之多。這些地方董事會除他們原來的權力外，他的董事不是由人民公舉，便是由地方董事會的學務指導員推舉。

或許這種人數衆多的情形，是表示市區域內的一種聯合的組織。一八四七年渥海烏爲 Akron 城通過一 Akron 學務法，不久此法卽爲 Dayton 所採用。後來所有的聯合市，都一齊採用。這個法律可視爲市學務行政發展的表徵。他規定各城或各鎭選舉六個學校指導員，並須設立一主席，一祕書，一會計。至於關於教育經濟事項如購買校地，徵收教育稅等，都交給市議會主持，而按教育董事會的計畫支用。教育董事會必需將所需的款項多少的估計提交市議會。他如校舍的大小，和建築及其他各事，完全由教育董事會主持。一八四九年，渥海烏又通過一補充法，把從前 Akron 法中之權限，給與所有的聯合鎭，或二百人以上的村莊，且把市議會的教育職權取消，而把管理教育經費的權限交給教育董事會。

此外有好幾州對於市教育行政，也采用和 Akron 法類似的法律。在一八八五年，有許多城市教育管理權，都在單一的教育董事會手裏。他們的人數雖有多少的不同，可是與目前的比較起來，總算多的。一八八五年 Cincinnati 的董事會有五十八人，Pittsburgh 三十三人，紐約二十一人，波士頓二十五人，聖路易二十六人。有的董事，由市民總選；有的由市由各分區分選，總之他們幾乎都是與市政府人員的選舉是分離的。

三、教育行政之不當——那時市行政的不法行爲，也傳染到了教育界。政客政黨都來染指，建築校舍，要從中取利。雇用人員，如教員或校役，則大用私人。

其實這等弊端和當時大而無當的董事會的組織有密切的關係。大的董事會，常分出許多委員會，每一委員會管理一特別事項。如一八八五年之際Cincinnati的教育董事會有二十五個常駐委員會，除了常駐委員會之外，尚有三十四個區委員會，又有所謂聯合會的，就是以一部分的董事組織內中包含十五個委員會。照這看來，該市的教育行政，便有七十四個委員。芝加哥有七十四個那樣的委員會。有的城市常駐分委員會是很少的。並且沒有區委員會。如聖路易便只有十二個常駐委員會，而無區委員會。

四、經濟的管理權——講到經濟的管理權，有的是屬市行政的，有的是獨立的。如紐約的教育董事會，於買地或建築校舍，都不與市議會發生關係。而聖路易市則於學款之支付，則有嚴密的限制。總之，教育董事會，對於學款之使用，不是受州法律所限制，便受市行政的拘束。

五、市學務監督——由教育董事會所屬的各種委員會的職務之分配看來，市教育之須有專門家去辦理，已顯而易見。其事務之繁多，已不容易處理。即就各委員會通常的工作看來，至少可分爲兩大部分：一是純正的教育的，一是事務的。而董事會對於前者，實無多大成績。所以無論如何，該會在視察教學方面，首先就要人幫助。試看一八五一年，波士頓學務董事會首先設立學務監督時，其職務便有下列各項：他必須明瞭學制和各學校的情狀；他必需知道他處教授和訓練進步的情狀，以便指示城市中各學校俾其日有進境，「除這種教育的職務之外，在小市中，他尚須負事務的責任。Philbrick博士在他的報告中說，他不僅是董事會一個顧問者，他不僅要監督，視察和考驗各學校，他尚須承董事會的指示，供給學校中物質的要求，他要管理校舍之修理和建築的事，他要供給學校的薪炭，他不特要分配教授所需的儀器，並且要供給掃帚地氈水桶等物，審察賬目，報告學校狀況，當然是他的事了。」在大城市中，這種事務，自一八八五年起，已另設專員，以便監督得傾全力在教育方面，就是這樣的畫分，他的職務都非有副監督和特別視察員幫助他不可。

到了一八八五年，合衆國各城差不多都沒有監督，可是他的職權，始終沒有穩固。每到一二年，便爲董事會改選。他的職務都由董事會規定。好在自來的規定不見得如何的板滯，所以可以說他的權限，大半看他自己如何使用而定。有的城市教員的委派，升遷，和調換，都由董事會的分委員主持。有的城市監督的權限很大。比如聖路易市監督和教育委員會，是相連的。他於委任教員和調換教員與學生都有全權。

這時期學務監督職權之不能有一定的原故，乃是他們自己本身有以致之。因爲那時的監督，是學校的教師和職員升上去的，他們於教育行政並沒有受專門的訓練。

中學校

南北戰爭前三十年，是中學校的發軔時期。那時已有中等學校免費的觀念，可是五十年中沒大進步。及到第八十年中等事業才開始發展。到了一八九〇年，免費中學的辦法，已大大的進步了。

一、社會對於中學校之反對——免費的公立初等教育，在南北戰爭開始的時候，已植其基。自此以後，便通行各地而無阻。當時有不少的學校在公家津貼之下施行中等教育。其情形固然與普通中學不同。可是社會之反對免費的初等教育者，也聯合來反對免費的公立中學校。第七八十年之際，社會的和工業的情形，對於中學校的免費運動，實加了不少的困難。所以我們可說內戰後二十年之內公立中學校實在在一厄運之中，及到近來把這種困難打破，然後他才有長足的進步。

因為遭了一八七三年經濟的困厄的打擊，一般人大不滿意重稅，而要求減少公家的開支。中學校每生的開支，比較為大。所以其所受之攻擊也更烈。貧富兩方對他都不滿意。有許多納稅的因沒有子弟入學，所以他反對強迫納稅給某甲某乙的子女讀書。同時某甲某乙，又希望其子女出外謀生，而不願其入中學念書。所以反對中學，以為這是多餘之物。用公款去辦對於他們無益的事，太不值得。

當第八十年工潮發生之時，工人的組織大大發展。罷工之事時有所聞。有時非常凶險。因此資本家，便遷怒於中學校。說他是貽誤良好工人的，引起工人暴動的。他們不特罵中學校，並且罵初等學校。說他的課程太理想了，所教的乃出乎工人生活之外，使他們不能領會。

二、中學校之設立和法庭之判斷——第八九十年之際，為地方機關設立中學一事而訴訟的頗為不少，最值得注意的，便是一八七二年密希干高等法院判決的 Kalamazoo 中學一案。這是由 Kalamazoo 市一部分的人民反對該城第一學區的指導員不顧一八七二年的困厄而要徵收該地教育稅來辦理中學和供給監督的薪俸而起的。法官 Thomas M. Cooley 在他的判詞中說：「該狀紙之目的，在想由法律決定學務機關向公衆徵收辦理中學的稅和拿稅款去教育非操英語的兒童之權限如何？」法庭的判詞是贊成指導員的舉措的。於下文可以見之：「我們毫不遲疑的說，在我們一州的政策裏，我們的憲法裏，和其他的法令裏，都找不出初級學區的人員，如果已由議會准允他徵收教育稅，還限制他施教育的明文。」

這個判詞便決定了密千州地方教育機關設立中學的職權。還有別的州許多類此的案件，也照他的判詞解決了。於是中學的爭訟已得了一個法律上不可搖動的根據。

上面已經說過，中學校的校數在一八七五年的時候，發達很快，在一八九〇年以前，只有少數的幾州，其發展是有賴於州議會的議決和州款的幫助的。自一八七一年起，明尼蘇達可說已有州中學制，到了一八七八年實行以州款補助地方中學，並設立州中學視察員。一八七五年，威士康新通過一中學組織法，並以二萬五千美金補助這等學校。到了一八八五年，補助費增加一倍。一八八一年，該州實行全州中學教員均發給憑照的政策。一八八九年，在公共教育的州監督之下，添設中學視察員。一八七五年，曼恩通過一中學法令，同時供給一筆州津貼，可是到了一八八〇年，州津貼減去了，並禁止用公款教授外國語。總之，這種活動到了一八九〇年以後，幾乎很爲普遍。

三、中學校的兩重性質——因爲中學在中等教育上的數目固然日日加多，位置也更爲重要，所以他和專門學校與大學的關係的問題，便一天一天的迫切。到了這時，中學具有兩重性質，更爲明顯。在一方面，他是初等教育的延長，使其學生謀生的能力較爲充實；在另一方面，他又是惟一預備將來受高等教育的機關，專門和大學的入學資格，雖然稍微寬放了點，可是他們仍然要求中學校要教授古典文。因此這個問題，便不容易解決。明言之，就是中學是一種大學和專門的預備學校呢？還是普通教育的最高級？他的課程是預備升學呢？還是預備去謀生的？

四、建設中學校的標準之努力——上述的困難，其解決不得不留以有待。在這時期還有另一問題，即高等教育能否完全容納中學生是。這問題是在州立中學畢業的學生要求允許其入大學或專門。可是各中學畢業的學生程度，未必齊一。所以第一事便是劃一中學標準。此事在設立中學視察員的時候，已經注意及之。其次便是一八七一年密希干大學允許州立中學學生升入州立大學的一事。又一八七三年，印地安那的州教育董事會，已決定地方中學畢業生不用考試可以升入大學。

在一八九〇年以前，教育董事會和州立大學之建設中學標準一事，進行很慢。同時如一八八五年，新英倫有大學和預備學校的聯合的組織。不久他們又產生大學入學考試委員會。自一八九〇起，在十年之內，新英倫的聯合會已爲他處所仿辦。所有這些聯合會都努力於定出一個一致的中學課程的畢業標準。可是有大部分的地方，中學的課程，還是沒有標準。地方機關仍然自由規定教材。他們並不遵照州定的課程辦理。所以地方學校的教材設備和教員資格，都極不劃一。

工業教育

南北戰爭後，工廠工業大爲發達，從前學徒制業已打破。於是以公立學校加授工業教育之議遂起。合衆國的教育局固然時常宣佈歐洲各國的工業教育情形，而各教育會也常時討論這個問題。一八七五年，全國教育聯合會特別組織一個工業教育部。最初關於這問題的討論，於教育的與經濟的目的兩方面沒有明顯的劃分。有人主張手工一科，乃是人生多方發展的一方面。他們之贊成學校中須添設手工，完全是根據心理上「活動與心思」的關係。所以他們的工業教育，是一種活動教育，下至幼稚園生，都要學習的。在另一方面則視工業教育爲將來學生出校從事生活的預備。因此前者頗反對這種實利的主張。其實在實際宣傳的時候，各方面對於兩種主張都一齊容納的。到了第九十年，各小學校已大採用手工課，並且設立了很多的所謂手工「訓練中學」。

一八七〇年，麻州的議會，通過一法律，強迫在一萬人以上的市鎭，設立一種免費的機關，畫定工業課程，以供年在十五歲以上的人在日校或夜校學習。又三年，麻州設立一州立工藝師範，以養成較好的圖畫教員。一八八八年，紐約州准各地方機關設立工業訓練部，以教授和宣傳工業藝術及其原理。在一八九〇年以前私立的職工學校，很不少。並有許多教授圖畫科學和數學的夜學。

由以前之敍述概括看來：工業教育與其混合的理論，即求手工的訓練，已經在小學中學中發展了；但職業教育之說，在一八九〇年前，美國尙少提倡。

師資的養成

南北戰爭之後，各州都爭設師範學校。據一八七一年，合衆國的教育委員會的報告，二十三州之中，設有五十一個師範學校。十六個城市中也設立了此等學校，以爲改進地方師資之用。除公立的師範之外，尙有四十三個私立的。一八八九至一八九〇年，三十九州之中，有一百三十五所師範學校，或是完全公立，或由公家補助，不等。至於私立的則有四十三所。

一八六一年，斐斯泰洛齊的原理爲Oswego師範學校奉行後，一八六二年，全國教員聯合會的報告，對於此事非常推崇。因此斐氏在合衆國的師範教育上的影響很大。第七八十年之際，所討論的教法問題，首推實物教授。到了第九十年，所謂工業教育和幼稚園發生以後，福祿培爾的學說，才與斐氏的並列。那時對於實習學校的問題，也討論的起勁。到了一八九〇年以後，已爲師範學校所不可少的設備。

這個時期師範學校的地位和目的，仍未決定。因爲那中學畢業生的缺乏，所以所收的學生不外小學畢業生——有的且是由極不好的鄉村學校出身的。地方師範的大部分學生，是因爲沒有旁的可以升學的地方，然後來進師範的。就是有爲人師之資的好學生，又沒有良好課程給他研究。由此可見那時候沒有眞正的師範學校。即有，也不過是擁師範的虛名，發給畢業證書而已。有許多師範只有兩年的課程。學生都是小學畢業生。有的所收的學生，是受過中學教育的。其課程也較兩年爲高。所以他的畢業生，是比較滿人意些。總之，那時的師範教育非常紛歧而已。

強迫教育

一八五二年，麻州頒佈強迫教育法令。這法令可說是合衆國最早的強迫教育令。他規定凡是八歲至十二歲的兒童，每年至少須有十二個星期入學，至少有六星期是連續的。一八六四年，哥倫比亞區施行強迫教育。一八六七年，浮茫通過強迫教育法。第八十年，有十四州，第九十年有九州都頒佈了強迫教育法。一八八九年，有二十五州已有強迫教育法。馬尼倫韃克塞斯和亞利松那都已有這項法令。不過曾經修改或許其延期實行而已。不過所有這些法令據教育委員會一八八九至一八九〇年的報告所說：「除康奈克的克脫和幾州的城市之外，所有的強迫教育法令是完全沒有見諸實行的。並且除開始頒佈的時候，強迫入學外，以後幾無力量使之進行。何況地方的人民，簡直不知道有這回事呢。」後來麻州和康州連合起來，才有十六州和特區另有新法律來促進此事的進行。考那時強迫教育法之不能見諸實行的原因，不外乎把推行之權，完全交給地方機關，而他們對於此事之成功與否，是並不關心的，或明白的反對的。

鄉村教育

一八六一到一八九〇年，合衆國教育的進步，大部分在城市方面。鄉村之中除少數的例外，其仍然和五十年前一樣。學校自然隨人口的增加而日多，可是他的內容同前三十年的無二。據一八八四年教育局第六號的通告說：「一個學校之中，男女兼收，課程有極低的，有極高的。校舍只一間屋，教員只一個，但要教授各種功課。每學期必一換教員。所有課程和班級，都沒有系統的記載。教員教課，在事前沒有預備，在事後則置之不理……並沒有指導，又很少觀察，學生學業無標準，考試無方法，聽教員自爲之而已。」

當時鄉村教育之不進步，其原因當在州政府的視察和補助之進行緩慢，在郡行政之不力，在學區分畫過小。所以在大城市中有進步，而在鄉村和小鎮上便沒有動作。他們雖欲改進他們的學校，又沒有經費，所以徒喚奈何。至於中學教育，除新英倫外，其他各處的鄉區實在未會夢到。

有幾州也很努力於鄉村教育之改進。如威士康新在一八七二年，已經規定了鄉村學校的課程，一八八四年，印地安那郡監督聯合會的某委員會擬了一單級學校的課程標準，且被該會採用。凡修了此項課程的，就給以文憑每一「鎮地」，且舉行畢業考試。

當然一八九〇年的鄉村教育無甚可觀。他們需要經費；需要視察；需要在上的鼓勵；需要較大的教育行政區。只要此中一二項或全部做到，鄉村教育即可得一個新生命。

二十五年中的變遷

一八六〇至一八九四年之一時期中，其有價值的教育統計，實在是在教育局成立之後才有。自一八七〇年後之二十年中，美國的人口大為增加，由三千八百五十萬增加到六千二百五十萬，其百分比為六十二。同時期用於公共教育的經費，增加到百分之一百六十以上。每年用於公共教育的經費，增加到百分之一百二十以上。學年兒童之入學者在一八七〇年，為百分之五十七，後來增加到百分之六十八又五。

由上面的數目可以知道當時教育的量的方面。也可以知道國家能用大批錢財舉辦學校，以供那時人口增加的教育要求。可是在質的方面，便不甚看得出。雖然南大西洋區和南中區的授課日子減少，而他處加多，可是自一八七〇至一八九〇年之間，學校授課的日子，平均計之，不過只由百分之三十二又二，增到百分之三十四又七。南方各地學期之短，實由於當時開了許多短學期的鄉村學校。又這二十年中，每生到校的日子，平均只增加了八天。換言之，即是由每年七八·四天，加到八六·三天，教育費每年增加的總數，為百分之三十六，而用於每學生之平均數，只增加了百分之十。一八七一到一八九〇年，中學校數大大增加，約在百分之五十以上。與同時人口增加之比，在兩倍半以上。可是在一八九〇年三百人中只有一個人得進中學校。

南北戰爭後二十五年之內，「新西部」全境都已實行免費的小學教育，就是南方也採用了免費公立學校的制度。南部雖然要負黑白兩重學制的擔負，雖然因爲南北戰爭經濟上受了打擊；雖然主持政治的人文化低下，和有工業不能發展等等的不幸之事，可是他並不因此而減了他普及教育的努力和成功。在新興的西部各州，仍然繼續着初開闢的狀況。教育最發達的地方，當推東部和中西部的各城市，可是就是這等地方，其地方教育因經濟的關係，也不見得如何良好。至於鄉村學校，則更沒顧及。所以與前三十年的情形一樣。

雖然南北戰爭後之三十年中，美國的經濟生活已經工業化，選舉已給大部分的外國移民分占。貧富階級大爲懸殊，生活狀況大相差異。而他的人民仍然信仰教育的機會必須平等。中學之得戰勝其困難，乃是美國教育史最有價值的事體。由此可以證明不怕他的經濟的與社會的情形如何的日漸和歐洲相似，而他仍然是要使人人有受教育的機會，以改進其個人之境況。

在這時期，仍視教育爲地方的事業。可是大家已覺得教育完全在地方權力之下之不對，並感覺到中央機關之有出而分擔責任之必要。教育領袖人物，在本時期之末葉，已見到州教育機關之權限宜擴大，在州與各區之間，宜設中間的機關，以資聯絡。他們又見到學區太小，太貧，不能供給其境內兒童充分的教育機會。所以到了下一時期，州機關的職權的擴充，和地方機關之改組，都已到了成熟的時期了。

第十七章　教育上國家意識的發展（一八九〇至目前）

一、內戰後經濟的和社會的變遷之回顧——前章曾提及內戰後之二十五年中，美國人民的生活的大改變。當那時期，市城加多，城居的人民有加無已。移民自海外源源而來。製造業如飛的突進。鐵路電線密布全國，交通既如此的便利，商業的範圍已普及於全國。各州的大工業聯合，以制弱小的資本家和公衆。各州有見於此，很想制定法律以圖遏止，那知無效。後來才合全國之力，由聯邦政府以補救之。這種大資本家又復霸占市場，操縱城市的選舉，以鑄成大商人和政黨營私舞弊的罪惡。又工業之所以如此的發達和農業財產之大大的增加，都是因爲未開發的利源，如礦山森林和廣大的土地有以成之。惟當時開發的人，不思及保留爲可惜耳。

二、一八九〇年以後的發展——就我們所論及過的經濟和社會的情形看來，一八九〇年之後的三十年，不過是以前三十年之繼承者。人口增加的百分比雖稍低，但仍是大量的增加。一八九〇年的人口，爲六千三百萬，一九〇〇年爲七千六百萬。一九一〇年差不多有九千二百萬。到了一九二〇年，已在一萬萬零五百萬以上。城市和城市的人口，都有加無已。一八九〇年，人口在十萬以上的城市有二十八個。一九〇〇年有三十六個。一九一〇年，有五十個。一九二〇年有六十九個。一八九〇年，城居的人口占全國人口百分之三十五又四。一九〇〇年，占百分之四十。一九一〇年占百分之四十五又八。一九〇〇年，占百分之五十一又四。可見那時城居的人口已比鄉居的爲多了。

移民的增加，到了世界大戰爆發之時，還沒減少。所以由一八九〇年到一九二〇年，外來人民與全國人口之比，仍沒退步，大概總在百分之十三乃至十四之間。這大部分的外來人民，他們羣居在城市之中，繼續用他們本國的語言，保持他們原來的習俗和思想。此三者都是社會上教育上很重要的問題。據一九一〇年的調查，外來的人民，住在市城的已在百分之七十八以上。

在過去的三十年中，物質的財富仍是大大的增加。一八九〇年，田間的財產爲一百六十萬萬。一九一〇年，爲四百一十萬萬。一九二〇年，差不多有七百八十萬萬。一八九〇年的收穫價値，爲二十五萬萬。一九一〇年爲八十五萬萬。一九一九年，因爲價錢漲高的原故，其値爲七百八十萬萬。由一八八九年到一九一〇年，製造品的價値增加爲九十萬萬到二百四十萬萬。由地中開采所得的價値，自一八九〇到一九二〇年，爲由六萬萬零六百萬到二十七萬萬。

三、新社會制裁的發展——光是由統計方面看來，在合衆國的歷史方面，於一八九〇年，找不出什麽界限來。那從前影響社會的原動力，仍是繼續的存在。那工業化和城市化的趨勢，仍然照常進行不止。可是如果我們把視線轉到社會的制裁上，卽可以發現一八九〇年以後，爲一新時代。此事在二十世內，更可以看出。不過在一八九四年以後，新社會的制裁已着手實現，新社會的毅力，已開始發展了。

在此處除去的社會制裁之外，不能多說。唯那有關教育的經濟的和政治的生活，不可不略爲介紹。

四、政治的改革——減去政治舞弊之一方法，就是投票法之變更。一八八八年，麻州改用澳大利亞投票法。到了一八九二年，有三十三州採用此制。在減少選舉流弊之際，改革的政黨極力擁護其領袖，所以其領袖仍然在當選人中選擇其候補人，而在選舉中占重要的勢力。及到一九〇一年明尼蘇達州用公衆推選候補人法，才戰勝了此事。此後此法便風行全國。又市政的行政也有重要的改革，其中最緊要的便是使責任集中，以便根究行政者之失職或非法，又使市長的權限加大和行委員制。

五、文官任用之改革——任用官吏以能勝任爲主，也是一個重要的改革。此事雖然不能把政治所有的弊端，通通除去，可是其所貢獻已不小了。自一八八四年起文官任用單算中央已有一萬三千七百八十個雇員。一九一二年有二十七萬八千雇員，其中有五萬六千是沒有政治臭味的。案此時各州及聯邦政府的事體日益複雜，對於專門家的需要自然增加，即不然，至少也要稱職的人員前去擔任。一九一二年，合衆國的公家雇員——中央，各州，各郡，城鄉，——差不多有三分之二的人是按照他們成績任命的。

中央政府權限的擴充

前面會提到過南北戰爭後之三十年中，中央政府的權力擴充不少。經濟的生活已大大改變，致使各州聯合成爲一個統一的國家。那聯絡轉運的發達，公司組合之進展，使各州不能單獨的駕馭。到了一八九〇年，致使從前只認爲是各州的事體的，聯邦政府亦得從中參預。各種大事業的組織和範圍都已擴大，成爲全國的事業，更非用國家機關以對付之不可。

一、國家管理各州間之商業——一八八七年，國會通過一個各州商務條例。由該條產生各州商務委員會。禁止許多壟斷的行爲。後三年又通過 Sherman 反對托拉斯條例，禁止非法的聯合和壟斷各州或國外的工商業。如有干犯，即按律處罰。可是這兩個條例，在許多年內，都沒發生效力。惟到了羅斯福第二任的時候，才用反對托拉斯條例，處置了幾個托拉斯。聯邦政府管理組織公司的權限之大擴充，實在一九〇三年設立工商部之一事。在此部之內，且設有組合局。該局有收集各組合重要消息之權。一九〇六年通過 Herburn 鐵路條例。該條例使各州商務委員會有權去規定鐵路的價目，及劃一他們的簿記。一九一四年國會又設立一中央職業委員會，使他有干涉各組合用不正當方法的競爭。同年又有一條例，把管理托拉斯的權限，更爲擴大。國會所制定之中央管理鐵路運輸事項各條例中，以 Enh-Cummins 條例最爲嚴重。該條例規定設立一鐵路勞工董事會，以議定薪資和工作條件。又使各州商務委員會，規定鐵路運費，使其收入不得超過其用於轉運之資本之百分之五·五或百分之六。由這些條例看來，可見聯邦政府對於大規模的生產和轉運事業，已負責取締。

二、中央政府之新設部——一八八九年，特設一農部，其總長即爲閣員之一。一九〇三年，又設工商部，一九一三年，該部分爲工商二部，各有一總長。

聯邦政府參與從前視爲各州之事的進步情形，又可以由各部事務與人員之增加中看出。關於教育一事，且待以後再述。現在姑舉郵務一事作例。如鄉間的自由分送各地方郵務局的設立，及郵務儲金等事，一齊合在中央政府之下。這無異於使中央與各個人民每天的生活接近。此外如憲法中所得稅和中央徵收所得稅之條文的修改，婦女選舉權的修改，各種禁令之頒佈，中央和各州合築道路，和中央農業借貸局 (The Federal Farm Loan

Bureau）等等都是中央權限擴大之明證，也卽是眞正的國家行政演進的要例。

三、保護富源的運動——在未論聯邦政府的教育活動擴大之前，請先一談他另一重要的政策。南北戰爭以後，各方浪用天然利源，而不加惜。考其原因，無非是沒有保護國家利源的政策之過。首先感覺此事之必要的，當推農業區域。他們把土地中的肥料消耗乾淨，而不加肥，以至收穫不良。在先尙有大批的荒地可以供他們浪用，可是到了一八九〇年，公地委員會宣稱開拓已到了邊境，所有良好的土地業已取用。從前那一面棄舊地覓新地的政策，已不適用。到此，農人亦知道須保護地土生產力。中央政府於一八八七年，撥款與各專門學校研究改進農業時，已見及此。成立農部，使其總長爲閣員之一，亦不外乎注意此事。

自一八九一年到一九〇九年，國會對於保存公地森林的富源，通過了好幾個條例。其後果然保存了幾萬萬英畝的森林。那許多州跟着聯邦政府之後，也進行此項保護方略。保存天然利源運動之眞正的開始時期，是在一九〇八年，羅斯福召集州長開會的時候。同年設了一個國家保護富源委員會。他的報告確實喚醒了人民對於天然富源保護之注意。一九〇二年，又通過開墾新地條例。中央政府會舉辦大規模的引水事業，以潤西方乾枯之地，使他變爲肥沃之區。

四、聯邦政府其他之擴充——人物富源之保存，由政府看來也不亞於物質的。在工業革命之早年時期，對於工業中之成年男女和童工之使用，毫不體恤。到了一八九〇年，合衆國才定工廠法。自此以後各邦和國家對於減少工業危險之事，改進工作時間，道德的衛生的境況，供給受傷時之恤金，保護婦孺，不使過於操作，禁雇年幼童工等事，都有法律規定。有許多地方，並且設立機關以促這些法律實行。此外如中央和各州，都注意公共衛生。亦一保存人物富源之法。要是推而言之，教育一事，何嘗不是保存，利用和培植國家的人物富源之要政。

地方主義之化除

前面已經說過，鐵路電線已將廣大之合衆國縮成爲一同一文化之社會。在內戰後之最初三十年，北南舊怨尙未消除，時常有分離之虞，可是南方終究變了。其老輩已物化了，新經濟的要求以把從前的景況換了。南方到目前雖然不免尙有農業的意味。但重要的工業，已如飛也似的進步了。如 Piedmont 各鎮的纖維工業，近山各處的鋼鐵事實，煙草製造的發達，和其他各種工業的活動，都足以變更南方農業的興趣，而增加他城市的人口和財富。

自一八九〇年，密士塞必施行新憲法，南方各州都着手解除黑奴從前所負的特別擔負，如納人丁稅之類了。可是有許多州的憲法中，尙有繼承選舉的規定。換言之，便是在一八六七年以前有被選舉的，或其子孫，二者都有被選舉權。這樣一來，白人之無資格者，反有被選舉權，黑人之有能力者，反無被選權。因爲如此，又把南方的政黨分劃爲二。自來的民主黨，是袒護白人的黨；共和黨是袒護黑人的黨。一直到於今，都是白人占優勢。好在近來南方的白人已想打破這種傳統的政策了。

國家對外的戰爭，足以消滅南方的地方主義。由對西班牙和中歐列強兩次戰爭，可以看出南方人民之忠誠與努力，實不亞於美國其他各部的人民。他與北方不同之處，也和其餘各方彼此的不同一樣。可知美國到了此時已完全統一了他們的國家。因爲他已有共同相沿的習尙，又有彼此關聯的經濟生活。他如交通轉運的便利，文化的發達不特可以使統一繼續不斷，並且可以使之發榮滋長。

上面所說的經濟政治社會等等變遷情形，與社會態度變遷情形社會制裁發達情形當然是不甚完備。但是無論如何總可以使我們知道當時的共公意識之重要的變遷，和內政的進步，俾我們容易了解其教育上之改革，及其以後之趨向。

聯邦政府和公共教育

一、Hatch試驗場案——一八八七年，國會通過一案，即俗所稱之Hatch試驗場案。該案規定每年撥給每州或每特別區以一萬五千美金，使其建設試驗場，以與 Morill 案中所設置之專門學校相聯，以爲農業試驗之用。其款項雖然由州試驗場的執行人員支用，可是農業委員（現在是總長）有規定統計格式之權，有指示重要事項之權，更有幫助和指導他們試驗之權。各個試驗場都隸屬在州長之下。每年他對於他的工作和經費，須作一報告。每一試驗場，必須送一份，農業委員和財政總長處亦須各送一份。

此案在聯邦政府的權限擴充上有重大意義。他爲關心農業的生產和土地富源的保存——此二事於國家富強上爲重要原素——他能撥款給各州辦理他所想辦之事。此案又給與農業委員，以指導的權柄和領袖的地位。同時他又允許各州自由的決定他所應做的事和作事的方法。各州可自由試驗他所急需的和他農業進步上視爲重要的事體。各試驗場每年彼此交換報告和發給農業委員的報告及每委員試驗的記錄之發出，在合衆國境內，都可享受郵務的特權。由此我們可以知道一處的成功，可以作各處的模範，中央對於一處的指示和鼓舞，可以影響於全國。

二、撥給近來加入各州的土地——一八八九年有四州加入合衆國，一八九九年又有兩州加入合衆國，這新加入的各州也和從前的一樣中央撥若干地給他們辦理普通和高級的學校不過其數目較大耳。如北達奈韃得了聯邦的第十六段和三十六段等地又售地所得之百分之五的款項，和用作舉辦高等專門及其特殊事業的地五十萬英畝，此中以四萬英畝辦州立大學四萬畝辦礦務學校四萬畝辦農業專門，八萬畝辦州立師範，四萬畝辦感化院四萬畝辦盲啞學校，五萬畝建設公共場所，十七萬畝辦其他的教育和慈善事業。又規定凡此等撥與之地，其中一部分必須用之於義務教育自小學及師範和大學的師範課程都包括在內，並不得有宗教和地方之分。其餘各州和北達奈韃同時加入的，也享有此項權利。其他加入的所得或較多或是一樣。如亞利松那乃是一九一二年加入的，他得到二十萬英畝的公地辦大學，十萬畝辦盲啞學校，二十萬畝辦師範學校，十萬畝辦感化院之類，一十五萬畝辦農工專門學校，一十五萬畝辦礦務學校，十萬辦軍事學校，三百萬作償各郡各區債務之用。此外每一地鎮可得四段之地，以辦公立學校和發售公地所得之百分之五的款項（那時的地價便宜，即以一九一一年的價值計，所撥之地其價已有二千萬美金之多 $2000,000）。

三、聯邦參與教育之新要求——到了一九〇六年，因爲大家注意職業教育的原故，中央補助之事，又復再生。那年國會曾撥一筆公款交農部舉辦農八會及農業學校。一九〇八年，衆議院議員 Davis 向議會提出一案主張撥款辦理中等學校，師範學校，農工等的學科和農業試驗場的支部。同年參議院議員 Stephenson 提出一案主張設立教育部。其總長為閣員之一。又一案主張在華盛頓設立國立大學，可是以上的提案，沒有一案成立。一九一○年，參議院議員 Dolliver 提出一案，主張撥款改進中等學校的農業和工藝的教育，可是此案也沒通過，好在國會中雖如此的失敗，而外面主張以國庫津貼職業教育的努力，卻有加無已。到了一九一四年，國會終歸設立了國庫補助職業教育的委員會，是年的報告中，且有該委員會的提案。此案到了一九一一年，卒在國會通過，即俗所稱之 Smith Hughes 條例。

四、Smith Lever 條例——正在那時，國會通過了一個關於農業教育的議案，即所謂 Smith Lever 條例是也。此案在國會通過，可說比較的容易，因為他與學校沒有直接發生影響，而在州試驗場的工作上，有很重要的擴充。他規定以大批國幣發給各州，以傳佈農業上家事上有用的消息於全國民衆，並鼓勵其實行。換言之，該條例即借大學推廣的辦法，把試驗場所得的工作傳給一般人民。此事頗賴農人會，兒童農業團，農事推廣會，及大批的印刷品助其成功。國家所撥之款，起初每年是四十八萬美金。次年加六十萬美金，此後每年增加五十萬，一直加到四百一十萬。

該案規定事業的節目和經費的預算，由州立農業專門學校人員去定，但必須得農部總長和州立專門學校的人員的同意。由州會計處支用的公款，每年必須報告，而公款的發放，則須農部總長和財部總長之允許。而此條例之推行，當然要得州議會之同意。

由這條例增加了農部的工作，和其與教育事業合作的原故，一九一五年，由總統設立一各州連通處，使農部和各州的農業人員的關係，更為密切。

五、Smith Hughes條例——是一九一七年所通過的職業教育的條例。該條例規定與各州合作，用下列的方法去改進職業教育『供給農業科目的教員，視察員，指導員和工業科目教員的薪俸，並培養農業，商業，工業和家事科的教員』。其事由聯邦職業教育會主持。該會有調查職業教育情形和報告調查所得之義務。每年所撥的二十萬公款，完全為辦理此會之用。此外，為達上述之目的之用，最初一年撥一百七十萬，其後每年增加到七百萬一年。此後，只要本條例存在，撥款之事，當然照常進行。各州如果要接收這條例，也要得州議會的贊成。並須設立一會，以與職業教育會接頭。又不論何方接收此條例，一文，必須自己亦支出一文方可。

六、Smith Huges 條例乃一重要的革新——此條例由表面看來與 Smith Lever 條例極相似。因為他們都是擴充聯邦機關的權限的原故。可是仔細看來，Smith Hughes條例實在是聯邦參與教育的一個大革新。自來聯邦政府之撥款與各州教育，其規定都是泛泛的。惟有此條例對於公款之使用，是有很細密的規定的。他所要發展的教育是職業的，不是普通的。所要培植的人，是十四歲以上的。所供給的學校，是公立學校或大學以下的班級。他並且規定：至少以公款之三分之一用之於折半日制的學校之工業教育，學生之其他一半時間，當用之於實際工作。又給與職業教育會以決定各州所請的教員，所定的科目，實習工場，實驗室，學校農場及家庭農業設計等等是否適當之權，該會所得的款項大可以實行全國所有奉行此條例的學校和班級的視察制。當然他的權限幾乎可以完全管理各州的職業教育的機關。

七、聯邦政府之其他的教育活動——目前聯邦政府對於教育的活動頗爲不少，如Smith Lever及Smith Hughes等條例，大家固以爲是聯邦政府教育上之重要的擴充，可是這等條例，不過是各部中對於教育活動之小部分耳。

上面已提及農部對於教育種種的施設，可是他還有一件事不可不使人注意的，就是他發行的農業教育和鄉村教育的出版物，供給這兩方面重要的材料不少。此外如陸海軍部之培植軍事人才，內務部之紅印度人教育，他如工部之「本地化局」(Naturalization Bureau)對於移民教育之盡力，人工統計局對於兒童之雇用和工人的教育之注意，又一九一二年工部特設之兒童局，對於各界兒童生活之調查，與教育機關頗有積極的合作。又財部所維持的公共衛生局，在其大規模的活動中，於各校頗有帮助。

八、聯邦教育局——教育局在前面已略略提及，現在且就他近來的情況，一路述之。一九〇七年，教育委員的報告其人員共分五處，卽通信記錄處，統計處，編輯處，圖書館處，和亞拉斯加教育處，由此可見那時的教育局的職權分得並不甚細，且無實際調查和研究的工作，自那時以後，漸漸的增加專門人才，而其影響於教育的也漸大。這些專門家大部依各校實際的研究，他們時常被人請去調查某市某州的學校，遇開各種教育會議時，常要他們去討論特殊的問題，他們又與各地合作做實際研究的工夫，所得的結果，必定刊佈出來，以供國人採用。至於其委員的報告，不僅限於合衆國國內的教育情形，而世界各國的教育狀況，亦常登載。目前該局的組織，除上述之五處外，倘有城市教育處，高等教育處，鄉村教育處，外國教育處，職業教育處，家庭教育處，學校衛生處，公民教育處，社會教育處，園藝教育處其特派研究之事有高等教育，鄉村教育，城市學校行政，商業教育，直觀教授，圖書館事業，和幼稚園，又與十三個州立大學共同作研究試驗的工作。

九、歐戰之啓示——當歐洲大戰的時候，聯邦政府頗有作爲，如招選兵士，管理糧食和鐵路，他如財部機密處等之活動，以及國家收稅機關權力之加大等等，都是。可是這不過是中央活動之一部分。大戰時所給與美國的活動尚不只此。其最要者就是使美國自己發現自己的缺點不少。

我們知道美國的土地頗爲寬廣，在內戰後有大批的外國移民入境，成羣而居，仍然保存其本國之語言習尚，及其對於本國之忠心。美人從前本信他們的國家是一個大冶爐，可以溶化各國移來的人民，那知到了戰時，才發現他們的冶爐不行，竟有不少的私立德語及其他國語的學校，而英語學反賦缺如，致有不少的人不能了解英文。除此之外，尚有兩事使他們不得不驚心的，一是本地人民在招兵時頭次挑選的時候，其自二十一歲至三十一歲的男子差不多有百分之二十五的人不能讀日報和寫家信，二是有百分之三十的人體格不適於當兵。

十、戰時的學校——各校自開戰起，對於國事卽不遺餘力的幫助，所以不久卽爲政府當局所知道，認爲要使一般民衆了解國家對於戰事之措施，最好是由國家教育當局對各校教員演講，再由他們傳達於全國民衆，教育聯合會有見如此，又組織一戰時戰後教育緊急會（Commission on the Emergency in Education and Program for Readjustment during and after the war），以襄助政府借學校以團結民衆，該會又向國會提出一案，卽一八一九年的 Smith Towner 案。

十一、Smith-townor 案之大略——此案主張設立一教育部，其總長爲閣員之一，把原有的教育局改組，且擴充之使其他各部所管理的教育事業均歸該部執掌。財部每年撥五十萬元作該部常年經費，又每年撥一萬萬元美金給各州辦理「不識字人」的教育，移民教育，體育師資培養，並平均發展各州教育之用。可是凡支用中央此項款項的各州，必須照所支之數由各州支出同樣之數，以共同發展該案所期望的教育事業。可惜此案，雖得多數人的同情，而未通過，不能通過此案的阻力不外認他與「州權」衝突。

十二、目前美國各州教育機會之不平等——美國各州男女兒童的教育機會頗不平等，即以課稅富而論，除那發達的幾州每生之後有四萬元美金之可稅富(taxable wealth)外，其他各州當推加利福尼亞最高，有一萬九千三百七十七元，最低爲密士悉必只二千五百六十一元。由全國平均計算，可得九千六百一十元。其中八州如亞拉拔毛，亞康，鑿塔基，南加祿林那，鄴乃西，北加祿林那和密士塞必的平均數不到五千元。可是也有八州平均數卻在一萬四千以上。兒童到校的日數，有十州其平均數爲由一百四十一天到一百六十五天，有十四州的平均數，是六十一天到一百天。其中的三州，其平均數爲七三二，七三六和七八天。由此可見差不多一年上學不到一百天的兒童和一年上學過了一百四十三天的兒童一般多。有六州的小學，其中之百分之十四或十四以上升入中學。有五州有百分之四五，而北加祿林那，亞康和南加祿林那其數一爲百分之二·八，一爲二·五，一爲二·二。可是四十八州中，尚有二十八州的小學，其中頂多不過只有百分之十的升入中學。有五州和哥倫比亞區，其中小學教員每年的平均薪俸爲九百元美金，而且有十州，其平均薪俸尚不及四百元。一九一七至一九一八年每生每年平均的教育費爲三〇・九一美金，有十二州爲四十五元，有十州尚不及十六元。（南方的）亞拉拔毛，北加祿林那和密士悉必每年每生所費者不及十元。扶勤尼亞，福祿利達，盧易祥那，喬治，韃革塞斯，亞康，北加祿林那和密士悉必在一九一二年對於公立學校款項之供給每一百元可稅富比愛渥窪爲多，但比魯特島，北達夸韃，紐約州，康塞斯和奈日拉士甲等州每年則少三分。

由上面的統計看來，美國實在很有把各方的教育機會弄得一律平等之決心。目前各州之視聯邦政府於各州的津貼和幫助，不特不於各州的權限有礙，並且他們已信此等舉動於他們有益了。而現在的問題已不在鼓勵各州舉辦教育，乃在使合衆國男女兒童有平等受教育的機會，做將來眞實的選民。

十三、全國的教育組織和會議——對於幫助發展全國教育最重要的人民團體，當推全國教育聯合會。他聯合全國的教育家，注意補救全國教育的缺點，補助全國教育的進展，討論研究不遺餘力。一九一〇年，中央教育委員會，非正式的邀集各州教育長官，舉行一會，討論教育上的重要問題。此外又舉辦大學校長會議，中學校長會議，幼稚教育會議，美國化教育會議等，此等會議於美國的教育改進，實爲重要，此處以限於篇幅，不及贅述。

州教育行政

一、州政府行政事項之增加——合衆國社會經濟等之大進步，不特於中央政府影響頗大，就是於各州政府的影響也是一般的大。前三十年州政府所舉辦的各事，爲前此所未聞。我們試看下列各機關，便可知道他們的活動。如保險會（insurance commission），工業會（industrial commission）工廠視察，公路會，衛生局，慈善局，公共服務會州警察等。凡此等等，在先都不是州的事務，而是地方的事務，也可說是沒有人注意的事務。現在且舉其中一事來說。如工人問題，州政府不特對於此新興的工業之下的勞工，定了不少的保護法律，並且特設機關，以為推行此等法律之用。舉凡危險的機械，衛生的情形，工廠的道德，防火，婦孺勞動時間，血汗工作，都是他們積極注意的事。且特設工人受傷賠償局，以經理賠償之事，及勞資爭執的調解機關。其他各事，恕不詳述。

二、州教育行政機關——州教育機關的發展，也和其他機關一樣，有相關的關係。上面我們曾論及內戰後三十年之州教育機關之發展。可是就在一八九〇年，他的趨勢，仍在擴充他對於各地方機關之教育權。在一八九〇年，視為是例外的權限，到了現在，已變為尋常的了。有的幾州，在經費方面，已將各地方的，打成一片。在視察方面，已能有極大的權限對付各地。

到了現在，幾乎各州都有規定中小學校課程最小限度之權。有許多州，已有舉行八年小學畢業考試和發給證書之權。對於中學，有規定的畢業標準之權。中學畢業後，可准其入州立師範、大學及專門等權。有幾州有規定中小學教科書之權。有幾州，且進行備辦各校教科書事。有兩州，自己印行教科書。

發給小學教員證書之權，雖大多數仍在郡機關手裏，可是已有許多州有預備考試題目之權。至於對於中學教員，則由州規定其學識與經驗，能滿足他的條件的，然後才可以得中學教員的證書。此外各州彼此相差的情形，大有不同，此處不能盡述。

現在我們且由他的人員方面來看他的發展。先舉麻州為例，他的人員如下：教育委員，副委員，事務員，美國化教育主任，副主任，主持師資訓練的人員，主持工業教員訓練課程的人員，行政人員，主持訓練日夜家事學校教員的人員及其助手，主持農業教育人員，管理成人和兒童的日夜學校的人員，主持中學校的人員，小學校的人員，研究和統計的人員，教員註册人員，主持婦女日夜學校的人員，大學推廣事業的主任，主持職業推廣的人員，主持函授的人員，推廣教育的人員及視察員，推廣部之十三個講師，七十三個書記。一九一九年，此等人員的薪俸預算爲一十七萬三千四百一十元美金。

一九一九年亞拉拔毛的教育行政改組。一九二○年其人員如下：州教育監督一人，副監督一人，師範教育主任，主持發給證書的祕書一人，助手一人，讀書會(reading circle)祕書一人，主持黑人教員訓練一人，統計員一人，鄉村學校視察二人，建築視察一人，建造畫圖人一人，小學教育(primary education)專員一人，初等教育(elementary edu.)專員一人，中等教育視察員一人，助手一人，體育衞生指導員一人。職業教育指導員一人，農業視察員一人，工商視察員一人，家庭教育視察員一人，主持特殊兒童教育人員一人。此外尚有書記簿記速記等員。其一九一九年的預算薪俸爲八萬三千零十元美金。

紐約州是教育最集中的一州，可是他在一九○四年才把他自十九世紀以來兩重行政制除去。如公共教育的州監督，他那時本是只管初等教育的，大學管理局是管中等高等教育的。到了一九○四年才合併成爲一管理局。管理局可以選舉執行人員，卽教育委員是也。因爲這樣的合併已把初中高三種學校都聯合一氣了。在管理局之下，教育委員對於全州公共教育之各方面，都有能力及得到。他有檢定教員之權，定中等學校畢業標準之權，主持師資訓練之權，設立教育機關之權，辦理大學推廣事業之權，管理州立圖書館之權，視察學校之權，辦理職業教育之權，及「不識字的人」和「非操英語的人」的教育之權，其辦事處設在 Albany「教育廳」(Education Building)。他的組織很精細，有委員，副委員，科長，視察員，特派員，專門家，圖書館員，書記，速記等。全州教育事務集中於 Albany 委員以下的人員與各地教員和教育當局很接近，一九一九年教育廳中之人員薪俸預算爲八十二萬三千元美金。

可是有許多州的教育行政人員及事業，仍與一八九〇年時的普通情形無異，有二十一州，其教育行政人員的總薪俸(一九一九)尚不到四萬元一年，有十二州不到三萬，有三州不到二萬，有許多州依照 Smith Hughes 條例添設職業教育人員，比如亞利松那設有一個職業教育主任，三個職業教育視察員，其餘的人員有州教育監督，副監督各一人，速記三人，考試會人員三人。南方有許多州數其主持鄉村學校，黑人學校的人員，和中學視察員，都是由總教育董事會支給薪水的。凡是這樣支給薪水的人員，都是州教育人員。

三、各州經濟補助的情形——州教育權之擴充，大半是由於與他方之合作。在某一部的行政，州當局固已有能力及於各地，如延長學期之最少限度，敦促兒童入學，提高學校標準，規定教員資格，取締學校衞生。在他一方面，他用金錢的津貼，其能力亦推廣不少。比如說，他並沒有命令各地設立標準中學之權，可是他能用津貼的方法去鼓勵他們。他並沒有使各小區合併之權，可是他能用經費使他們聯合。他沒有命令鄉村中學設立農科，工藝科，家事科之權，可是能用金錢去帮助他們。各州用這種方法，已把對於教育的權限擴充到法定的之外了。

前三十年，於分配州學款的方法，有一個大變動。在一八九〇年以前，所行方法，是「按人口分配法」，此法，現在雖然仍然用的很廣，可是已有他法起而代之了。一是用特別的款項補助特別的教育事業，如在中學舉辦師資訓練班，家事教育，合并不良好學校，辦理鄉村學校等等，大家卻認為是州補助教育之一。二是由按人口分配，進而為「按到校數分配」，此法於強迫出席上有極大的幫助。三是由按人口分配進而為「按教員分配」，此事於小區域極為便利。四是直接補助不能收稅的區域。

四、平均教育機會——上述的第四法應用的雖然尚少，可是已能代表一種原理。此法國家和地方都可以應用，國家欲謀各州教育平等，可以用他，一州想使各郡各區，或一郡，一鎮，想使其境內各小單位的教育平等，可以用他。有些州裏其郡中收少數的稅，已可以辦良好的公立學校，有些州裏雖收最高的稅，尚不能舉辦法定中最少數的學校。有許多州，其對於各地方，必須該地方，真是除收稅外，尚不能辦理學校，才實行補助。其更公平的辦法，是在用全州的財富辦理全州男女兒童以及青年的教育，換言之，便以州款謀教育的普及。

五、州教育董事會和教育長官——一九二〇年，有四十二州有州教育董事會，其餘六州，有四州有教育董事會，其權限頗有限制。八州，其董事由州政府人員兼任。這種辦法，在教育事業發達的時候，不甚有用。因為若欲發展其州之教育的，必定不采用此制。現在的州董事會，已經不是保管經費的機關，他的責任，是在全州的教育事業，就等級上說，自大學以至幼稚園，就種類上說，自訓練中學教師，以至於訓練低能兒童，或是自大學的專門研究，以至農商的職業學校，各方面，他都要注意得到，以擬定教育政策。所以現在的人，視董事會為教育的參謀部。又目前的教育事業與各方面的關係更爲密切，如商如農如工廠，如家庭，均與他有關。因此他的人員，更應該包括各方的人物，不可再由州長指定了。

有許多州的董事只有一部分是指派的人員通常州長和州學務監督，都是兼任的。還有一部分教育人員，如州立大學校長，也是兼任的。目前對於州長指派董事權力之限制，有的四州已規定不得應用在職學務人員的。有九州是規定全數或一部分須用從事教育的。有十州在最近的法律上，對於此事是沒有限制。可是無論如何，董事會人數要少，要能繼續，要無政治臭味，要盡義務，其男女董事對於教育長官及議會常有建白。

在現在（一九二〇）尚有三十四州，其教育長官是由人民選舉的。有許多還是在黨的操縱之下。他被選的資格，固然規定是要有選舉的公民。有的且規定爲專門家，可是他的薪俸，規定的很板滯，並且很低。有十四州也是由人民舉的，而他的薪水是每年三千元或三千元以下。因此市教育監督或教育辦事人員的薪俸，要比州監督多些。比如奈白拉士甲州，他的州監督每年才只二千元，而他的職業教育主任和三個職業教育視察員，反有三千元。像這種情形，各州並不少見。因此易爲不能勝任的人去濫竽充數。又他的任期不長，也是一個大弊病。此外則由政黨選舉監督，實爲令人不甚了解之事。

近來有一種辦法，選擇教育長官之權，交給州長或董事會。自一九一五年以來，有四州從前是由州長指派的，現已改爲由董事會指派。惟有麻塞邱塞一州，因爲董事會的職權變更，所以其監督指派之權，反由董事會移交到州長。反之，愛渥窪又由州長指派，改爲民選。近來又有一種把州教育監督易爲委員的趨勢。不論爲民選，爲董事會指派，州長指派，其最要的一點便是希望其得專門人才。就事實看來，由指派的辦法，容易於得到眞正的人才。又因爲要專門人才的原故，對於薪水一事，更引起人的注意。所以有人主張教育人員不必限於本州人充當，其薪俸亦必須加厚，使他能安於其位，盡量的發展其才能。

六、州立專門及大學——前三十年，各州對於州立專門和大學經費大大的增加。在一八九〇年以前，除渥海烏密希干威士康新三大學外，其餘各大學皆不甚發達。就是各州農業大學也是一樣。總之在一八九〇年以前，州議會不知道用錢辦學。自一八八九年到一八九〇年，州和市對於各大學及專門所撥助的，其總數爲一百三十八萬三千元美金。一八九〇到一八九一年爲二百一十一萬八千元。自一九一六到一九一七年，各州對於工業各專門學校所撥助的，爲二千一百三十七萬九千九百元。另有農業試驗場及推廣事業費三百九十萬元。撥給他們建築新校舍及設備的，爲一千四百四十萬元有餘。一九一七年到一九一八年，只加利福尼亞大學一校，即得二百二十萬元。到一九一八年六月三十日止，各州撥給各州立大學及專門學校的，共計爲三千三百五十三萬九千七百四十八元。

地方教育機關

一、鄉村生活運動和鄉村教育——前三十年中之經濟的社會的重要變更，於鄉村生活亦有很重大的影響。在一八九〇年以前及其稍後數年，農人及其家庭尚沒享到若何幸福。他們的工作苦而報酬少，所過的生活遠不及城市的舒服和便利。他們的學校簡陋而腐敗的。到了一八九〇年之十年內，才有因人民黨的運動，發覺其不滿人意其不良的農村生活，然後才由政府及議會立法，以幫助他們。到了一八九〇年後十年中，農業品的價值，乃日日升高，他們才能供給他們自己的完好的生活費。

一九〇八年，羅斯福指派了一個聯邦鄉村生活會。該會在一九一一年發出之報告，於改進鄉村生活，頗有影響。如改良農作，促進農產品的交易，修築道路，介紹農作省力的機械，豐富鄉社生活，改良學校等等，都是他們的活動。有許多地方，一個教師的學校，已經絕跡，代替他們的是聯合的中小學校。此等學校有良好的教師。但是鄉村教育仍然不甚令人滿意，有的且令人可悲，好在他們不遺餘力的正圖改進，將來必可與城市學校並駕齊驅。

二、地方教育機關之改組——在美國，城市和聯合鎮，通常都是另成一種教育行政單位。惟新英倫和南方是例外。前者以鎮為單位，而包括市和鄉。後者以郡為單位。市教育行政，以後另詳。現在所討論的，專限於小鎮及鄉村。

大家都以為州教育發展，地方教育機關當行退步，其實恰得其反，因為兩方都是可以並進的。

目前美國教育之重要問題之一，就是地方教育機關之組織的問題。對於這問題的解決，近來總算有不少的進步。他的發展的情形，已在上面講了一個大略。大概是新英倫行鎮制，南方行郡制，其餘各州則彼此不一。有行郡制的，有行鎮制的，也有行學區制的。

三、學區制之缺點日增——從前大家從事西遷的時候，地廣人稀，所以獨立學區，極合他們之用。那時用不着什麼組織，只要有地方給子弟讀書便是好的。在各居處之適中地點，設立學校，是為有學區之始。在昔教育標準低下，學區的辦法還大可以滿足他們的需要。可是後來既要改良教授，提高程度，添授職業科目，便覺得此種組織不夠了。州政府對於各區特規定至少限度的科目，學期的長短，強迫入學等事。雖然如此，學區仍然缺點很多，不易補救。因爲學區的地方太小，無力舉辦多級學校，中學，職業教授等等。要辦較好的學校，非把學生集中於一校，俾其經費充足不可。其次就是各區的貧富不同，有的學區因爲在油井，鹽井，鐵路的地方，其經費極爲充足，所以他們的學校辦理很好。而有的地方雖收極高的稅，尚不能舉辦一個極平常的學校。因此有許多州已廢除區制，而實行鎮制或郡制了。

廢除區制的運動，由來已久。在一八九〇年以前，新英倫各州已謀鎮制的進行。一八八二年，麻州，一八八五年，紐亨夏，都已把區制完全廢去。其他新英倫各州於一八九〇年以後，在未廢除之前，多採行用聯合經費舉辦聯合學校的辦法，許他們在鎮之下面自由聯合。州的補助費則直接撥交於鎮。可是區制之實際的廢除，還是法律強迫之力。

密士塞必河以西之各州，尚行區制。此制極有礙於教育經費之平均及學校之改進。各區的成見頗深，不願合作。凡自願聯合及由法律強迫聯合的地方，他的聯合學校，中學及職業視察，無不進步。就是區制尚盛行的地方，由州政府用法律使其聯合學校，聯合中學區，聯合視察，或由州款補助其辦學，亦改革其地方機關之趨勢了。總之，區制已不適用，遲早必須廢除，已可斷言。

四、鎮和鎮地教育機關——在東方及中西部人口較密的各州，多用鎮爲教育行政區域。可是此中也有例外，如中西部各州，近來且行郡制。在新英倫各州，鎮學務委員會極爲發達。州政府且強迫較富厚的鎮，設立專門視察員中等學校及其他特別的學校。同時且以州款補助貧弱之鎮，以州款補助學生的來往費，補助其鎮學務監督的薪水。強迫未有中學的鎮代其學生出中學學費且特別捐助中學及職業學校之經費。凡此等等，都是州政府敦促各鎮學務前進的方法。

五、鎮學務委員會之職權——新英倫各州的鎮學務當局，仍然享有不少的職權。比如麻省鎮學務員，每年由鎮會選舉一次，其職權如下：考試教員規定學校的教科書及課程，購買教科書供給教科書，督監學校，轉呈報告於州學務委員，每年公佈公立學校報告，調查五歲至二十一歲的兒童，並報告州學務委員。

六、本詩文尼亞「鎮地」學務董事會之職權——該州實行「鎮地」制已很久。該州的學務會有四級，第四級便是各鄉區的「鎮地」制。該會有董事六人，任期六年，其職權如下：維持初等公立學校，維持其權限之下的各公立學校中學校，手工學校，夜校，幼稚園，圖書館，博物館，讀書室，體育場，游戲場，盲啞學校，頑童學校，父母學校，成人學校，公共講演；徵收教育稅，規定學期的長短；採用教科書；去取區監督和教員；擬定課程，決定視學及教員的薪俸標準。各郡設一郡監督，學董每年舉行會議一次，以討論教育問題，同時選舉郡監督。

其他新英倫各州，其行鎮的「鎮地」通常與郡合并成一地方學務單位，在這種情形之下，郡就是郡監督的管轄區，有的，其經費的負擔，由兩個地方單位分攤。

七、郡教育行政——以郡為地方學務行政及供給經費的單位，乃是多數教育家認為比其他各制為好的制度。因為他既有較大的地域，當然容易使其域內的學款及教育機會平均，且能辦理由鎮地聯合尚不能興辦教育事業。一郡所屬的學校及教員很多，大可以應用專門家作監督。凡郡董事會有完好的組織和較大的權限地方，總比行區制的地方爲進步爲開通。其組織做照市制的，其郡所得之結果亦較好。

前面說過，南方各州大都采行郡制。可是可以當他爲一種新事業看，因爲一八九〇年以前雖已有創設郡制之事，而權限沒有擴充；及到彼時，有許多州才開始設立或擴充職權。郡董事會完全是地方機關，他須視察校舍，選擇地方教員。有許多州尙行郡區或郡鎭制。行此制的地方，常發生郡和鎭或區之權限問題。凡將二者職權分爲相等的地方，其制便叫做半郡制。

除南方外，採行此制的也不少。新墨西哥在一九一七的時候，即採此制。其後有亞康（一九一九）、戴頼桓（一九一九）、鑑塔基（一九二〇）、米梭利（一九二一）均採行此制或擴充此制。不等而莽塔那、愛渥、窪渥利岡在一九一九年亦採行此制。

八、馬尼倫郡董事之職權——自一九一四起，其郡董事會即有不小的職權。其重要者如下：選擧會中之祕書及會計；和郡學務監督管理各公立學校之財產；視察其境內之學校建築、修理，及供給校舍；購買並分發教科書；指派助教；聯合學校處理學生來往的事務；分配州款；徵收郡教育稅；指派分劃學區之委員；製造年報；指派中學校長；拒絕或准許指派正教員；委派學區人員；選擇免費生；購買校地；委派視察員。董事會之執行祕書，就是郡監督。

隸屬於郡的學區人員，有推選地方學校正教員於郡董事，聽其取決之權；又有管理校舍、監視修理、注意衞生之權。如不稱職，郡董事可以撤換。

除渥海島和加利福尼亞兩州之外，沒有那一州能及得馬尼倫郡機關之職權之大。

地方學校視察

一、鎭制下之視察——鄉村學校之視察，在前三十年，頗有改革可是在美國各教育事業之中，仍爲不甚發達之一部分在新英倫各州或許好點。一八八八年，麻州有一法律，准許各鎭聯合，設一監督，並以州款補助之。到了一九〇二年又將此法由隨意的，改爲強迫的。到了現在，且州補助聯合監督的薪俸並規定其資格。鄉鎭的監督，也和城市中的一樣。但其區域較小，所以常有與學校和教員接觸的機會。

魯特島在一八七一年已有視察到了現在，該州各鎭都有監督了。紐亨夏於一八九九年，准許各鎭行聯合監督辦法。一九一五年，該處已有三十個那樣的聯合。百分之七十七的學生，都在視察下之學校中受課。浮茫一九一五年的新法令使州教育董事會有劃分視察區及雇用視察員之權。凡有二十五校的鎭或城，卽須自設一監督。康奈克的克脫在其隨意法律之下，實行鎭視察，而以州款補助之。自一九〇三年以來，該州只有少數的幾鎭，沒有行此制。

二、郡制下之視察——實行郡制視察的，當推渥海島和馬尼倫。渥海島的郡董事會，選舉郡監督，該監督有將一郡劃分爲若干視察區之權，每區不得多過六十教員，少於二十個教員。各分區的監督，由鄉村學校董事會選舉。馬尼倫的視察，由郡單獨主持，另設特別班及特別科視察，以補助郡監督之不足。

三、地方視察之不當——上面雖只舉二例，已可見地方視察之一斑。此外各州情形雖各不同，但上述二州之制，在他們之中總算好的。然而實際看來，此制實在缺點很多。一九一六年，合衆國百分之八十二的郡，其郡監督視察全郡的學校不特無人補助，即書記亦無有。據統計所載是年有二十七州其郡監督倘由民選，視之為一官員。他的平均薪水，每年一千四百元美金，最高的為七千五百元，最低的為二百五十元。全國郡監督，只受四年中學的教育者占百分之三十六。而法律又規定他必須親到各校視察。據一九一六年的統計，四十州的屬視察所視察的學校，平均為八十四，教員數為一百三十二。在這樣的情形之下，其時間如何分配得來。何況他倘須兼辦文牘和事務的事呢。

四、郡監督的職務之大擴充——郡監督的職務，在有幾州內，極為廣大。如康塞斯州，並無鎮和郡教育董事會，所以郡監督的職權很大。其選舉由郡選民選出，兩年一任。其薪水最高的，為一千八百元美金，最低的為五百四十元。一九一八年的法律規定大郡得添設助手，其資格必須有專門證書和至少當了十八個月的教員的。其職權如下：每年必須視察郡內各學校，加入每年郡中舉行的師範講習會 (Normal institute) 並鼓勵教員加入每年在各學區舉行一次公衆會；保存未得教員證書者的名單及已得證書者的名單；主持教員註冊事務；在何處服務，薪水，證書和學校開閉的日期；保存分配學款的記錄；保存各委員的事務報告；保管區學財產；分配公款；供給郡書記。

由上述情形，可以見到鄉村視察的進步狀況。理想的辦法當如下列各條：視察區域宜小，薪水宜厚，任期宜長，不用政治選舉，有專門資格，有書記及專門視察員助理。此法已有人採用，將來一定可以大大發展的。

市教育行政

一、三十年中之大進步——市教育行政，過去三十年內，是美國教育上最有進步的一事。在一八九〇年的前幾年內各城市中之小學已分級教授。有的較大的城市且沒有中學可是沒有職業教育沒有公共的幼稚園；不知衛生檢查為何事視察之事，由監督單獨任之頂多也不過一二個人幫助他而同時又要他做書記，庶務的事。他的專業的職務和與董事會的關係，不甚明確。他之做事全靠相沿的死方法而無優良的經驗和科學原理為之嚮導。到了現在，卻大大的不同了。城市中的教育事業一天複雜一天，所用於行政的經費亦非常之大。除中小學而外，尚有幼稚園和大學師範學校，或大學預科除普通科之外有職業科除日校之外，有夜校；除注意兒童之心智的發展外，尚注意身體的發展；除教育常態兒童之外，尚須教育殘廢的低能的變態的兒童。

城市的教育事業，不僅在量的方面比過去的三十年為廣大，而他所用的方法已由照例的變為科學的了。他的工作不僅是在為兒童建築校舍，同時他尚須顧及教授的方便，兒童的衛生。不僅在知道各級兒童的數目，必須要知道他們退學和降級的情形。並須設法補救不進步的學生。不僅是支付學校的經費，必須要與旁的城市中各科各級所用的經費比較，以定本地各級各科之經費。視察的人數亦已加多。視察對象也已分劃。對於各校成績的考查，已用科學的測驗。課程的選擇，總以能適應城市的新需要為主。教科書及各種設備的選擇，總以能合教育的及衛生的原理為準。並且供給職業學校及職業班，以為學生將來謀生之預備。因此城市的公共教育，已廣大而且複雜了。

二、市監督的新意義——城市教育既大大的變更，其監督的地位自然要與前不同。要辦理今日的城市教育，當然非專家不可。所以目前的市監督已是專業的教育家了。他爲市教育董事會所雇用，乃是做專門的事業，決不是從前只要是個有普通知識的好人所能做得下的。

三、市教育董事會和監督的關係——董事議定重要的政策，就交監督執行。董事不能干與實施的細事，而監督有執行的自由。如在學校的行政方面，監督只在董事的普通指導之下和各種法律之中行他對於各校的事。同時他又是董事會的顧問。他可以參加到董事會中去，討論各項事體和傳達屬員的意見。他可以推薦屬員，如教員，如視察員於董事會。又可以更換其職位。其純屬專業的事項，如擬定課程之類，則是監督與校長教員共同的職務。他又可以向董事條陳采用教科書和儀器。他須擬定次年全城學校的預算，提交董事會。並報告其所執行之事。

四、董事會的人數及職務的變更——董事會的職務現已減少，從前那種分爲許多委員會的辦法，業已不用。因此有傾向爲單一的團體之趨勢。除重大的事體外，小事固有專員辦理，所以他的人數也須減少。從前那大而無當的董事會現在業已不見。在一九一四年自二千五百到三千人口的一千二百七十一個城市中只有一百八十一市其董事在七人以上；只有十市在十二人以上。九百○七市爲五人至七人。一九一七又有同樣的調查。十萬人口以上的城市，其董事的中數爲七人，衆數爲九人，最多爲四十六人，最少的爲三人。目前各州的法定數也與此相近，例如本詩文尼亞一九一一年的新法令，把學區分爲四等：第一等爲五十萬口人以上的市，第二等爲三萬到四十九萬九千九百九十九；第三等爲五千到二萬九千九百九十九；第四爲五千以下的。第一等的市教育董事，爲十五人；第二爲九人；第三爲七人；第四爲五人。自此法令一出後，其他各地也仿效減員。斐城由二十一個董事減到十五個。Pittsburgh由四十五減到十五。近來各州的法律對於董事每有改變。又本詩文尼亞的法令，規定對於董事之選舉，不用一市的互選法而用市中各區的分選法。此法可以得到眞正的人才，可免政治的臭味。

五、監督的專門事業之逐漸獨立——他既是教育董事會的專門顧問他自然會做到教育領袖的地位。他的職權固然尚須遵照董事會的規定，可是已有逐漸獨立的趨勢。據一九一七年的情形看來，其指派教員的統計如下：有九個十萬人口以上的市監督有指派教員之權。十七個有保舉之權，九個有推薦之權；二個有參加委派教員委員會之權；又五十三個二萬五千到十萬人口以上的市，其監督有保舉教員之權；三十五個有推薦之權；二十三個有委派之權；十六個有勸告(advise)之權。一個無權；一個有審察資格之權。由此可見其選派教員之權不小，他因爲董事會管了普遍的事務去了，所以他當用其專門的學識和其領袖的人格，以盡他的責任。他須知教授的方法，經濟的和社會的趨勢；他必須能辦事，能交際，他必須有能感化同事的人格。所以能做好市監督的，其榮譽很大，其薪水很豐。

六、經費是否應由董事管理——論到這個問題，美國各城市各不相同，大體言之，可分兩大類。一是由法律規定董事會徵收學款之數，在其範圍之內，董事有支配之全權。一是由董事會擬造預算，提交市預算委員會，市議會或其他機關審察，其預算可由審察機關變更。據一九一七年的統計：百分之三十五之十萬以上的市，其董事會每年自製預算，不與其他機關相干；百分之二十五與市長或市議會有關；百分之三十二提交預算委員會；百分之八提交部委員。

百分之五十二之二萬五千至十萬人口的城市，其董事會自定預算不與他機關相干；百分之二十一須提交市長或市議會等；百分之十八提交於預算委員會；百分之四提交郡視察會；百分之三，提交納稅者；一市提交管理者(controller)。

經費一事先由董事會主持，恐怕紊亂全市經濟的系統，可是就教育家的意見看來，是主張由董事會完全主持，不必提交任何機關，以便改進學校，是爲一種較好行政制度，即就事實而言，這樣辦法的城市，其教育容易維持，其成績亦要好些。那必須提交其他機關通過的，常被他們削減，其董事會按法律自有權柄，定出預算，徵收教育稅的城市，則無此弊病。現在似乎有謀教育經費獨立的趨勢，而一般的教育家之贊成此事，固不待言。

公立中等教育

一、美國的中學與歐洲的中等學校不同——中等教育之一名詞，在美國就是指中學及其同等的教育而言，在前面我們曾經提到美國中學在開始的時候，即負有兩重義務，近來中學大爲發達，此種義務也只有加無減。我們知道法國和德國其中等教育的界限是極爲分明的。在 Gymnasium 和 Lycée 裏唸書是預備升學的，其無興趣於專門研究的，則稍微把他的功課改爲切近謀生一點。此外他們一種專爲預備生活的學校，如德國之中學校(Middle School) 和法國之高等小學，便都是爲人民學校或小學校畢業學生預備職業的。

二、美國的中學負三種教育的責任——美國的中學則兼有德法二國分設的三種教育的全責，明言之，便是中等的，中間的(intermediate)，職業的三種，所以我們對於他不能下一確切的定義，只可以說是小學以上大學以下的學校。他的功課各種都有。如古典文，簿記，農業，速記，烹飪，三角，唱歌，木工，近代語，和縫級，其年限或二年，或三年，或四五六年不等。或由一教師或多數教師教授亦不一。其教員也有男的，也有女的，他們或許可得州董事的承認，或可得旁的機關之畢業證書。

三、美國中學之社會意義——中學之如此的紛歧，其原因實由美國的經濟和社會的狀況有以致之。前面曾經說過，美國是不用社會的或經濟的階級來分別學校的。因爲這樣則與他大多數人的生活相反，且於他的制度有礙。不管美國經濟生活如何的工業化，貧富的階級如何的相差的遠，他總以爲教育機會是必須平等的。他的中學，就是各人出去覓生的大路。近來且力謀全國男女受中等教育。

四、一八九〇年以後中學之絕塵的進步——一八九〇年之中學的校數及學生之增加，可算該時期公共教育中最有進步的一方面。一八九〇年學生只有二十萬；一九〇〇年便到五十萬以上；一九一〇年九十萬以上；一九一五年一百三十萬以上；一九一八年一百六十萬以上。其校數與一八九〇年之中學校數之比例爲百分之四百五十二。有二十一州在一九一八年，其學生數之增加爲百分之十。加利福尼亞百分之九的學生在中學校。紐亨夏百分之一十八又一的在中學校。麻塞邱塞百分之十七又二的在中學校。

州立的中學之多，固不待言。就是人口集中的地方，在一八九〇年以後，中學發達也極快。到了今日，差不多沒有一個二千五百人口以上的村鎮不有中學課程。其他的鄉野地方當然比較的更難點，可是他們也正在想方法設立中學校。如新英倫以外的各州，就正在努力設立鄉村中學。新英倫各州在鎮的方面，強迫某種人口或財富以上的鎮，設立中學。其不能自設中學的，則須納學生的學費於鄰近的鎮。此外尙有一種方法，也是有好幾州實行的，便是劃分中學區，有的由州津貼地方使之設立中學，或在中學中設立職業科或師範班。南方有許多州，在聯合區域內設立農業中學。亞拉拔毛在一八八九年，實行此種辦法。喬治在一八〇六年，扶勤尼亞在一九〇八年。其他南方各州，在此以後，都實行此制。不過其校數不多罷了。

我們如果要知道美國中學的情形，最好看一九一五，一九一六和一九一七這三年各州的議會記錄。亞拉拔毛可以代表設立中學稍遲的一州。他在一九一五年通過一律准許市和鎮撥其公款和發公債以補助設立郡立中學。亞尼松那在一九一七年規定任何學區，至少須有二百學生和一百五十萬元美金的財產才能設立一個中學。否則，合幾區設立一個中學。印地安那有一法律強迫不願設立中學之各鎮設立中學，其規定如下：『凡稅收值在六十萬元以上，而沒有設立中學，且其境之三英里以內亦無中學，和在最近二年內有八十個以上的小學畢業生的鎮，必須要設一中學校。凡稅收值在一百二十五萬元以上的鎮，而有四十八以上的請求，則不問其左近三英里以內之地方有無中學，該鎮亦必須設立一中學校或在小學內添設。』康塞斯的中學法令可以代表人口稀少的地方推行中學教育的法令。一九一五年的法令，規定設立鄉村中學特別區。凡該區內有代議士五之二的人數請求，又經其人民大多數的贊成，允許納稅開辦並維持之，即可設立中學。同年又另有一法『凡中學不免費的郡，則凡持有小學畢業證書的，而其所在之區無四年的中學，可以入該鎮中任何中學，但仍須納費。』到了一九一七年，再通過一法，規定責成郡委員代由「無中學區」來的學生交學費。臨了，我們來談談加利福尼亞的情形。該州在一九一五年其中學教育很爲發達。在一九一五和一九一七兩年，一共通過關於中學的法令十餘通。現在只舉一二作例：一九一五年通過由中學委員會設立中間中學校，或初級中學。同年又通過一法，強迫各郡納稅以供給下列各項之用：平均至少要供給在學的學生每生六十元美金，每教員二百五十元或在此數以上之數。但每個月每生不得超過五元。並須代本中學區之學生付車費。又另一法，規定各郡都要畫分中學區，並成立中學董事會。一九一七年通過一法，准許中學董事會在其中學區內有徵收三百萬乃至三百萬以上的稅，以爲中學畢業生添設二年的大學預科之用。

各州的中學機會及標準，各有不同。加利福尼亞中學最爲普及。州和地方共同擔任中學的經費。其標準，其視察，都由州教育機關主持。他的科目又極豐富。他的成績爲許多州所不及。總之，各州中學機會之相差極大，加利福尼亞紐亨夏和麻塞邱塞可以代表好的一方面。南加祿林那亞康北加祿林那代表他一方面。此種相差大遠之現象，實非國家之福，所以很引起國家的注意，要想設法幫助。

六、中學組織之靈活——近來之中學所以發達的快，實因其組織靈活，能適合各方之需要。一九一七到一九一八年，其學生數在二十五以內的中學有三千二百二十二所，或百分之三・一。其學生數由二十五到五十的有三千八百二十所，或百分之二・七四。其學生數在五百以上的有六百三十二所。有一千八百五十六校其年限只有兩年或不及。一千九百二十校爲三年。一萬〇一百六十六校爲四年的標準中學。這等學校或在街市中或在鄉間，或在左右一英里內更無其他房屋的十字路口。他供給青年升學的教育；供給青年預備謀生的教育；供給徘徊未定先入學校以觀將來的靑年的教育，對於社會：爲國家訓練多有學識的公民；爲社會訓練能食其力且足以發展國家及個人人才。中學校既負有這種多的義務無怪乎他的經費設備教員及學生，各地相差太遠。更無怪乎成爲目前美國教育改造的中心問題。

七、初級中學——在過去十年中，對於中小學校年限之分劃問題，頗有爭執。照心理上看來六年的小學要比八年的好。就在實際上，亦可以見到八年小學之第七第八年爲一特殊時期。爲時間經濟起見，宜在第九年以前着手預備職業及升學的功課。又可以使兒童在生活未固定以前，得充分的自由的發現他們自己的性情和能力。凡此等等的理由，便是要組織一種中間學校或初級中學的根據。把第七八九三年，劃分一個時期，以施行上述所希望的教育目的。此種學校目下在美國頗爲通行。

總之，初級中學的目的，在使學生自己發現自己性情能力。同時又施之以公民教育，休閒教育，職業教育，以完成其人格。如果他是值得受高等教育的，社會當爲他改除經濟的困厄，使之上進。

八、廣博的中學 (cosmopolitan high-school) ——然則在他們自己發現和社會選擧已後，又怎樣辦法呢?美國人當答道：任他本着他的性情能力再繼續的發展，如果發現他是一個工程師，便供給工程的課程，如果他是一個簿記員，便供給他的簿記的功課；如果他有志入大學，便供給預備入大學的課程；如果他是一個女子而不入大學，則供給其治家爲母的功課；可是要他在同一的中學，受一部分同一的中學功課，使他有同一的知識，同一的理想，以便彼此了解，而爲一聰明的忠實的社會公民。

九中學及大學——一九一七年至一九一八年，公立中學的統計，指出合衆國全國的中學畢業生百分之二十八入大學百分之十四入師範或其他之高等學校。總之共有百分之四十二的學生升學。

升學的既有如此之多，那麽關於升學的資格，及不考而入大學的事，便是他們重要的問題了。最初對於此事努力的，是大學和預備學校聯合會。自一八八五年新英倫大學和預備學校聯合會起。一八九二年乃有中部各州及馬尼倫的聯合會。一八九五年乃有北中部的聯合會。同年南部也成立此種聯合會。這種會的工作，在定出中學各科畢業的最少限度，其教員的養成，實驗室圖書館的設備，校舍的建築，教員與學生的比例等等的標準。此事於定中學成績的標準有很大的影響。

州立大學在四十年前，已負視察州立中學的責任。可是到了州教育機關既已發達之後，中學的視察，已由州教育機關主持了。

職業教育

美國在從前並不知道職業教育，對於國家之重要，而所雇用的有訓練的工人，多由外國供給。在南北戰爭之後，工業發達，因之有受過較好教育的工人工頭和經理的需要。可是遲到過去十五年中，才決定由公家設立公立職業學校。到了近來這七八年內，更大大的發展。其進步之快，比所有過去的年代都要盛些。

在一九〇六年以前，培養工人的場所，大都在幾個私立的職工學校和中等的工藝學校，市立的工業學校，私人團體所立的工藝夜學和工業大學。一九一一年，大家對於這等的學校，無關輕重的。那時除這等學校之外，尚有手工中學和中學中的手工科。到了一八九〇年以後，在理論方面便分爲兩派。一派是主張以工業教育補助普通教育的；一派是主張實用的。此事在前面業已說過。後來因爲工業的要求迫切，那贊成手工訓練，其目的在工業的人。便把功課切實的與商工業接近。於是他們放棄不切實際的手工訓練，而主張在中學設職業訓練，以供社會的需要，和個人作事的機會。

一、州政府對於職業教育之設施——最初鼓勵設置職業學校的州，當推麻塞邱塞，他指定了一個工藝教育委員會。該會一九〇六年的報告，不僅是主持設立職業學校以養成工人，並且以爲大多數的小學畢業生，無所事事，終乃誤於岐途，非設法補救之不可。因此在一九〇六年通過一法，決定州和地方合辦職業學校。據該法的規定，職業學校的管理屬於工藝教育委員會之手。一九〇九年，該會撤消其職權移交給重組的州教育董事會特立的教育副委員以辦職業教育之事。一九〇七年，威士康新通過一准許法，准許城市或學區設立職業學校。一九一一年又進一步使其成爲強迫的。強迫凡十四到十六歲時的少年，必須入晚間工業學校和補習學校。每星期受五小時的課，每年受六個月的課。同時雇主應減少他們工作的時間，以便他們受教育。一九〇九年，紐約州實行用州款補助職業教育。一九一四年，紐鳩塞本詩文尼亞和印地安那定出州職業教育制，由州供給一部分經費，且由州視察。同年又有九州用州款津貼各地方設立工業手工和家事等科，因此發生了不少的公款補助的職業學校。此類的學校，有全日學校半日學校，晚間補習學校，夜校，職業預備學校，成人職業科，女子家事科，男女農業科。

二、Smith-Hughes 條例的結果——本條例之通過，對於鼓勵各州設立職業學校很有影響。一九一八年，正月一日，凡接收本條例的各州，其發展職業教育的計畫，均得聯邦政府批准。在一九一九年，因聯邦之津貼，有四十一州設有農業課，三十二州設有商工課，二十九州設有家庭經濟課，有二十二州，上列三種課程都有，四十六州，都設立師資培養課程。是年共有二千〇三十九個職業學校，每校平均領得本條例所規定的聯邦津貼費五百五十七元有餘。職業教員比上一年增加了一千一百二十一個。在亞康一州，其教員人數由十九加到二百六十九。渥海烏由一百六十六加到五百二十四。意利諾由七十六加到二百四十三。進這等學校的學生，由一十六萬四千加到一十九萬五千。

可是美國的職業教育，終不及其他近代的國家。他們有極完密的組織和充分的經費，以發展此種教育。

補習教育

在一九一九年以前，只有兩州有青年工人的補習教育。一九一一年威士康新有這樣的條例頒佈。一九一五年，本詩文尼亞也有這樣的條例。到了一九一八年有十七州通過了強迫的或非強迫的補習學校及青年工人入學的條例。到了現在（一九二一年六月）已有二十六州頒布條例，規定設立十四歲以上的兒童補習學校。有十州規定強迫到校的年齡到十六歲。有十州到十八歲。有三州規定：如果青年工人不能讀，不能寫或不能說英語，必須強迫到二十一歲。其學年之長短不一，有的只十六星期，有的和平常學年一樣。每星期的時間也不齊一，有少至四小時，有多至八小時的。

按補習教育之所以如此發達的，不外兩大原因。一是 Smith-Hughes 條例之提倡；一是因為大戰之故，大家要減少「不識字的人」，訓練公民，和使外來之民美國化。

強迫入學

在過去的三十年中，美國的強迫教育之改進，頗屬遲緩。因爲近年以來倘有反對強迫到校的法令之不對的。他們以爲有違反美國政治民治主義和侵犯個人自由的毛病。上面曾經說過在一八九〇年以前，已有二十六州頒佈了強迫教育條例。可是實際上，幾乎等於廢紙。一九一四年，美國各州除六州之外，都通過了這樣的條例。可是有四十州的條例，其實行與否，是聽各地方自決的，要經過地方投票贊成，然後才可以實行。密士塞必在一九一六年，有此項條例，也是任地方自決的。可是成績很好，到了一九二〇年，便通行全州了。

要研究各州的強迫到學法，所發生的效力之大，各州實大不相同。有的人口較密的幾州，其推行頗爲盡力，其效果也好，但有許多州仍是具文。有的雖然實行強迫，但一年中其強迫之時期很短。這可以代表初行強迫的情形。這種情形，幾乎各州都經過。目前全學期之強迫要求已很普遍了，有許多且設有逃學專員。可惜他的資格和薪水都太低，所以沒有十分效果。就是地方機關之調查學年兒童，其報告殊不見確實。即許其報告確實，其正在學齡的兒童也常借故在私立學校以逃學。所以非使公私學校與警察聯成一氣，不能解決此等困難。其第二個困難，就是兒童去作工不必得學務機關的許可。如果要補救此弊，就非把兒童勞動法和強迫到校聯合不可；非經教育機關准許其作工，而作工完結後，非強迫雇主將其准許狀交回不可。臨了一弊，便是地方機關奉行不甚盡力，所以近來各州都有促進強迫出席的法令的頒佈，希望除卻以上各弊。

教員及視察員之專業的教育

前三十年，中學校數之加多，和標準之改進，與師範教育頗有影響。因爲中學旣然將近普遍，則師範當然用不着多設僅在小學畢業的班次。一九一七到一九一八年有二十州的州立師範其入學的資格已定爲四年中學畢業的，有許多州其私立師範（individual normal school）也定有這樣的標準。但是有許多仍然是收八年小學畢業的學生；有的則招收八年小學以上的四年中學以下的學生，可是師範入學資格須中學畢業，已成爲必然的趨勢了。各處的地方中學已多，更用不着他去代中等教育的職務。

師範學校在某一方面又頗與中學教育相似，因爲中學就是由小學生而來的，一年，二年，三年的中學都是普通的，而且很多。並且其畢業沒有標準。在這種情形之下的中學，還不是和小學一樣。其請教員，與其去請沒受過師範教育的，何不請師範畢業的。因此有許多中學，其教員的資格都是師範畢業生。因爲中學的標準，各處已着手規定，其教員非受四年的大學教育不可。可是有的州，也承認師範畢業生，教授不甚發展的中學，准許他們訓練兩年的中學教員。但不承認他訓練四年的。師範學校有見如此，便努力的謀擴充其年限爲四年。換言之，便是把他自己成爲一師範大學，有發給學位之權，使學生將來得爲四年中學的合格教員。

近年來師範學校，雖從事於提高的事業，可是其課程不及大學，且不甚好。所以有許多教育家不贊成，以是失了他的正軌，反使他原來訓練小學教師的責任有虧。他應該仍然盡他的本分，不可好高務遠。在辦師範的人，一方面他們看來，又不同，他們以爲借此可引導多數的學生和好的學生來校，而且因爲高深的課程，可以壯學校之觀瞻。在實際方面確有允許師範學校升為可以給學位的師範大學之趨勢。意利諾康塞斯米梭利卡羅拉度四州是最初允許師範學校給學士位的。在過去二年已有許多學校有此辦法。到了現在（一九二二年三月）已有九十一個教員訓練機關為全國師範大學聯合會所承認了。

現在訓練小學教師的師範學校大概是招收中學畢業生，其年限至少為二年三年的師範也漸漸的加多了。但是也有許多學校只招收小學畢業生，而年限只二三年的。

一、中學教員之養成——因為養成中學教員至少要有四年的大學程度，所以各師範大學竭力的供給專業的功課給學生，如教育心理，教育史，教育行政，及其他專業科學。有許多州已由其教育機關認可其師範大學供給未來中學教員的專業學問其學生須修完十五個「學期時」(Semester hours) 的教育功課。則其畢業時可給以中學教師之證書。在過去的二十年中，這種辦學非常發達的快，幾乎普遍全美國了，所以現在有許多大學都有師範科以帮助供給中學教員。實際各州立大學都有獨立師範。如一八八八年，紐約城的師範大學，到了一八九八年，便為哥倫比亞大學之一部。芝加哥大學之教育院，在一九〇一年組織成為一單獨的學院。一九〇二年，米梭利大學建設教育院。扶勤尼亞在其次年也有同樣的設施，自此以後，此種趨勢發達極快。

二、大學教育學院之職責——大學的教育學院的任務不僅在培養中學教員，尚有其他重要的職務。他最大的任務，是在以科學的方法研究教育，固然他一方面是在預備中學教員，但是現在已有師範學校及師範大學專科，擔任去了。所以他的職責又在培植學校視察員，城市的教育監督，和教育統計的專家。近來城市的教育監督和州學務行政的專家之所以地位日高影響日大者都是因爲過去之三十年大學的教育研究院有以致之。一般人如果要知道美國教育的精神和工作只須看看大學教育院的男女人才之措施便明白了。各處的地方教育機關，無不爭先恐後請他們去他們到一個地方便爲那地方教育改進的中心人物由此亦可以想見教育院之影響之大了。

大學中之研究院，頗有民治教育的意味，在師範學校畢業的小學教師，可以入師範大學的研究院，而得博士學位。他之由小學教師，一躍而爲教育領袖，只要有才能有決心，沒有做不到的事。

三、其他培養師資的機關——不問師範學校如何的發達，教員的供給仍然不夠。師範學校畢業生，多在城市教書，以致鄉村教育無人改進。因此有的州卽設立郡立師範學校，或在鄉村中學中添設師範科以爲救急之用。威士康新是唯一設立郡立師範學校的一州。一九一七年，有五州在郡立中學中或其他中學中設立師範科，同年有十五州承認師資訓練的功課爲中學正課之一部分。一九一七年，這等學校中各城的未來小學教師，共有一萬六千六百二十六人。

四、在職教員的訓練——據說美國的教員有五分之四，是受過中等學校畢業以後不及兩年的教育的；四分之一不及兩年中學的教育的。由此可見必須有設立法，使其才能增進之必要了。許多州，都有教員讀書團之組織，和以教員會（Teachers institute）爲教育行政之一部的事。在從前此種辦法不見如何效果，卽在現在，有的還是如此。但是已有以教員會作一種短期的講演會和討論會的趨勢。各地方教育機關，且津貼在職的教員於暑假中往師範學校或師範大學去研究。有的地方，且以入暑期學校爲教員升格與加薪之條件。

私立學校和教會學校

要討論合衆國的私立學校和教會學校，殊不容易。因爲只有少數的幾州，須要他們把他們的學生數及其情形報告於教育當局的。他們與公共教育機關幾乎無關。既然如此，他們的校數一定很少，或不甚重要的了，那知不然。據一九一七至一九一八年合衆國教育委員的估計，私立小學中學及職業學校的學生，共計爲一百九十一萬五千一百二十五人，約占公立的中小學校學生十二分之一，在有的州內，其比例數還要比較的高些。在麻塞邱塞將近十分之一，意利諾在十六分之一以上，魯特烏將近十五分之一。

其設立私立學校之動機，紛紜不一。在大城市之中，人口繁雜，公立學校中的學生良莠不齊。他爲愛護他的子女起見，不願他染惡習，寧可自出幾許錢，送他們入私立學校。這事，除東方的大城市外，他處實不多見。大都本國人所居住的小城市，其文化和語言的習慣，無甚差異的，則所有人民的子女，不問貧富，都是入公立學校的。

其次便是由於宗教的動機。因爲一國之宗派，彼此不同，公立學校中不能爲任何一派施行宗教的教育。所以信仰宗教者，常有自創學校，以爲教授其子女信奉其教之用。

另有一種私立學校，是集合幾個宗教團體創辦的。此種學校，在大戰時和大戰後，才爲人所注意。有的地方，這等的宗教團體，是由外國初來的。他們有他們自己的語言和宗教。他們想以他們本地的宗教，語言及習俗傳給他們的子女。你試想在一個操英語的社會裏，而教授外國語言及思想，在美國生長的而不知美國史，是多麼奇怪的事呀我們雖然沒有精密的統計，但已可以說有幾千未來的美國國民，在大戰前沒有受到美國民治的教育。合衆國對於私立學校無禁止之意。他認爲這乃是父母者之自由。可是近來大家都以爲私立學校要依照公立學校的標準辦理了。凡是教育行政辦理得好的州，決不當讓其十二分之一的兒童在他們注意之外。至於用外國語教授的學校，美國人尤其反對。他們認爲如果要謀國家的統一與進步，決不可任用外國語的學校存在。

公民教育和愛國教育

美國在一八九〇年以前，對於社會科學很少注意。有許多學校之所以要教授歷史地理，不過因爲法律上規定要如此，不可不照辦。就是後來也不過當作一種事實的科目教授，至見到政黨舞弊改革投票法及其他事的時候，教育家才認公立學校有培養良好公民的必要。就學術上講來，受海爾巴特的影響也不少。他主張利用社會科學發展品格，造成公民。自那時（一八九〇年以後）起，在教授時間上占有較大的地位。蓋爲使學校完成其培養公民的責任，也其教材教法都表現其新觀念。

海氏注重社會科學的思想，乃是一八九五年全國教育聯合會監督部的十五人委員會介紹給美國的教育家的。這十五人會又分爲三個小委員會。一個詳細的報告初等教育中各科的關係，該報告按學校學科教育的價値把地理放在第三，歷史放在第四，學校中設立歷史科的觀念，並不在使學生明瞭國家之事，也不是要培養學生的愛國心，乃是在使他們明白社會的政治的組織和爲公民對於他們的關係。

一八九九年，美國歷史會的七人委員會和新英倫的歷史教員聯合會的報告，對於歷史也抱同一的歷史的科學的見解。他們之所以主張教授歷史，視他爲一種公民教育的工具。用他可以使學生明瞭一國之社會的經濟的政治的進化及與他國的關係。

可是在實際，美國男女所受之歷史課，雖在過去之三十年中，仍然未達到理論那一境。有許多教科都不注意其本國的經濟的社會的政治的進化。而以多數的篇幅去討論戰事政治上的大事。常用小標目提出對於社會制裁的重要原理，竟不記載。

美國在戰時及戰後，頗致力於以學科培養愛國心。那科學的歷史（scientific history）頗受人的批評。有的人竟明白的主張用普魯士的態度和辦法，其結果頗引起學校中熱烈的公民教授。他們希望兒童與其國家歷代相沿的習尙接觸。使他感覺其先輩的功績與品格之偉大。使他明瞭國家的組織及其進化的情形，以培養他們的愛國心和願爲國盡力。

在另一方面說來，有的人也不贊成盲目的無批評的贊揚本國史。以爲其弊不少，因爲他可以使人不平心的考察目前的社會問題。頑固的不留心世界的大變動。他會養成一種唯我獨尊的國家觀念，而不明白今日國際間之關係，養成無謂的浮誇，於重要的政治問題無切實的應付。

十五人委員會的分委員會對於公民科的主張，可於下面二事看出。第一在一八九五年課程中，公民所占的地位很少。第二，他們對於公民科的見解很狹，他們的報告說『小學校最後一年之十星期或十五星期的憲法大綱的研究，是有很大教育價値的。明白了自由政府組織中之三權。無論立法司法或行政，都應完全獨立，不可彼此侵犯，知道補充這三部官職的方法，和各部應負的責任，這便是爲公民的基本。」這幾句話，便是該委員會對於公立學校教授公民的結論。

公民教授在美國學校中，是最有進步的一科。雖然公民對於政府不把他當作一個機關看，卻把他當做生動的事業看，這事業是要人了解的，感覺的注重的。是地方情形社會和經濟的問題，及政府實施的事實。遇有事體發生，學生卽實行參加去做。

世界大戰以後，使美國對於公民教育特別的注意，使一般教育家重新的審察公民教育的目標，方法和取材在將來的教育改革之下，社會科學必另有一個新位置，必能供給學生的更大知識，使他對於公共的政策能下健全的判斷，養成他心思的習慣，使他不亂下判斷，使他樂於服務，使他忠於社會國家及世界——這些便是民治國家的公民教育最高的目標。

敬啟

『專題史』叢書，乃民國時期出版的著名學者、專家在某一專題領域的學術成果。所收圖書絕大部分著作權已進入公有領域，但仍有極少圖書著作權還在保護期內，需按相關要求支付著作權人或繼承人報酬。因未能全部聯系到相關著作權人，請見到此說明者及時與河南人民出版社聯系。

聯系人　楊光
聯系電話　0371-65788063
2016年3月28日